Para Amelie

Método y estilo BPMN
Segunda edición
con la Guía de Implementación BPMN

Bruce Silver
Traducido al Español por Brian Reale

PRENSA CODY-CASSIDY

Método y Estilo BPMN, Segunda Edición, con la Guía de Implementación BPMN

Por Bruce Silver
ISBN 978-0-9823681-4-5

Publicado por la Prensa Cody-Cassidy, Altadena, CA 91001 EEUU
Contacto
      info@cody-cassidy.com
      +1 (831) 685-8803

Número de Control de la Biblioteca del Congreso: 2011918027
Encabezamientos de Materia de la Biblioteca del Congreso
Flujo de Trabajo -- Administración.
Control del Proceso – Procesamiento de Datos -- Administración.
Negocios -- Procesamiento de Datos -- Administración.
Administración de sistemas de información.
Reingeniería (Administración)
Administración de Recursos de Información.
Desarrollo ágil de software.

Cubierta diseñada por Leyba Asociados

2.1

TABLA DE CONTENIDOS

BPMN, que significa *Business Process Model and Notation* (Modelo y Notación del Proceso de Negocios), es un lenguaje de diagramación para modelos de procesos de negocios. Es importante, no solo porque es superior en todo a otros procesos de anotaciones, sino también porque es un estándar con soporte de multiples proveedores, mantenido por el *Object Management Group* (OMG), y generalmente adoptado por modeladores y también por proveedores de herramientas. Este libro es más que un diccionario de las formas y símbolos BPMN. Ofrece un enfoque único para comprender y dominar el estándar de modelado de procesos, basado en dos principios fundamentales:

- *El Principio de Método y Estilo* – Un diagrama BPMN deberá tener sólo una sola interpretación. La lógica del proceso deberá estar descrito completamente y sin ambigüedades sólo por el diagrama.

- *El Principio BPMN-I* – Un diagrama BPMN deberá tener solamente una serialización XML. De otra manera, no se podrá lograr un modelo de intercambio entre herramientas.

El primer principio se aplica a modeladores, el segundo principio a implementadores, como ser a los proveedores de herramientas BPMN, pero están estrechamente relacionados. Lamentablemente, la estricta adhesión a la especificación BPMN 2.0 es insuficiente para garantizar cualquiera de ellos. Para satisfacer aquellos principios se requieren convenciones adicionales, los cuales llamo *reglas de estilo* y *reglas BPMN-I*, respectivamente. *El Método y Estilo BPMN* no solamente explica el significado y uso de los elementos importantes del diagrama, sino también proporciona una guía preceptiva, incluyendo reglas de estilo y reglas de BPMN-I, para construir modelos BPMN que sean claros, completos, consistentes, e intercambiables entre herramientas.

Cambios desde la Primera Edición

La primera edición del *Método y Estilo BPMN* fue publicada en Junio de 2009, cuando se completó la especificación "beta" BPMN 2.0. Cuando comencé a escribir la segunda edición, pensé que gran parte podría ser copiada y transcrita de la versión original, pero resultó que no fue así el caso. De hecho, la nueva edición ha sido rescrita casi completamente. Las ideas centrales son las mismas, pero la exposición, énfasis y ejemplos son nuevos. He enseñado el

Método y Estilo a cientos de estudiantes desde la publicación de la primera edición, y la nueva edición se beneficia de gran manera de esta experiencia. Es mucho más clara, concisa y mejor organizada.

El enfoque único de la primera edición, incluyendo la segregación de la paleta en "niveles", una metodología de modelado preceptivo, y los principios del "estilo" BPMN, han sido utilizados en la nueva edición. La meta esencial también se mantiene: diagramas BPMN que no tienen ambigüedades, son entendibles por otros, son completos, y que revelan la lógica del proceso por completo aún si no existe una documentación adjunta.

La meta y los principios y reglas asociadas han formado la base para mi capacitación BPMN desde principios del año 2007. El enfoque se basa en tres pilares fundamentales.

- **Concentrarse en formas y símbolos importantes.** Aunque los críticos de BPMN apuntan a la complejidad del conjunto de elementos completos de BPMN 2.0 para "probar" su inadecuación para la gente de negocios, sólo una fracción del conjunto completo es utilizado en la práctica. El Método y Estilo toma un *enfoque basado en niveles*. El *Nivel 1 BPMN* es un conjunto básico de trabajo de formas casi completamente familiares al flujo de diagramas tradicional. El *Nivel 2 BPMN* amplía la paleta un poco, sobre todo en el tipo de evento y compuerta comúnmente utilizado para describir la excepción de manejar en el diagrama. El Nivel 2 es todavía sólo una fracción del conjunto completo de elementos, pero muy pocos modeladores tendrán la necesidad de ir más allá de la paleta del Nivel 2.[1]

- **Una metodología preceptiva**, una receta paso a paso que lleva de una hoja en blanco a un proceso de modelo completo que revela la lógica del proceso claramente desde un diagrama impreso. La meta del Método no es sólo la creatividad, pero también la coherencia estructural: Teniendo en cuenta el mismo conjunto de hechos acerca de cómo funciona el proceso, cualquier modelador deberá crear (más o menos) la misma estructura del modelo.

- **Estilo BPMN,** un conjunto de convenciones modeladoras que hacen que la lógica del proceso no tenga ambigüedades de sólo el diagrama. Al igual que la revisión de ortografía y gramática en Microsoft Word, el estilo reglamenta las violaciones que pueden ser identificadas en una herramienta de modelado.

Evolución del Método y Estilo

Mientras que estos pilares del Método y Estilo se mantienen intactos, la nueva edición refleja dos años de evolución tanto de la metodología como del estilo mediante la interacción repetida con estudiantes en mi capacitación de BPMN. Por ejemplo, el *Mapa de Alto Nivel del*

---

[1] Nuestro Nivel 1 y Nivel 2 fueron formalmente incluidos en la especificación final de BPMN 2.0, donde fueron llamados las sub-clases Descriptiva y Analítica de Conformación del Modelado del Proceso, respectivamente.

Método ha evolucionado para alinearse mejor con la arquitectura del proceso de negocios. El libro ahora esclarece como los conceptos fundamentales de BPMN como ser el *proceso* y la *actividad* se relacionan con cuadros de trabajo del proceso de negocios ya publicados. También, el estilo BPMN, una vez enseñado como una lista de las mejores prácticas recomendadas, es ahora más efectiva presentada como un conjunto de *reglas de estilo* que pueden ser validadas en el software[2]. Estos cambios son reflejados en la nueva edición.

Otro cambio es la evolución del Nivel 1 BPMN. En la edición original implicaba no sólo un simple conjunto funcional limitado de formas y símbolos, sino una actitud más relajada hacia las reglas de BPMN, más semejantes a un flujo de diagramas tradicional. Hoy en día ya no lo enseño de esa manera, y la nueva edición refleja ese cambio. Una razón es la disponibilidad de validación automatizada de las reglas de estilo mencionado anteriormente. Eso hace una gran diferencia, ya que hasta los principiantes pueden aprender rápidamente a evitar errores de estilo. Además, he podido ver que al esconder los fundamentos conceptuales de BPMN del Nivel 1 a los modeladores, hace más dificultoso al final crear un lenguaje común compartido entre negocios y TI. Puesto que las formas y símbolos de la paleta del Nivel 1 son en su mayoría más familiares para los usuarios de negocios, es mejor exponer los fundamentos BPMN desde el principio. La meta final, recuerda, es un lenguaje que abarque el mundo de negocios y el mundo técnico.

En la nueva edición, las paletas del Nivel 1 y el Nivel 2 han sido ajustadas para que correspondan *exactamente* con las sub-clases Descriptiva y Analítica de la especificación final de BPMN 2.0. La sección del Nivel 1 del libro ahora cubre la sub-clase Descriptiva en su totalidad, y el Nivel 2 toda la sub-clase Analítica.

Nueva Guía de Implementación BPMN

Mientras que la *notación gráfica* de BPMN 2.0 virtualmente no ha sido cambiada desde la primera edición, el Comité de Finalización de OMG hizo varios cambios a la *serialización XML*. La serialización XML es importante no sólo para el BPMN ejecutable, sino también para el intercambio de modelos no ejecutables entre herramientas BPMN. La adición de las sub-clases de Conformación del Modelado del Proceso Descriptivo y Analítico, mencionado anteriormente, también fue de gran importancia. Sin ellas, la interoperabilidad BPMN entre herramientas de proveedores sería casi imposible sin acuerdos secundarios. Otra adición clave fue un esquema XML para obtener *información de un esquema de diagrama,* importante no sólo para preservar cierta apariencia de la disposición original en el modelo de intercambio, sino también para definir la estructura de la página del modelo fin-a-fin.

Mientras que la especificación final concretó la estructura XML, la serialización BPMN todavía es poco entendida por los implementadores. Por esta razón, la segunda edición añade

---

[2] Actualmente el Proceso Modelador para Visio (www.itp-commerce.com) lo implementa en el editor de BPMN, y he creado una herramienta en línea (www.brsilver.com) que valida los modelos serializados de BPMN 2.0.

una *Guía de Implementación BPMN* totalmente nueva dirigida a proveedores de herramientas BPMN y desarrolladores. Explica el metamodelo BPMN 2.0, la serialización apropiada de los modelos de proceso, y las convenciones que promueven la interoperabilidad entre herramientas BPMN. Como la mayoría de las herramientas de los proveedores todavía están las primeras etapas de implementación de la especificación final BPMN 2.0, el momento es adecuado para esta guía.

Al igual que las secciones de Método y Estilo del libro, la Guía de Implementación BPMN abarca las brechas en la especificación oficial de BPMN 2.0 al introducir *convenciones* que actúan como restricciones adicionales. En principio, *la serialización XML de un modelo BPMN debe ser únicamente determinada sólo por el diagrama.* Esto es similar al principio del Método y Estilo que la lógica del proceso debe ser evidente sólo desde el diagrama, pero no es exactamente igual. Si bien las convenciones de Método y Estilo establecen restricciones a los *modeladores*, como requerir ciertas etiquetas, el modelo de interoperabilidad establece restricciones a las herramientas BPMN de los proveedores, como ser cuales elementos y atributos deben ser incluidos u omitidos. Recuerda, *un diagrama de Nivel 1 o Nivel 2 de BPMN debe tener una y solamente una representación XML…* pero la especificación permite más de una. Esas restricciones, llamadas colectivamente *Perfil BPMN-I*, tienen por objeto definir un formato interoperable para cualquier modelo no ejecutable, conteniendo sólo miembros de la sub-clase Analítica del BPMN 2.0. Y al igual que las reglas del Método y Estilo, las restricciones del Perfil BPMN 2.0 pueden ser expresadas como *reglas* que pueden ser validadas en una herramienta[3].

Ni las reglas de estilo, ni el Perfil BPMN-I son parte del estándar oficial BPMN 2.0 de OMG, pero los dos son consistentes con sus objetivos de precisión semántica, claridad visual e interoperabilidad entre herramientas. Así como algunas ideas del Método y Estilo, como ser las paletas del Nivel 1 y del Nivel 2, eventualmente encontraron su camino hacia la especificación oficial BPMN 2.0, espero que las reglas de estilo y las reglas del Perfil BPMN-I eventualmente sean codificadas en versiones futuras del estándar oficial BPMN. Pero, siendo realistas, es muy poco probable que salga una revisión de BPMN 2.0 antes del 2013.

BPMN Ejecutable

Mientras que el BPMN-I es específico para el BPMN no ejecutable, la Guía de Implementación BPMN también incluye una sección acerca el BPMN ejecutable, comenzando con lo que esa frase significa en el contexto del estándar BPMN 2.0. Mostraremos como el procesamiento de datos es representado en el BPMN XML y como es trazado a las variables, parámetros de tareas I/O, condiciones de los compuertas de enlace, la carga de los mensajes, las definiciones de eventos, las interfaces de servicio y las reglas de asignaciones de tareas humanas en "BPMN ejecutable". La estructura básica no ha cambiado desde la primera edición del libro, pero el esquema XML ha cambiado bastante. La nueva edición describe la serialización

---

[3] Para más detalles, ver www.bpmnstyle.com

apropiada de los detalles relacionados al BPMN 2-0 ejecutable, de acuerdo con la especificación final de BPMN 2.0, y los relaciona con la manera en que esos detalles son definidos en las herramientas del proceso de automatización basados en BPMN 2.0.

Estructura del Libro

Parte I, ¿Qué es BPMN?, habla de la importancia de BPMN para la administración en general del proceso de negocios, sus similitudes y diferencias con el flujo de diagrama tradicional, y que distingue a un "buen BPMN" de un "mal BPMN". Habla de los fundamentos conceptuales de BPMN, y explica como las nociones de actividad y proceso de BPMN se relacionan con la arquitectura del proceso de negocios.

Parte II, *Método y Estilo – Nivel 1*, es una exposición detallada del enfoque de Método y Estilo para el proceso de modelado. Empezamos con *BPMN por Ejemplo*, llevando al lector a través de la construcción de un proceso completo de modelado utilizando solamente un conjunto limitado de formas de trabajo BPMN y símbolos familiares del flujo de diagramas tradicional – la *paleta del Nivel 1*. Después, el libro vuelve y habla acerca del significado y uso apropiado de cada elemento del Nivel 1.

Luego, explicamos el *Método*, un libro de recetas para crear modelos fin-a-fin BPMN, que revelan a simple vista el significado del proceso de instancia, los varios *estados finales* del proceso, y sus *puntos de contacto con el ambiente externo*: el cliente, los proveedores de servicios y otros procesos internos.

Después hablamos del *estilo BPMN*, las reglas de gramática de BPMN que hacen que la lógica del proceso sea clara sólo desde el diagrama y se pueda rastrear mediante la jerarquía del modelo. La sección de estilo sigue el modelo de *The Elements of Style (Los Elementos del Estilo)* de Strunk y White, que sigue siendo un conjunto de principios confiables para escribir apropiadamente la prosa en inglés. A pesar de que este libro se remonta a las notas de clase del Profesor Strunk de 1919, su continua popularidad demuestra que principios básicos de estilo pueden pasar la prueba del tiempo. El libro aplica principios similares para la creación de modelos BPMN, con la meta de claridad, expresividad y consistencia con el significado técnico preciso de BPMN.

Parte III, *Método y Estilo – Nivel 2*, expande la paleta de formas y símbolos. El enfoque principal es en *Eventos*, principalmente el "gran 3" – Temporizador, Mensaje y Error. También hablaremos de otros eventos en la sub-clase Analítica, así como *la ramificación y fusión* con compuertas y flujos condicionales de secuencia. Hablamos de la iteración utilizando actividades bucle y multi-instancia y reservas multi-participantes, y veremos como ciertos procesos de negocios no pueden ser modelados como un solo proceso BPMN, sino que requieren varios grupos que interactúan. Concluimos la Parte III al revisar las *reglas para BPMN*, tanto las reglas oficiales y las reglas *de estilo*, y mostramos como utilizar la *validación* para mantener la calidad del modelo y hacer que la lógica del proceso se pueda rastrear.

Si estás buscando información acerca de Coreografía y Modelos de Conversación de BPMN 2.0, no los encontrarás en este libro. Hasta el momento he visto poco interés en estas adiciones al estándar BPMN, enfocadas en interacciones B2B.

Las partes IV y V, que comprenden la *Guía de Implementación BPMN*, desvían la atención de la notación gráfica a la serialización XML. Esto es de interés principalmente de los desarrolladores y proveedores de herramientas, pero los arquitectos y analistas de negocios también lo encontrarán valioso. En la Parte IV, que trata del *BPMN ejecutable*, se habla del *metamodelo BPMN 2.0* y su representación en el Esquema XML, con un enfoque en la adecuada *serialización XML de los elementos del proceso* en las *sub-clases que Conforman el Proceso de Modelado* Descriptivo y Analítico, incluyendo el flujo de datos. Veremos como el *modelo de gráficos* se conecta al *modelo semántico*, y como son definidos los modelos multi-página jerárquicos. Y veremos como referenciar sub-procesos re-usables y tareas importadas de archivos independientes BPMN, y la importancia del modelo destino-nombre-espacio. La Parte IV también describe el *Perfil BVPMN-I*, un conjunto de convenciones destinadas a hacer posible el intercambio en el modelo no ejecutable. Donde la especificación BPMN 2.0 permite múltiples maneras para serializar un diagrama dado, BPMN-I trata de limitarlo a una sola manera.

Parte V, *BPMN Ejecutable*, habla de cómo la información relacionada a la ejecución, particularmente el *proceso de datos*, es definida, referenciada y trazada en modelos de BPMN ejecutable. Hablamos de conceptos BPMN de *servicios, mensajes y eventos* en un contexto relacionado a la ejecución, y veremos como la asignación del desarrollador es modelada en tareas humanas.

Concluimos con una discusión acerca del *alineamiento del diseño ejecutable con el Método y Estilo BPMN*, con una guía para los desarrolladores en como proporcionar elementos de ese alineamiento fuera de la caja.

Capacitación BPMN

El libro proporciona varios diagramas de proceso, y yo animo a los lectores a reproducirlos utilizando la herramienta BPMN. Es difícil, si no imposible, volverse un experto en BPMN sólo leyendo el libro. Como cualquier habilidad, en verdad aprendes BPMN sólo al *hacerlo*, trabajando mediante la creación de diagramas que expresen claramente su significado. Pero este libro es sólo una referencia; no es un substituto de la capacitación BPMN real.

Existe una vieja broma acerca educación sexual vs. entrenamiento sexual que no ser repetirá aquí. Pero se entiende la idea. Entrenamiento involucra práctica, ejercicios y discusiones acerca de las soluciones, porque algunas cosas funcionan mejor que otras. Yo mismo proporciono ese entrenamiento, en línea y en clases, mediante varios canales[4]. Este libro

---

[4] Para más información, ver www.brsilver.com.

puede ser utilizado como una referencia para la capacitación, o como un texto en un curso universitario de BPMN, pero por sí solo no es una capacitación.

Herramientas BPMN

Los diagramas BPMN más simples se pueden trazar a mano, pero BPMN asume el uso de una herramienta de software. La buena noticia es que hay varias herramientas de las cuales se puede escoger, y el significado del diagrama no cambia de una herramienta a otra. Pero a pesar de que BPMN es un estándar, no todas las herramientas son igualmente buenas. Algunas son más que herramientas de dibujo. Ellos pueden producir diagramas que contengan las formas y conectores estándares, pero ellos no "entienden" su significado. Ellos no pueden, por ejemplo, validar el modelo, o guardarlo en XML inter-cambiable con otra herramienta BPMN.

Algunas herramientas aguantan todas las formas y símbolos BPMN, mientras que otras – particularmente aquellas ofrecidas como parte de BPM Suite – incluyen sólo aquellas que los motores del proceso Suite pueden ejecutar. Las herramientas generalmente adhieren símbolos, marcadores y semánticas específicas por el estándar, pero algunas se toman las libertades aquí y allá. Algunas herramientas te permiten trazar reservas y flujos de mensajes, mientras que otras no. Algunas naturalmente apoyan el estilo de modelado *jerárquico*, en el cual los sub-procesos son expandidos en diferentes diagramas de hipervínculos, mientras que otras se orientan a procesos de modelos "planos" con expansión de sub-procesos en línea. Además, las herramientas BPMN varían ampliamente en la *información que no es BPMN* que describen, como ser problemas y metas, KPIs, roles organizacionales y sistemas.

Antes de la versión 2.0, la especificación BPMN ni siquiera trató de describir los requerimientos para la "conformación". Como consecuencia de ellos, muchas herramientas dicen que son compatibles con el BPMN, pero en realidad no lo son. La especificación BPMN 2.0 no denuncia los requerimientos para la Conformación del Proceso de Modelaje. Las sub-clases Descriptiva y Analítica, equivalentes a nuestras paletas del Nivel 1 y del Nivel 2 (de hecho, prestadas de mi capacitación BPMN!), especifican los elementos en modelos no ejecutables que *deben* ser disponibles para exigir la conformidad. El Perfil BPMN-I, descrito en la Parte IV del libro, proporcional reglas de serialización para modelos no ejecutables que permiten a los proveedores de herramientas intercambiar esos modelos automáticamente. En este escrito, ningún proveedor de herramientas BPMN todavía declara una conformidad plena con el Perfil BPMN-I, pero algunos están cerca.

Todo esto está muy lejos de decir que *pese a todo BPMN es un estándar, no todas las herramientas BPMN son iguales*, y tu elección de herramienta puede impactar de gran manera tu habilidad de crear un coherente "buen BPMN".

Los diagramas utilizados en este libro fueron creados utilizando el Proceso Modelador para Visio, un complemento de Microsoft Visio de Itp comercio Limitado, de Berna, Suiza.[5] Esta es la herramienta que principalmente utilizo en mi capacitación y certificación BPMN. Una razón clave es que tiene la regla de estilo de validación incorporada. Además, es plenamente compatible con el conjunto de elemento BPMN 2.0 con una apropiada serialización XML y la exportación e importación de modelo, y simplifica el modelado jerárquico como es recomendado por el Método.

Una gran fortaleza de BPMN es que los usuarios disfrutan una gran variedad de herramientas. Sin embargo, algunos lectores seguramente encantarán que la herramienta BPMN que están utilizando actualmente no es compatible con algunas formas, símbolos y patrones descritos en este libro. Una posible razón es que la herramienta está basada en BPMN 1.x, mientras que este libro está basado en BPMN 2.0. Los proveedores de herramientas son a menudo reacios a anunciar cual versión del estándar ellos implementan, así que aquí hay una manera fácil de saber.

Si tu herramienta incluye la forma que se muestra así

entonces está basado en BPMN 1.0. Eso era obsoleto en 2008, entonces si usted es serio acerca del proceso de modelaje, yo recomendaría actualizar su herramienta.

Si tu herramienta puede trazar una forma que se ve así

o una forma con un sobre negro, así

pero no formas como estas

Evento
No-interrumpido

Evento Escalada

Almacén de Datos

entonces probablemente está basada en BPMN 1.2. Esto está bien para el modelado Nivel 1, pero no es compatible con formas importantes como la no interrupción de eventos y el almacenamiento de datos.

---

[5] www.itp-commerce.com

Las últimas tres formas de arriba son nuevas en BPMN 2.0, y una herramienta que sea compatible con BPMN 2.0 es mejor. Si es compatible con la sub-clase Analítica, significa que puede sustraer eventos de contorno sin interrupción (el anillo de trazos dobles), eventos de escalada y almacenamientos de datos, todos útiles y parte de la paleta de Nivel 2. En el libro, indicaremos cuales formas y símbolos son nuevos en BPMN 2.0. Si tu herramienta todavía no es compatible con BPMN 2.0, no todo está perdido…pero deberías animar a tu proveedor de herramientas que se pase a BPMN 2.0 pronto!

Reconocimientos

Quisiera reconocer los esfuerzos de dos personas en el avance del estándar y el enfoque de Método y Estilo desde la publicación de la edición original. Sin estos esfuerzos, este libro po podría haber sido escrito.

Robert Shapiro de *Process Analytica*, como miembro del Comité de Finalización BPMN 2.0 en OMG, tuvo éxitos donde yo no los tuve, estableciendo las sub-clases de Conformación del Proceso de Modelado Descriptivo y Analítico incluido en la sección cumplimiento de la specificación final BPMN 2.0. Esto no sólo constituye la única base práctica para el modelo de intercambio entre herramientas, pero sirve como el respaldo oficial de las paletas de Nivel 1 y Nivel 2 del Método y Estilo BPMN.

Stephan Fischli de *ITP Commerce*, fabricante del *Process Modeler* para Visio, que no ha parado de añadir características al enfoque de Método y Estilo. Los ejemplos más notables incluyen el soporte integrado para la validación de la regla de estilo, serialización XML apropiada, y la importación de tareas y procesos globales de archivos externos de Visio. Un buen BPMN requiere buenas herramientas, y Stephan tiene el mejor.

También quiero agradecer las respuestas aclaratorias de varias personas a mis preguntas acerca de aspectos técnicos de la especificación BPMN 2.0, incluido Matthias Kloppmann de IBM, Ralf Mueller de Oracle, Denis Gagne de Trisotech, y Falko Menge de Camunda. Gracias también a Carol Leyba de Leyba Asociados por su gran trabajo en el trabajo del diseño de la portada.

Finalmente, quisiera reconocer aquellos esfuerzos que pudieron hacer que este libro está disponible en otros idiomas y formatos: Stephan Fischli y su equipo en ITP Commerce (Traducción en Alemán), Brian Reale y su equipo de ProcessMaker (Traducción en Español), y Declan Chellar por la preparación de la versión Kindle. Gracias a todos ellos por ayudarme a difundir la palabra acerca del Método y Estilo BPMN.

Bruce Silver
Octubre 2011

PARTE I:
QUÉ ES BPMN?

CHAPTER 1

Mal BPMN, Buen BPMN

BPMN - *Business Process Model and Notation,* significa La Notación y el Modelado de Procesos de Negocios. Para la amplia mayoría de los usuarios de BPMN, la parte más importante es la N – la *notación* gráfica- un lenguaje de diagramación para flujos de procesos de negocios. El aspecto más importante es que se trata de un *estándar,* sustentado por el *Grupo de Gestión de Objetos* – OMG (por sus siglas en inglés *Object Management Group*). Esto significa que no es propiedad ni está bajo el control de un solo vendedor o consultoría de herramientas virtuales. No se paga ninguna comisión o derechos de autor para utilizar la propiedad intelectual que representa. Hoy en día, virtualmente toda herramienta de modelado soporta BPMN de alguna manera, a pesar de que algunos vendedores protestan diciendo que su propia notación es mejor o más amigable para los negocios.

Un beneficio clave de un estándar de modelado de procesos es que su comprensión no está limitada a usuarios de una herramienta en particular; la semántica está definida por el estándar, no por cada herramienta. BPMN es un lenguaje *expresivo,* capaz de describir matices del comportamiento del proceso de forma compacta en el diagrama. Al mismo tiempo, el significado es lo suficientemente preciso para describir los detalles técnicos que controlan la ejecución del proceso en un motor de automatización! De esta forma, BPMN conecta los mundos de los negocios y las TI en un lenguaje de procesos común que puede ser compartido entre ellos.

La Paradoja de BPMN

La popularidad de BPMN comienza con la *familiaridad hacia afuera,* especialmente para la gente involucrada con los negocios. Sus cajas y flechas, diamantes y carriles se parecen mucho a los flujogramas tradicionales, los cuales están presentes desde hace 25 años, lo cual fue por diseño. Pero aquí está la paradoja de BPMN: a la vez que es familiar hacia afuera, las capacidades únicas de BPMN vienen en formas que *difieren* del uso tradicional de flujogramas.

Una diferencia, como se mencionó anteriormente, es que los modeladores no pueden inventarse sus propios significados para las figuras y símbolos estandarizados. BPMN se basa en una *especificación* formal, incluyendo un metamodelo y reglas de uso. Su expresividad deriva de la extensa variedad de marcadores, íconos y estilos de bordes que precisamente refinan el significado de las figuras básicas. Tiene *reglas* que rigen el uso de cada figura, cuál puede conectarse con cuál. De esa manera se puede *validar* un modelo BPMN, y cualquier herramienta BPMN que valga la pena utilizar, puede hacerlo con un clic del mouse.

Una segunda diferencia clave con los flujogramas tradicionales es que BPMN puede describir *comportamientos disparados por eventos.* Un evento es "algo que ocurre" mientras el proceso está en marcha: el cliente llama para cambiar la orden; un acuerdo a nivel de servicio está en peligro de ser violado; una respuesta esperada no llega a tiempo; un sistema se cayó. Estas cosas ocurren todo el tiempo. Si el modelo representa al proceso "real", necesita decir *qué debería ocurrir* cuando esas excepciones ocurren. BPMN le permite hacer éso y visualizar ese comportamiento en el mismo diagrama.

En tercer lugar, adicionalmente a los sólidos conectores de *flujo de secuencia* que muestran el flujo *al interior* del proceso, BPMN describe las comunicaciones *entre* el proceso y entidades externas como el consumidor, proveedores de servicios externos y otros procesos internos. Esas comunicaciones están representadas por un conector intermitente llamado *flujo de mensaje.* El patrón de flujos de mensaje, llamado *colaboración*, revela cómo el proceso encaja en el entorno global.

De esta manera, utilizar BPMN correcta y efectivamente requiere aprender las partes que *no son familiares*. No es difícil y de éso se trata el presente libro. No obstante, posteriormente al lanzamiento de BPMN 2.0 en 2010, comenzamos a escuchar a algunas personas decir que comprender BPMN es "muy difícil para gente de negocios." Usualmente las personas que decían esto eran vendedores de herramientas virtuales o consultores vinculados a las notaciones de su propio legado.

Pero hay que reconocer un aspecto: hay mucho de "mal BPMN" en la práctica; diagramas que son inválidos, incompletos o ambiguos, pero éso no significa que crear un "buen BPMN" esté fuera del alcance de usuarios del mundo de los negocios. Sospecho que si se observan muestras de ensayos de aplicación a la universidad, se vería en la misma medida una alta frecuencia de palabras mal usadas, errores gramaticales y una enrevesada estructura de las oraciones. Se podría concluir de ello que el español es simplemente "muy difícil para estudiantes de secundaria"? No, un idioma *requiere* riqueza para poder expresar ideas complejas. Pero es necesario enseñar a la gente cómo usarlo correcta y efectivamente y proveer herramientas para ayudarlos a hacerlo.

Método y Estilo

De éso se trata este libro; muestra cómo crear un "buen BPMN", es decir modelos que son:

- **Correctos**. El diagrama no debería violar las reglas estipuladas en la especificación de BPMN.

- **Claros**. La lógica del proceso debería ser inequívoca y obvia simplemente por el diagrama en sí, no debería depender de documentación adjunta. Nótese que el término *lógica del proceso* significa la lógica de proceder desde una tarea a la siguiente, no los detalles de cómo se llevan a cabo tareas individuales.

- **Completos**. Adicionalmente al flujo de actividad, el diagrama debería indicar cómo comienza el proceso, todos sus estados finales significativos y sus comunicaciones con entidades externas, incluyendo al solicitante, los proveedores de servicios y otros procesos internos.

- **Consistentes.** Tomando en cuenta al mismo conjunto de hechos acerca de la lógica del proceso, todos los modeladores deberían crear más o menos el mismo modelo BPMN, o al menos modelos que estén similarmente estructurados. La consistencia en toda la organización hace que los modelos sean más fáciles de compartir y entender.

La especificación BPMN solamente exige corrección, pero es insuficiente para un buen BPMN. Un buen BPMN requiere adoptar convencionalismos que van más allá de los requisitos de la especificación. Le llamo a esos convencionalismos *Método y Estilo BPMN*.

El Método que presento en el libro es una receta preceptiva para convertir una hoja en blanco en un modelo de BPMN que sea correcto, claro, completo y consistente. Es menos importante que usted adopte mi Método exactamente, al hecho de que usted establezca algún tipo de metodología preceptiva para el modelado de procesos a utilizar al interior de su organización. Una estructura de modelos consistente maximiza una comprensión compartida, al igual que una reutilización de modelos al interior de la organización.

El enfoque "Método y Estilo" es *de arriba hacia abajo* y los modelos resultantes tienen una estructura *jerárquica*. *Estilo* se refiere a principios básicos de composición y utilización de elementos que van más allá de las reglas oficiales de la especificación. Yo solía enseñar estilo BPMN como las "mejores prácticas", pero encontré que es más efectivo reducirlo a una lista *de reglas que pueden ser validadas en la herramienta,* tal como las reglas oficiales de BPMN.

La claridad de los modelos está directamente relacionada con las reglas de estilo, muchas de las cuales simplemente tienen que ver con el etiquetado. Por alguna razón, los modeladores principiantes son extremadamente mezquinos con las etiquetas, cuando la especificación BPMN no requiere ninguna etiqueta para nada, pero si se piensa al respecto, todo lo que se tiene en el diagrama para comunicar un significado son formas y etiquetas. En modelos jerárquicos, donde los niveles del proceso están representados en páginas separadas, el etiquetado es lo que hace que el proceso sea lógicamente fácil de seguir desde el nivel más alto hacia abajo, hasta el nivel más bajo de detalle.

El Largo Camino hacia BPMN 2.0

Para la mayoría de los modeladores, la parte importante de BPMN es la *N*, la *notación* gráfica. Pero la mayor parte del esfuerzo para crear BPMN 2.0 ha involucrado a la *M*, el *modelo*. Eso significa la semántica formal de las definiciones del elemento y sus interrelaciones, así como está definido por un *metamodelo* formal y su correspondiente representación XML (por sus siglas en inglés *eXtensible Markup Language*, o *lenguaje de marcas extensible en español*.). La notación, las figuras y símbolos en realidad han cambiado muy poco de BPMN 1.2 a BPMN 2.0.

Una motivación clave para el cambio de enfoque en BPMN 2.0, era el proveer un *formato de intercambio XML* para modelos de proceso. Una segunda fue el deseo de parte de los mayores vendedores de paquetes BPM –notablemente IBM, Oracle y SAP- para hacer que los modelos BPMN sean *ejecutables* en un motor de proceso. En realidad, muchos paquetes BPM ya estaban siendo la base del diseño de proceso ejecutable en BPMN 1.x, pero cada uno de ellos modeló los detalles relacionados con la ejecución bajo su propia forma, la cual era de su propiedad registrada. BPMN 2.0 estandarizaría la representación de los datos del proceso, mensajes, servicios, asignación de tareas y las preferencias, no en el diagrama sino en el XML de base.

El enfoque del OMG hacia la ejecución de procesos, llevó más o menos a un contragolpe en contra de BPMN 2.0 y de parte de algunos miembros de la comunidad BPM, pero el hecho gira respecto a que la gran mayoría de usos del BPMN 2.0 todavía es para diagramar procesos no ejecutables. BPMN 2.0 añade solamente un par de elementos nuevos importantes a la notación: eventos no interrumpibles y almacenamiento de datos. Sin embargo la tensión entre BPMN como una notación de diagramación amigable para los negocios y BPMN como un lenguaje de procesos ejecutables, ha estado presente desde un principio.

BPMN se originó en 2002 como la capa de diseño visual de un nuevo tipo de sistema de "flujo de trabajo transaccional", en el seno de un consorcio llamado BPMI.org e impulsado por un emprendimiento de arranque llamado Intalio. Con el impulso de la arquitectura diseminada que está basada en estándares de red y servicios de red, este nuevo tipo de BPM sería una ruptura radical de los sistemas de flujo de trabajo registrados de la era del cliente/servidor. Una diferencia clave sería hacer del lenguaje de ejecución del proceso, un *estándar independiente del vendedor*. Conforme iba desarrollando el lenguaje, llamado BPML, BPMI.org alcanzó su punto más alto con 200 miembros, en esencia todos los mayores vendedores de software, excepto IBM y Microsoft.

Otra diferencia sería el *empoderamiento de los negocios*. "En pocas palabras", recuerda el fundador de BPMI, Ismael Ghalimi, "permitiría a personas no tan técnicas, construir aplicaciones transaccionales al dibujar flujogramas simples"[6]. BPML no estaría codificado a mano, sino *generado desde un diagrama*, el cual también estaría estandarizado: BPMN. Los estándares de diagramación de procesos existentes fueron rechazados por ser muy centralizados en la tecnología de la información. BPMI exigía algo más amigable para los negocios. Howard Smith y Peter Fingar le dieron cuerpo a la promesa de empoderamiento de los negocios a través de BPMN en un trascendental libro de 2002: *BPM: The Third Wave (La Tercera Ola)*, el cual predijo correctamente que empoderar a la gente de negocios para que dirija sus propios procesos, era crítico para la evolución de BPM.

---

[6] Para un recuento de primera mano, vea "Por Qué Todos Estos Problemas?", Ismael Ghalimi.

BPMI.org produjo una especificación para BPMN 1.0 en 2004. Ghalimi continúa: "Entre [los miembros de BPMI eran] muchos vendedores de herramientas virtuales de modelado de procesos, hay a quienes les encantaba la idea de una notación estándar para procesos, y muchos vendedores de flujos de trabajo quienes odiaban la idea de un lenguaje estándar para ejecutarlos. Los primeros entendieron que podían darle mucho valor alrededor de la herramienta central de modelado de procesos. Los segundos sabían todo demasiado bien que la fragmentación del mercado ayudó a preservar el estatus quo…"

Y resultó que ninguno tenía nada que temer de BPML. IBM y Microsoft contestaron con BPEL, un lenguaje ligeramente diferente ubicado en la primera escala del nuevo estándar de servicios de red llamado WSDL. En un instante esos dos vendedores vencieron a 200, y BPML fue efectivamente eliminado. En el 2005, al necesitar un nuevo hogar, BPMI.org fue absorbido por el *Object Management Group* (OMG), irónicamente hogar de la alternativa rechazada, UML. OMG adoptó formalmente la especificación BPMN 1.0 en el 2006, aumentando una actualización menor, BPMN 1.1 en enero de 2008, y un año después, BPMN 1.2, que era el arreglo a un *bug*.

Es un ciclo normal en el mundo de los estándares TI, aquel que normalmente lleva a un olvido silencioso. A fines de 2008 sin embargo, contra todo pronóstico, BPMN resultó no estar en camino hacia el olvido, sino aproximándose a un punto culminante de adopción masiva. La explicación es simple. Smith y Fingar estaban en lo correcto…de alguna manera. El empoderamiento de los negocios *es* la clave de BPM y BPMN lo contempla –no el código ejecutable, sino la lógica de flujo precisa que ese código tendría que implementar. A pesar de que la especificación BPMN no hizo una distinción explícita entre los elementos que son parte de un *modelo* no ejecutable, y aquellos necesarios para la *implementación* ejecutable, es bastante obvio cuál es cuál. Los elementos del "modelo" se muestran en el diagrama, los elementos relacionados con la ejecución, no lo están.

Los vendedores del paquete BPM simplemente adoptaron las partes de *modelado* de BPMN 1.x –el diagrama- e ignoraron las partes de *ejecución*. Los detalles ejecutables podrían ser añadidos al modelo de proceso, pero cada BPMS haría esto a su propio modo. De esta forma, BPMN 1.x –como lo implementa la mayoría de los vendedores de herramientas de modelado y BPMS- no es ejecutable por sí mismo, a pesar de que está incorporado en muchas herramientas ejecutables de diseño específicas para vendedores, y ello es adecuadamente conveniente para la mayoría de modeladores de procesos. De todos modos, unos cuantos están incluso pensando en la ejecución en un BPMS; se trata de analistas de negocios y arquitectos del proceso, no desarrolladores.

BPMN 1.x fracasó, sin embargo, para cumplir con una promesa importante, hay que intercambiar entre herramientas de modelado, y es increíble que BPMN haya logrado una amplia acogida sin ello, pero de alguna manera, nunca fue una prioridad ni para BPMI.org o OMG. El estandarizar la serialización XML basado en un *metamodelo* formal, sería una meta clave de BPMN 2.0.

De hecho, OMG tenía la intención original de simplemente de tomar su propio *Metamodelo de Definición de Procesos de Negocios* (*BPDM*) y ponerle la marca de BPMN 2.0. Ello le quitaría el énfasis a la notación gráfica y se enfocaría en la semántica abstracta que podría ser trazada para *cualquier* lenguaje de modelado de procesos. No obstante, ello era un error; no solamente abandonaría a los usuarios BPMN 1.x que ya existían, sino que no le sentó bien a IBM, Oracle y SAP, quienes necesitaban cubrir la brecha entre SOA y BPM orientado hacia los negocios. Querían *extender* la notación BPMN 1.2, popular para los negocios, para incluir el diseño ejecutable. Finalmente, su propuesta rival prevaleció[7].

En el mundo de herramientas BPM, BPMN 2.0 ha marcado un punto culminante. La adopción de BPMN 1.x fue encabezada por pequeños vendedores BPMS de dedicación exclusiva. Con BPMN 2.0, las empresas de software más grandes del mundo están liderando la ofensiva. Hoy por hoy, cualquier otra notación es vista como "de registro de su propiedad" o "parte de su legado". De alguna forma y contra todo pronóstico, BPMN se ha convertido en *el* estándar importante en BPM.

El Modelado de Procesos de Negocios Es Más que BPMN!

Los arquitectos de negocios y otros practicantes BPM nunca han cesado de recordarme que la lógica de flujo de actividad, como está definida por BPMN, es solamente un componente del modelado necesario para describir, analizar, transformar y optimizar apropiadamente los procesos de negocios de una compañía. No estoy en desacuerdo con ello. BPMN realmente sólo describe la secuencia de las actividades del proceso, que engloba bastante, pero hay que reconocer que se necesita mucha más información para realizar BPM apropiadamente.

Entonces qué falta? Le pregunté a Brett Champlin, presidente de la Asociación de Profesionales BPM (www.abpmp.org) y también un practicante BPM en una importante compañía de seguros, qué información adicional debería ser modelada para apoyar a un gerente de procesos en un programa de empresa BPM. Me dio una lista larga, la cual reordené como sigue a continuación:

En cuanto a la empresa o Línea de Negocios
- Contexto de negocios de alto nivel, que describa las relaciones entre el negocio y la Competencia, los Reguladores, los Proveedores, los Socios Empresariales, los Clientes, la Comunidad, etc.
- Objetivos Estratégicos y Medición de Desempeño
- Controles y Restricciones
- Mercados, Clientes
- Productos (bienes y servicios)
- Ubicaciones

En cuanto a lo Operacional, Procesos Cruzado
- Cadenas de valor y Carteras de Procesos
- Metas y Objetivos Operacionales

---

[7] En diciembre de 2008, más o menos por accidente, me uní al equipo de propuestas de IBM-Oracle-SAP y me mantuve activo hasta la publicación de la especificación beta en el verano de 2009

- Políticas
- Medición del Desempeño y KPI's (Indicadores Claves del Desempeño)
- Estructura Organizaciones y Roles

En cuanto al Proceso en Específico
- Requisitos respecto a los recursos de la actividad
- Ingresos y Costos, basados en las actividades como en los recursos
- Ayudas de Trabajo (instrucciones para operadores humanos)

En cuanto a lo Técnico
- Sistemas TI
- Servicios
- Datos

Cada uno de estos puntos puede ser descrito por uno o más modelos y adjuntos, vinculado en algún tipo de relación al modelo BPMN. El hecho de que BPMN no los incluya en sí mismo, a mi modo de ver, no una deficiencia. De hecho, un único estándar neutral respecto a los vendedores que describa todos estos modelos y sus interrelaciones sería casi imposible de crear. Una de las razones clave por la cual BPMN es tan ampliamente aceptado como un estándar, es porque no intenta acaparar mucho.

BPM a nivel de las empresas requiere un conjunto de herramientas construido alrededor de un *depósito*, una base de datos que mantiene las relaciones entre todos los diferentes modelos, junto con el análisis de gobernanza e impactos de cambios. Los así llamados paquetes de *Análisis de Procesos de Negocios (BPA)* vinculan el modelo del proceso a modelos de reglas de negocios, roles organizacionales, metas estratégicas y problemas y datos maestros. Los paquetes relacionados a *Arquitectura Empresarial (EA)* vinculan a BPMN con modelos técnicos y artefactos ejecutables. Hoy en día, muchos paquetes BPA y EA están o remplazando a sus herramientas de modelado de procesos de su legado con BPMN, o añadiendo BPMN como un formato alternativo.

CAPITULO 2

¿Cómo Explica un Modelo?

Un modelado de proceso es más que una diagramación. Su propósito es transmitir el significado, específicamente la lógica del flujo de actividad de un proceso de inicio a fin. Solamente desde el diagrama, la lógica del proceso debe ser clara y entendible para una persona de negocios, pero semánticamente precisa, como es requerida por el desarrollador. Por la *lógica del proceso* nos referimos a una descripción de todos los caminos desde un estado inicial de una instancia de proceso a cada uno de sus posibles estados finales.

La especificación BPMN y la mayoría de los libros sobre el tema se centran en la clasificación de los elementos de BPMN de manera aislada, definiendo el significado de cada forma y símbolo. Pero, como John Ciardi escribió en su clásico, *¿Cómo Explica un Poema?*, "el lenguaje de la experiencia no es el lenguaje de la clasificación". Comunicar efectivamente la lógica del proceso requiere un entendimiento de cómo los elementos encajan entre si, no sólo como palabras aisladas, sino como oraciones, párrafos, una historia completa. Esto requiere prestar atención a la estructura general del modelo, siguiendo un conjunto consistente de convenciones, lo cual denomino Método y Estilo. Si lo haces correctamente, las características más importantes del proceso son evidentes a primera vista: qué representa la instancia, como inicia el proceso, sus diversos estados de fin posibles y sus mensajes de estatus correspondientes, y sus puntos de contacto con entidades externas.

El Diagrama BPMN es a la vez una visualización y un dispositivo de entrada de información del *modelo semántico* subyacente XML. Cuando trazas un diagrama, la herramienta transparentemente traduce cada forma en su elemento semántico correspondiente: un evento de inicio, una Tarea Usuario, un Evento de Fin, etc. En la especificación BPMN 2.0, el metamodelo BPMN, las definiciones de los elementos, y las reglas asociadas, todas hacen referencia a los elementos semánticos, no a las formas en el diagrama. De hecho, BPMN permite un modelo semántico sin un modelo gráfico asociado. Es decir, la lógica del proceso es definida en el XML, pero no existe un diagrama. Sin embargo, lo contrario no es cierto: En BPMN 2.0, no puedes tener un modelo gráfico sin un modelo semántico asociado.

Una computadora puede ser capaz de comprender la lógica compleja de un proceso expresada como páginas XML, pero las personas no son capaces de hacerlo. Nosotros necesitamos la representación de diagrama para poder darle sentido a lo que está pasando. Pero aquí está el problema: Sólo una pequeña fracción de la información definida por el modelo semántico es visible en el diagrama: el tipo elemento básico, indicado por su forma y sus íconos y marcadores asociados, y una etiqueta de texto. Si estamos viendo un diagrama multi-página dentro de una herramienta BPMN, los hipervínculos pueden indicar ciertas relaciones entre las páginas, y las hojas de propiedades pueden mostrar varios atributos de una forma seleccionada. Pero no podemos asumir que siempre se accede al diagrama mediante la herramienta. En la mayoría de los casos, los usuarios ven el diagrama BPMN como una copia impresa o pdf, en los cuales los hipervínculos y hojas de propiedad no aparecen.

Eso significa que tenemos que transmitir toda la información posible desde el mismo diagrama, tal y como aparecería en la forma impresa, donde todo lo que tenemos son formas y etiquetas. Las *etiquetas* son muy importantes. Una pieza fundamental del enfoque de Método y Estilo trata con un etiquetado consistente, para que así la lógica del proceso no solamente sea clara en la página, pero también trazable de página a página en un modelo jerárquico.

Nosotros no queremos adivinar la intención del modelador. Debe ser evidente solamente desde el diagrama. A eso nos referimos con "buen BPMN", y afortunadamente es una habilidad que se puede aprender fácilmente.

Marco Conceptual Oculto de BPMN

Mientras el BPMN es ampliamente adoptado, unos cuantos modeladores de procesos saben como utilizarlo correctamente o efectivamente. Mal BPMN es la norma y no la excepción. Una razón es la misma especificación BPMN. No explica claramente el significado de los conceptos más fundamentales de BPMN, como ser *actividad* o *proceso*. Esa falla crea problemas no sólo para los modeladores principiantes de modelos, sino también para los arquitectos experimentados de procesos de negocios.

¿Qué es una Actividad?

Vamos a empezar con *actividad*. Una actividad en BPMN es una *acción*, una unidad de trabajo realizada. Es el único elemento BPMN que tiene un ejecutante. Pero el significado de una actividad BPMN es más específico que eso. Una Actividad BPMN es una acción que es que se lleva a cabo *repetidamente* en el transcurso del trabajo. Cada *instancia* de la actividad representa la misma acción (más o menos) en una parte diferente del trabajo. El modelador necesita tener claridad en el significado de la instancia de la actividad, como ser un orden, una solicitud de servicio, o una revisión mensual.

Una actividad BPMN es una acción discreta con un *inicio y fin bien definido*. Una vez que una instancia de la actividad ha finalizado, está terminada, completa. No sólo permanece inactiva, lista para ser despertada de repente y hacer un poco más si es que descubre algo malo. Es posible que el proceso haga esas cosas… pero en una actividad diferente, o posiblemente en otra instancia de la misma actividad.

En el ámbito más amplio de la arquitectura de BPM, el término "actividad" se utiliza de manera más amplia, y esto ocasiona confusiones acerca de BPMN. Algunas "actividades" descritas por la arquitectura de BPM no se ajustan a la definición de BPMN porque en realidad son *funciones* realizadas *continuamente,* no son acciones discretas llevadas a cabo *repetitivamente.* Generalmente tienen nombres como *Administrar* X o *Monitorear* Y, y no operan en instancias con un inicio y fin definido.

¿Qué es un Proceso?

Del mismo modo, un *proceso* en BPMN es una secuencia de actividades que llevan de un estado de inicio de la instancia del proceso a algún estado de fin definido. El inicio de un proceso está marcado por un evento de activación, como la recepción de una solicitud. El *modelado del proceso* es un mapa de todos los caminos posible – secuencia de actividades – desde un evento de inicio a cualquier estado de fin definido, éxito o excepción. Como la actividad, un proceso es discreto, no continuo. Es realizado repetitivamente durante el negocio, y tiene un inicio y fin bien definido. Cada instancia del proceso sigue algún camino en el modelado del proceso desde el inicio al fin.

Como actividad, la definición BPMN de un proceso a veces no está de acuerdo con el término "proceso" como es utilizado por BPM o arquitectos de la empresa. Por ejemplo, el BPM de la empresa generalmente se refiere a los marcos de proceso de negocios, como ser SCOR, ITIL, o eTOM, que enumeran los principales procesos y actividades de una industria en particular, por lo general para la evaluación comparativa entre empresas[8]. Una organización llamada APQC, un Marco de Clasificación de Procesos Intersectoriales[9], una jerarquía que consiste en Categorías, Grupos de Procesos y Actividades.

Desafortunadamente, muy pocos de los procesos y actividades que figuran en el PCF concuerdan con la noción de proceso y actividad de BPMN. La mayoría es de la variedad *Administrar* X, funciones de negocios en curso en lugar de acciones en vez de instancias discretas con inicio y fin bien definido.

---

[8] Ver, por ejemplo, Paul Harmon, <u>Business Process Change</u>, 2da edición, Morgan Kauffman, 2007.

[9] http://www.apqc.org/process-classification-framework

Por ejemplo, a continuación hay un breve extracto de PCF para el proceso llamado *Proceso de Reembolso de Gastos*[10]. Aquí los encabezados de tres dígitos representan procesos y los encabezados de cuatro dígitos representan actividades .

> 8.6.2 Proceso de Reembolso de Gastos (10757)
> > 8.6.2.1 Establecer y comunicar las políticas de reembolso de gastos y los límites de aprobación (10880)
> > 8.6.2.2 Recabar y reportar datos relevantes de impuestos (10881)
> > 8.6.2.3 Aprobar reembolsos y adelantos (10882)
> > 8.6.2.4 Procesar reembolsos y adelantos (10883)
> > 8.6.2.5 Administrar cuentas personales (10884)

Dentro de un proceso, las instancias de la actividad deben ser alineadas entre ellas y también alinear con la instancia del procesos. Si nosotros interpretamos el 8.6.2 como el proceso BPMN para manejar los informes de gastos de los empleados, lo cual ciertamente no es el caso aquí. La primera actividad es en realidad dos actividades BPMN separadas, ya que establecer y comunicar las políticas probablemente ocurra en tiempos y frecuencias diferentes. Además, ninguna de ellas es parte de este proceso. La segunda actividad es también dos actividades BPMN. La información de impuestos puede ser recabada de los informes de gastos, pero el reporte al gobierno se haría trimestralmente o anualmente. Las siguientes dos posiblemente sean actividades BPMN en este proceso, asumiendo que el procesamiento de adelantos y reembolsos utilicen el mismo proceso. La última es una función en curso, no una actividad BPMN en absoluto.

Desde el marco conceptual BPMN, una mejor lista de actividades para procesar los reembolsos de los gastos de los empleados podría ser la siguiente, donde una instancia de cada actividad es un simple informe de gastos:

> 8.6.2 Procesar el reembolso de gastos
> > 8.6.2.1 Revisar el informe de gastos y la documentación de respaldo
> > 8.6.2.2 Aprobar el reembolso
> > 8.6.2.3 Recabar los datos de impuestos
> > 8.6.2.4 Emitir el pago

Mi intención aquí no es meterme con APQC, específicamente. El problema está muy extendido en la literatura de la arquitectura de negocios y BPM dentro de la empresa. Me he encontrado con situaciones donde un equipo de arquitectura BPM ha definido una lista de las principales "actividades" que no son acciones discretas desarrolladas repetitivamente en instancias con puntos de inicio y fin bien definidos, y desde entonces a retado a que los modeladores de procesos se conecten entre ellos para describir procesos fin-a-fin. Pero eso es imposible.

---

[10] http://www.apqc.org/knowledge-base/download/31928/a%3A1%3A%7Bi%3A1%3Bs%3A1%3A%222%22%3B%7D/PCF_Cross%20Industry_v5%202%200.pdf?destination=node/31928

Lógica del Proceso

Cuando un modelador de procesos comienza a documentar un proceso tal cual o estado actual, el procedimiento generalmente incluye reunirse con la gente directamente involucrada con el proceso, los llamados expertos en la materia. Y las PYMES podrían inclinarse a describir el proceso de esta manera: *Primero pasa X, y después generalmente se va a Y, y después finalmente hacemos Z.* Eso está bien. Describe lo que *generalmente* pasa, que lleva a un estado de fin exitoso. O talvez así es como ha pasado en una instancia reciente.

Sin embargo, el modelado del proceso es más que la documentación de una instancia del proceso. Es un mapa completo de todos los caminos de todos los eventos de activación para cualquier estado de fin definido. Eso no significa que cada posibilidad imaginable, sin importar cuan remota, sólo aquellos estados de fin y caminos que ocurren con una frecuencia significativa.

Entonces, las primeras preguntas para la PYME deben ser preguntas como estas:

> *¿Cómo realmente inicia el proceso? ¿Qué evento lo activa? ¿Existe más de una manera posible para que inicie?*
>
> *¿Qué determina cuando está completo el proceso? ¿Existen diferentes estados de fin para el proceso, como ser un fin exitoso significativo y otros intentos significativos fallados o abandonados?*
>
> *¿Cómo el proceso va desde X a Y? ¿La persona haciendo Y de alguna manera "sabe" lo que se supone debe pasar?*
>
> *¿Cómo sabes cuando se ha realizado X? ¿X siempre finaliza de la misma manera? ¿O aparte de los estados de fin normales, existen estados de fin excepcionales donde tu no vas a Y? ¿Existen reglas que rigen esto?*

Las respuestas a estas preguntas definen la *lógica del proceso*. La lógica del proceso define todas las posibles secuencias de actividades desde el evento de inicio del proceso a uno de sus estados de fin. Cada actividad está representada en el diagrama por un rectángulo redondeado, y conectores de flechas sólidas llamadas *flujos de secuencia* que describen los posibles caminos de flujo. Puede haber puntos de ramificación en el flujo, donde una instancia puede tomar un camino u otro basándose en alguna condición. Existe una forma diamante en BPMN para eso, llamada *compuerta*, y las etiquetas en la compuerta y sus conectores salientes muestran la lógica condicional en el diagrama del proceso. BPMN también tiene formas circulares, llamadas *eventos*, que pueden desviar el flujo cuando ocurre alguna excepción o algún mensaje externo llega. De hecho, toda la lógica del proceso en BPMN está compuesta de sólo estos tres nodos flujo principales – actividades, compuertas y eventos – y los flujos de secuencia que los conecta. Cada fin de un flujo de secuencia debe ser conectado a una actividad, compuerta o evento.

La primera reacción de las PYMES a estas preguntas podría ser, "Nada está *haciendo* que el proceso vaya de X a Y. Eso es lo que pasa". Por supuesto, algo *siempre* lo hace ir. La lógica solamente está escondida, probablemente dentro de la cabeza de la persona que está haciendo

X por esta instancia en particular. Y existe un enorme valor en resaltar esta lógica, haciéndola explícita en un diagrama que todos los accionistas en el proceso puedan entender. Sin eso, realmente no puedes *manejar* el proceso o mejorar su rendimiento.

Orquestación

BPMN sólo describe los procesos en los cuales la lógica del proceso – el mapa de todos los caminos posibles desde el evento de activación a uno estado de fin del proceso – es *explícito*, definida previamente al evento de activación. BPMN es un lenguaje para especificar esa lógica de proceso explícita. Cada instancia del proceso debe seguir algún camino en el modelado del proceso. El término técnico de BPMN para dicho proceso es una *orquestación*. En la especificación BPMN 2.0, los términos *modelado de proceso* y *modelado de orquestación* significan lo mismo.

Es razonable preguntar, *"¿Cómo se puede definir la lógica del proceso de antemano cuando una Aprobación ha sido completamente arbitraria?"* Ahh, ¿pero cómo el ejecutante decide aprobar o rechazar no es parte de la *lógica del proceso*. Es parte de la *lógica de tarea* interna del paso de Aprobación. Para la mayoría de los tipos de actividad, BPMN no describe la lógica de la tarea, sólo la lógica del proceso, la lógica de *lo que pasa a continuación una vez que la tarea es completada*. La lógica del proceso dice, "Si la Aprobación termina en el estado de *aprobado*, sigue este camino; si termina en el estado de *rechazado*, toma este otro camino". Entonces la orquestación no significa que tu ya sabes de antemano que camino en particular una instancia va a tomar, sólo que las *condiciones* para tomar cualquier camino posible en el modelo se saben de antemano.

En contraste, un *proceso puramente ad-hoc* no es una orquestación. Por ad-hoc, me refiero a un proceso en el cual el ejecutante de cada tarea determina la tarea a desarrollar a continuación, y la lista de las posibles tareas siguientes está completamente abierta, no enumerada en el modelo. (Si la lista puede ser enumerada de antemano, podrías mostrarla completamente en el diagrama, y dejar que la tarea del estado de fin determine cual camino seguir. De hecho, algunos procesos llamados ad-hoc son así. BPMN no es una buena opción para ellos, no porque no puede describir el comportamiento, sino porque el diagrama resultante sería difícil de entender y no valdría la pena el esfuerzo del modelaje).

El camino tomado por cualquier instancia de proceso depende de la *información* acumulada por la instancia a medida que progresa. Esa información incluye mensajes recibidos, datos producidos en las actividades del proceso, y los estados de fin de las actividades completadas. BPMN implícitamente asume que toda esta información de la instancia está disponible en la lógica del proceso. Con esta información, el modelaje del proceso *"sabe"* ya que cada paso es completado, donde la instancia va a ir después. Incluso se podría pensar del modelaje del proceso como una fuerza inteligente que *"guía"* la instancia paso a paso. Es un salto muy corto de ahí a un motor de proceso real en un BPM Suite. A pesar de que la gran mayoría de los modelos BPMN no describen procesos automatizados, el BPMN trata al proceso como si podría, en principio, ser automatizado. Esto ayuda a explicar porque es tan importante que las instancias de cada actividad de proceso estén alineadas entre ellas y con la misma instancia del proceso.

Recuerde que BPMN se originó como un lenguaje de diseño gráfico para flujos de proceso automatizados. En la mayoría de los procesos modelados en BPMN, la lógica del proceso no es automatizada… pero BPMN lo trata como si podría ser.

Las Preguntas que BPMN Pregunta

En mi capacitación de BPMN, un estudiante una vez me preguntó como se puede mostrar en el diagrama que una determinada actividad se completa normalmente en cinco horas. Yo le respondí que esa no es una pregunta que BPMN pregunta. En cambio, BPMN quiere que digas *¿qué acción ocurre si la actividad no es completada en cinco horas? ¿Ves un recordatorio? ¿Notifica al gerente? ¿Escala la tarea? ¿Cancela y abandona el proceso en su conjunto?* Esas son cosas que el BPMN describe. Son parte de la lógica del proceso; el tiempo promedio para completar no lo es.

Un modelaje de proceso BPMN revela sólo el *orden* de las actividades, cuando ocurren y bajo que condiciones. Describe que ocurre después de que una actividad es completada, pero tiene poco que decir de lo que pasa dentro de la propia actividad. No describe *como* una actividad es realizada o *dónde* o *por qué*. De hecho, BPMN apenas toca en lo *que* la actividad es o *quién* la realiza. Esos son simplemente sugeridos por las etiquetas en las actividades y carriles en el diagrama. De hecho, BPMN ha sido criticado por omitir esta información del modelado de procesos… generalmente por los mismos proveedores y consultores que se quejan que ¡la notación BPMN es demasiado compleja! No es que esas otras preguntas no sean importantes, pero no son parte de la lógica del proceso y es por eso que se mantienen fuera del ámbito de BPMN.

Es importante tomar en cuenta que, como estándar de los múltiples proveedores, BPMN es un acuerdo negociado entre muchos intereses en conflicto. Con el fin de conseguir cualquier cosa a través de los comités, su alcance es limitado por la necesidad. Muchas herramientas BPMN incluyen, de hecho, modelos de roles organizacionales y grupos, problemas y metas, parámetros de simulación, KPIs y similares, pero estos modelos son específicos para una herramienta. La única información de proceso descrita de manera uniforme a través de las herramientas es la lógica del proceso BPMN.

Niveles BPMN y las Sub-Clases de Conformación del Modelaje de Proceso

He estado realizando la capacitación de BPMN desde principios de 2007. Puedo decir por experiencia que no todos los que quieren aprende BPMN están interesados en el mismo nivel de detalle del proceso. Mientras que el lenguaje sobresale al expresar el manejo de excepciones y otros comportamientos de eventos de activación, para algunos modeladores es sólo un desorden extraño; a ellos no les interesa. Y ellos no ven la necesidad para todos los sub-tipos de actividades, compuertas y eventos en el conjunto completo de elementos BPMN.

De hecho, sólo una pequeña fracción del conjunto completo de elemento es comúnmente utilizada.

Por lo tanto, mi capacitación siempre inicia restringiendo modelos a un grupo limitado de trabajo de las formas y símbolos que nosotros llamamos *paleta Nivel 1 de BPMN*. El día 1 era, y sigue siendo, Nivel 1 solamente. Los usuarios de negocios fácilmente lo entienden, y hace que el aprendizaje de los conceptos básicos de BPMN sea más fácil. Además, es una paleta compatible con la mayoría de las herramientas de BPMN. La paleta Nivel 1 es esencialmente las formas y símbolos heredadas de los diagramas de flujo tradicionales, y es suficiente para describir la mayoría de los comportamientos de proceso de una manera amigable para los negocios. De hecho, si estás dispuesto a pasar por alto el comportamiento provocado por los tiempos de espera y la llegada de mensajes externos, puede ser todo de BPMN que necesites.

En el Día 2 de la capacitación, pasamos a manejar excepciones, con énfasis en Mensaje, Temporizador y Eventos Error, además de algunas ramificaciones adicionales y patrones emergentes. Esto requiere una paleta un poco más grande que nosotros llamamos *BPMN Nivel 2*. Ya que el comportamiento de activación del evento es un hecho de vida en los procesos del mundo real, los analistas de negocios que quiere utilizar BPMN para definir los requerimientos de solución necesitan aprende el BPMN Nivel 2. Pese a que la paleta de BPMN Nivel 2 abarca sólo la mitad del conjunto completo de trabajo de BPMN 2.0, muchas herramientas BPMN todavía no son compatibles con todo.

Tanto el Nivel 1 y el Nivel 2 se refieren a los *procesos no ejecutables* y se basan únicamente en la información visible en el diagrama. Por el contrario, el BPMN ejecutable es completamente acerca de los detalles XML que *no* son mostrados en el diagrama, como ser modelos de información, expresiones de información condicional en compuertas, y la lógica detallada de la asignación de tareas. Yo lo llamo *BPMN Nivel 3*; hasta esta publicación, todavía no es parte de la capacitación. Tanto el Nivel 1 como el Nivel 2 omiten estos detalles. No solamente no están representados en el diagrama, pero hasta BPMN 2.0 no había una representación estándar XML para ellos. Por consiguiente, su definición no siempre ha sido propiedad de la herramienta. Hoy en día, con BPMN 2.0, puedes hacer el Nivel 3, eso es, definir la lógica de procesos ejecutables utilizando los elementos de XML definidos en el estándar BPMN. Pero las herramientas que hacen eso justo ahora están despegando. Hasta esta publicación, solo unos cuantos tienen lo básico del Nivel 3 funcionando, y ninguno todavía incluye todos los elementos de la paleta del Nivel 2. Vamos a discutir acerca del Nivel 3, o BPMN Ejecutable, en la Parte V de este libro.

Así, los niveles de BPMN se originaron como una estrategia pedagógica en mi capacitación de BPMN. Pese a que no eran parte de la especificación BPMN en ese momento, OMG incluyó mi explicación de los niveles como "material de referencia" para su examen de certificación OCEB BPM. Pero resultó que los niveles tienen un segundo valor, importante para los proveedores de herramientas: Al limitar la paleta de formas compatibles, hacen posible el intercambio de modelo. Al final, eso fue lo que condujo a su inclusión en la especificación final de BPMN 2.0.

Cuando dejé el comité técnico de BPMN 2.0 en Junio, 2009, el borrador de la especificación decía que para exigir la Conformación del Modelaje de Proceso, una herramienta debía ser compatible con el conjunto completo de formas y símbolos del modelos de proceso BPMN. Mientras que eso puede ser posible para una herramienta de modelado puro, nunca iba a permitir el intercambio con herramientas utilizadas para el diseño ejecutable. La interoperabilidad práctica BPMN entre herramientas demanda, primero y sobre todo, restringir el conjunto de trabajo de formas y símbolos. Si un proveedor de herramientas podría limitar la importación/exportación de conjunto de trabajo de Nivel 1, sería mucho más fácil que esa herramienta sea interoperable con otras.

Pese a que el intercambio de modelo siempre fue una meta explícita de BPMN 2.0, los proveedores que se encargan del proceso de elaboración de la especificación se mostraron reacios a comprometerse a una verdadera prueba de cumplimiento. Como miembro del comité técnico, traté mucho que los niveles sean incluidos en la sección de Conformación de la especificación beta de Junio 2009, pero no lo logré. Sin embargo, Robert Shapiro logró empujarlas en la fase de Finalización, y ahora son oficialmente parte de la especificación final de BPMN 2.0.

En la especificación, el Nivel 1 es llamado *Sub-Clase de Conformación Descriptiva del Modelaje del Proceso*, y el Nivel 2 es llamado *Sub-Clase de Conformación Analítica del Modelaje del Proceso*. Unos cuantos elementos de BPMN se cambiaron de nivel, entonces si comparas la edición actual de este libro con el original verás algunos pequeños cambios en las paletas. En esta edición, la paleta del Nivel 1 ha sido ajustada para concordar exactamente con la Sub-Clase Descriptiva oficial, y la paleta del Nivel 2 concuerda con la Sub-Clase Analítica oficial. También existe una tercera sub-clase, llamada *Sub-Clase de Conformación Comúnmente Ejecutable del Modelaje del Proceso*. Hablaremos acerca de esta en el Capítulo 19.

En la especificación, los miembros de cada sub-clase son definidos en términos de los elementos y atribuciones de la especificación XML. No debes estar sorprendido que esos elementos y atributos sólo representen la información visible en el diagrama: el tipo de elemento y sus íconos, marcadores, estilos de bordes, y etiquetas – más las identificaciones únicas y las referencias de identificaciones necesitan mantener junta la estructura del modelo. Todos los detalles necesarios para hacer el proceso ejecutable – definiciones de datos, condiciones de la compuerta, mensajes, servicios y asignación de tarea – están fuera de las sub-clases Descriptiva y Analítica.

Yo creo que esto refuerza la premisa básica del enfoque de Método y Estilo: *Para los modelos de procesos no ejecutables, es la notación – lo que ves en el diagrama – lo que realmente importa*. Otra manera de decir esto: *Si no está en el diagrama, entonces no cuenta*. El Método y Estilo te muestran como transmitir todo el significado posible desde solamente las formas, símbolos y etiquetas de BPMN. Para lograr eso, el Método y Estilo obedece las reglas de la especificación BPMN 2.0 pero impone convenciones adicionales a los modeladores para garantizar que el significado del diagrama no sea ambiguo.

La segunda parte de este libro, la Guí de Implementación de BPMN, muestra a los proveedores y desarrolladores de herramientas como traducir el significado, como está reflejado en el diagrama, a XML que puede ser importado y entendido por cualquier herramienta compatible de la sub-clase Analítica. Si un determinado diagrama tiene una y solamente una serialización, entonces el intercambio de ese modelo entre las herramientas se vuelve directo y automático.

CAPITULO 3

BPMN por Ejemplo

Un Proceso Sencillo de Orden de Compra

Se debe tomar en cuenta al proceso para gestionar la orden de compra. La empresa recibe la orden, revisa el crédito del comprador, cumple la orden y envía una factura. En palabras más simples, en BPMN se vería algo así:

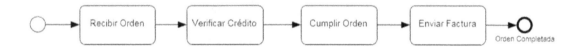

Figura 3-1. Proceso Básico de Orden de Compra

El círculo delgado al inicio del proceso se llama *evento de inicio*. Indica dónde el proceso inicia. El círculo grueso al final se llama *evento de fin* y significa que el proceso está completo. Los rectángulos redondeados son *actividades*. Una actividad como *Revisar Crédito* representa una *acción*, una unidad específica de trabajo realizado, a diferencia de una *función* (por ej., *Revisar Crédito*) o un *estado* (por ej., *Crédito OK*). Para reforzar este punto, las actividades deberían tener nombres bajo la forma de VERBO-SUSTANTIVO. El *nombre* de un elemento en XML se muestra como la *etiqueta* de la figura en el diagrama.

Excepciones y Estados Finales

Este diagrama no representa todavía un modelo de proceso, es tan sólo una simple descripción de la *ruta feliz*, la secuencia normal de actividades cuando no ocurren excepciones. ¿Qué excepciones podrían ocurrir? Bueno, el crédito del comprador podría no ser suficiente, o los bienes podrían no estar disponibles en stock; esas situaciones representarían órdenes fallidas. De esa manera, un modelo más completo del proceso se podría ver algo así:

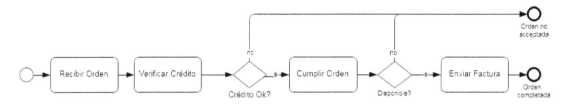

Figura 3-2. Proceso de la Orden de Compra con rutas de excepción

Las figuras en forma de diamante se llaman *compuertas (gateways)*, que representan puntos de ramificación en el flujo. BPMN proporciona un número de diferentes tipos de compuertas, pero éste -la *compuerta exclusiva basado en datos* (también llamado *compuerta XOR)*, un diamante sin símbolos dentro– significa tomar una ruta u otra basándose en alguna condición de los datos, tal como *El crédito del comprador está OK? O Están los artículos de la orden en stock?* El diagrama comunica la lógica del proceso al combinar la etiqueta de la compuerta y las etiquetas en los flujos de secuencia fuera de la compuerta, llamados *gates.* Las compuertas son una forma común de separar los *caminos de excepción* de una ruta feliz.

Nótese que ahora tenemos dos eventos de fin, uno etiquetado *Orden fallida* y el otro *Orden completa* . BPMN no requiere múltiples eventos de fin como éste, pero un principio de Método y Estilo implica utilizar eventos de fin separados para indicar *eventos de fin* distintos, tales como uno representando éxito y el otro fracaso, y etiquetar cada uno con el nombre del estado de fin.

También debemos notar que el diagrama ahora describe tres diferentes caminos de principio a fin. No todas las actividades del modelo se llevan a cabo para cada instancia del proceso. Si la revisión del crédito falla, por ejemplo, no se cumple la orden. Si los artículos de la orden no se encuentran en stock, no se envía la factura. Es sentido común y el diagrama BPMN lo indica explícitamente:

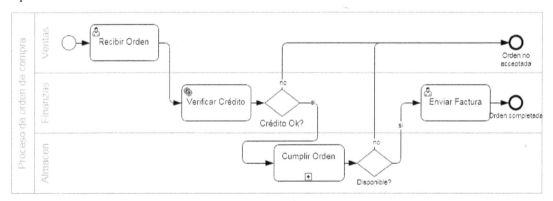

Figura 3-3. Proceso de la Orden de Compra en swimlanes (carriles de nado)

Swimlanes (Carriles de Nado) y Tipos de Actividad

BPMN también nos permite indicar el realizador de cada actividad a través de *swimlanes* carriles de nado), o utilizando el término BPMN, *carriles* (Figura 3-3). Los carriles usualmente representan roles o unidades organizacionales que realizan actividades en el proceso y están dibujados como subdivisiones del rectángulo que contiene al proceso, el cual se llama *piscina*. A veces se ven *piscinas* etiquetados con el nombre de una organización, pero para *piscinas* que contienen flujos de actividad -algunos no lo hacen, como veremos más adelante- la mejor práctica es etiquetarlos con el nombre del proceso.

También podemos indicar el *tipo de actividad* a través de íconos y marcadores dentro del rectángulo redondeado. Generalmente, es muy útil distinguir las tareas humanas de las automatizadas, las cuales están indicadas en el diagrama por diferentes *íconos de tipo de tareas*. En la Figura 3-3, *Recibir orden* y *Enviar factura* son tareas humanas, que en BPMN son llamadas *Tareas de Usuario*. *Revisar crédito* es una tarea automatizada, llamada *Tarea de servicio* en BPMN. 'Automatizada' significa *ejecutada* sin ninguna intervención humana. Si una persona aprieta un botón una vez y el resto de la tarea está automatizada, es una Tarea de Usuario, no una Tarea de Servicio.

Los carriles realmente se aplican únicamente a Tareas de usuario; se puede poner compuertas y eventos en cualquier carril que convenga. A algunas personas les gusta también poner Tareas de servicio en sus propios carriles, ya sea un carril para todos los sistemas o un carril por sistema. Yo tiendo a no hacer éso, pero es un tema de gusto personal.

Subprocesos

¿Qué tipo de actividad es *Cumplir la Orden de Compra?* No tiene un ícono que represente una tarea humana o automatizada, sino en su lugar, un marcador pequeño de [+]. Es un *subproceso*, uno de los conceptos más importantes de BPMN. Un subproceso es una actividad que contiene subpartes que pueden ser expresadas como un flujo de proceso. Por el contrario, una *tarea* es una actividad sin subpartes definidas.

Un subproceso es al mismo tiempo una *actividad*, un paso en un proceso que realiza un trabajo, y un *proceso*, un flujo de actividades desde un evento de inicio hasta uno o más eventos de fin. En el diagrama, un subproceso puede resultar o *colapsado*, como una sola figura de la actividad, o *expandido* como un diagrama de proceso en sí mismo. Las herramientas BPMN típicamente permiten alternar o hipervincular entre esas dos vistas, permitiendo ampliar y reducir para ver el diagrama del proceso a cualquier nivel de detalle.

Una forma de representar la vista expandida de un subproceso es *en línea* en el diagrama, como en la Figura 3-4. Con la expansión en línea, el flujo del proceso está contenido en una *figura expandida de subproceso* (un rectángulo redondeado de tamaño variable). La Figura 3-3 y Figura 3-4 significan exactamente la misma cosa, pero la Figura 3-4 permite un nivel adicional de detalle. Nótese que la vista expandida de *Cumplir Orden* se ve igual que un proceso. Tiene un evento de inicio, un flujo de actividades, y un evento de fin para un estado final distinto. El inicio del proceso *Cumplir Orden* está disparado por un flujo de secuencia hacia el subproceso, el cual podemos ver desde el diagrama, y que ocurre después de *Revisar Crédito,* siempre que el crédito esté OK. Cuando el flujo de secuencia llega a *Cumplir Orden,* continúa inmediatamente desde el evento de inicio de la expansión. Cuando *Cumplir la Orden* se completa, el proceso continúa inmediatamente en el flujo de secuencia afuera del subproceso.

En la Figura 3-4, también podemos ver el beneficio de usar múltiples eventos de fin para distinguir estados finales, en este caso, el estado final *Fuera de Stock* y el estado final *En stock.* Al hacer coincidir la etiqueta de la compuerta que sigue al subproceso (*En stock?*), es claro que la compuerta está haciendo la pregunta: "¿Hemos alcanzado el evento de fin *En stock?*" El hacer coincidir la etiqueta de un estado final del subproceso con la etiqueta de una compuerta que sigue inmediatamente al subproceso, es un convencionalismo importante de Método y Estilo.

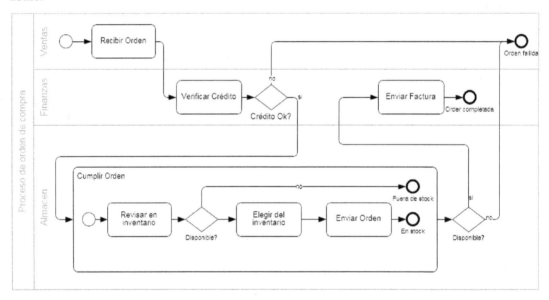

Figura 3-4. Proceso de la Orden de Compra incluyendo al subproceso expandido

Niveles de Proceso y el Estilo Jerárquico

El proceso que se muestra dentro de la actividad *Cumplir Orden* en la Figura 3-4 representa un *nivel de proceso hijo* con respecto al nivel, incluyendo el inicio y fin del proceso en general y al subproceso *Cumplir Orden,* mostrado en la Figura 3-3. El nivel hijo podría contener a los subprocesos en sí mismo, y no hay límite para el número de niveles que se pueden alojar de esta forma.

La expansión en línea, como en la Figura 3-4, muestra los niveles padre e hijo en el mismo diagrama, pero no es la única manera de exhibir el detalle del nivel hijo. De hecho, con la mayoría de las herramientas virtuales, excepto en casos simples, casi nunca es la mejor manera. Nótese que la Figura 3-4 ocupa mucho más espacio de la página que la Figura 3-3. Para los procesos de principio a fin, el mostrar todos los detalles del subproceso en una sola página usualmente no es posible. Una solución es utilizar los *conectores 'off-page'* para unir una continuación del nivel de proceso con otro diagrama. Para esto, BPMN proporciona una notación llamada *Par de evento de vínculo.*

Sin embargo, yo recomiendo una manera diferente: mostrar la expansión a nivel hijo en un diagrama separado. La llamo *expansión jerárquica,* porque expresa el proceso de principio a fin como una jerarquía de diagramas. En la herramienta, los diagramas a niveles padre e hijo están *hipervinculados* unos con otros, pero no podemos confiar en hipervínculos cuando el modelo está impreso en papel o en pdf. En ese caso, necesitamos confiar en las *etiquetas correspondientes* para conectar a los diagramas unos con otros. Veamos cómo funciona y luego hablemos sobre porqué es la forma preferida.

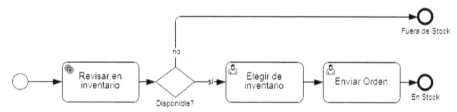

Figura 3-5. Expansión del subproceso en una página separada

La Figura 3-5 muestra la expansión de *Cumplir Orden en el diagrama* a nivel hijo. Nótese que omite la figura de la *piscina,* la cual está implícitamente heredada del padre. Recuerde, éste no es un proceso nuevo, sino un subproceso de *Proceso de la Orden de Compra.* El diagrama a nivel hijo también omite la figura expandida del subproceso que rodea al flujo. Una expansión a nivel hijo puede contener carriles, a pesar de que ninguno esté representado en la Figura 3-5. Si los carriles están ausentes en el nivel hijo, pero presentes en el nivel padre, queda implícito que las actividades en el nivel hijo heredan el carril del subproceso colapsado en el nivel padre. Pero técnicamente, los carriles están definidos independientemente en todos los niveles del proceso.

Aunque la expansión en línea es útil en diagramas simples, en la mayoría de los casos prefiero el estilo jerárquico. Una razón es porque éste permite al más alto nivel de un proceso complejo ser representado de principio a fin en una sola página. Esa vista al más alto nivel brinda poco detalle respecto a cada paso importante del proceso, pero sí revela de un vistazo todos los caminos posibles que conectan esos pasos, el significado de la instancia del proceso, cómo inicia el proceso, sus posibles estados finales y sus interacciones con entidades externas. En otras palabras, se expresa en una sola página el "cuadro general" del proceso de principio a fin.

Del diagrama al más alto nivel se puede entonces desglosar hasta cada subproceso a nivel hijo y ver sus detalles en un diagrama conectado por separado, que a su vez puede desglosarse posteriormente a un nivel hijo más profundo, y así sucesivamente. En el modelado jerárquico, figuran detalles adicionales en capas y se puede ampliar para ver detalles a cualquier nivel, sin perder la integridad de un solo modelo de principio a fin. No obstante a que el modelo esté representado visualmente como páginas separadas, en XML es un solo modelo. Eso es mucho mejor que mantener modelos de alto nivel y detallados por separado y mantenerlos sincronizados a medida que la lógica del proceso cambia en el tiempo.

El estilo jerárquico sí añade un poco de complejidad al ver los diagramas, ya que los niveles padre e hijo aparecen en páginas separadas. Por ejemplo, con la expansión en línea (Figura 3-4), el evento de fin *En stock* y la compuerta *En stock?* Aparecen en la misma página, mientras que en el estilo jerárquico (Figura 3-3 y Figura 3-5), aparecen en páginas separadas. Una vez que se acostumbra al estilo jerárquico, conectar mentalmente los diagramas se hace fácil.

El diagrama a nivel hijo representa el flujo de actividad *dentro* del subproceso. Un error que cometen los principiantes es repetir, dentro de la expansión a nivel hijo, las actividades que ocurren *antes* de que el subproceso inicie o *después* de que acabe. Por ejemplo, la Figura 3-6 es *incorrecta* como una expansión a nivel hijo de *Cumplir Orden:*

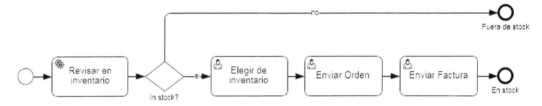

Figura 3-6. Expansión incorrecta de *Cumplir Orden*

La razón es que *Enviar Factura* no es parte del subproceso; en el diagrama a nivel padre (Figura 3-3), viene después de que *Cumplir Orden* esté completa. El modelar el nivel hijo como en la Figura 3-6, significa que la factura ha sido enviada dos veces, una vez dentro de *Cumplir Orden* y luego una vez más. Ésa no fue la intención del modelador. Recuerde, cuando el nivel hijo esté completo, el flujo continúa inmediatamente en el flujo de secuencia afuera del subproceso colapsado en el nivel padre.

Al darle otro vistazo a la Figura 3-3, probablemente decida que simplemente finalizando el proceso cuando un artículo solicitado esté fuera de stock, no es la mejor manera de manejar esta excepción. Tal vez se contactaría al cliente y se le ofrecería un artículo en reemplazo, y si el cliente acepta la oferta, se podría remitir a cumplir orden. Ello se vería algo así:

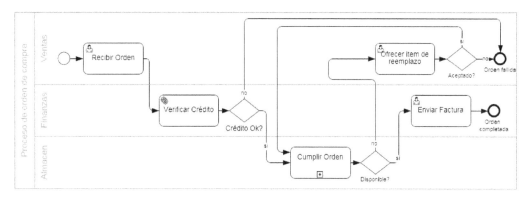

Figura 3-7. Volver atrás (loopback) para manejar excepciones

En BPMN, a diferencia de los lenguajes en bloque tales como BPEL, un flujo de secuencia puede volver atrás a un paso previo. En la Figura 3-7, si la oferta de reemplazo es aceptada, una compuerta dirige el flujo de vuelta hacia *Cumplir Orden*. Recuerde que el proceso no está completo hasta que se alcance un evento de fin.

La especificación BPMN no pone ninguna relevancia a si un flujo de secuencia ingresa una actividad desde la izquierda, la derecha, arriba o abajo, incluso tampoco si las piscinas y carriles corren horizontal o verticalmente. Estas son realmente cuestiones de estilo personal. Yo usualmente trato de dibujar el flujo de izquierda a derecha con flujos de secuencia que ingresan actividades desde la izquierda y que salen por la derecha. Requiere algo de reorganización para reducir el cruce de líneas al mínimo y que algunas veces no pueden ser evitadas. Sin embargo, mantener el diagrama lo más prolijo y consistentemente organizado, es importante para el objetivo de comprensión compartida. Nada es más frustrante que ver el diagrama que alguien ha creado y no estar seguro dónde exactamente inicia y finaliza el proceso.

División Paralela y Unión

Ahora, consideremos un último detalle para nuestro subproceso de *Cumplir Orden*. Para poder agilizar el envío, nos gustaría hacer las gestiones para el envío concurrentemente con el recojo del stock, es decir, paralelamente. Originalmente consideramos hacer estas gestiones para que sean parte de *Enviar Orden*, pero técnicamente significa que no lo hacemos hasta después de que *Recoger Stock* se haya completado.

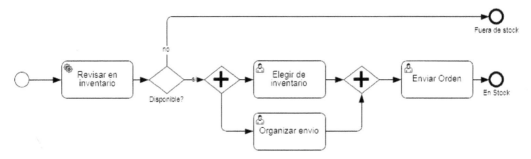

Figura 3-8. División Paralela y Unión

La Figura 3-8 muestra cómo se ve. De nuevo, se usa una compuerta, de hecho dos de ellas, pero con un símbolo adentro. Una compuerta con un símbolo + dentro es una *compuerta paralela*, también llamada *compuerta-AND*. Una compuerta paralela con un flujo de secuencia adentro y dos o más afuera se llama una *división paralela* o *división-AND*, que significa dividir incondicionalmente el flujo en segmentos paralelos, es decir, simultáneos. Ambos, *Recoger Stock* y *Gestionar Envío* están habilitados para iniciar al mismo tiempo. Si el mismo funcionario para el envío realiza ambas, literalmente no podrán ser realizadas simultáneamente. Concurrente en realidad significa que no importa cuál se realiza primero.

No podemos combinar esta compuerta paralela con la compuerta XOR que lo precede (*Disponible?*) porque significan cosas diferentes. La compuerta *Disponible?* Es una decisión exclusiva, que significa tomar un camino o el otro. *Después* de que tomamos el camino *si*, entonces la división-AND dice que nos toca *Recoger Stock* y *Gestionar Envío* en paralelo.

La segunda compuerta paralela, con múltiples flujos de secuencia adentro y uno afuera, es llamado una *unión-AND* o *unión de sincronización*, que significa esperar a que *todos* los flujos de secuencia entrantes lleguen antes de habilitar el flujo de secuencia saliente. En español simple, significa que *Enviar Orden* no puede ocurrir hasta que ambas, *Recoger Stock* y *Gestionar Envío* estén completas.

Las etiquetas en las divisiones y uniones-AND (y los flujos de secuencia que los conecta) no añaden información nueva, por lo que es mejor evitarlas.

A diferencia de BPEL, BPMN no requiere que todos los caminos afuera de la división paralela se fusionen en una unión-AND hacia abajo. Estos podrían incluso llevar a eventos de fin separados. En ese caso, el nivel del proceso no está completo hasta que *todos* los segmentos paralelos hayan alcanzado un evento de fin.

Piscinas de Colaboración y de Caja Negra

No es poco común para experimentados diagramadores de flujogramas, nuevos en BPMN, hacer del Cliente un carril dentro del proceso, e iniciar el proceso con tareas en ese carril como *Llenar el formulario de orden* y *Entregar orden*…lo cual es incorrecto. En realidad, el Cliente es *externo* al proceso, no parte de él. Piensen en una tienda en línea como Amazon.com. ¿Alguna vez han puesto un libro o algún otro artículo en su carrito de compras pero, al final, decidieron no ordenarlo después de todo? Claro que lo hicieron! Ahora, en esa misma situación, ¿han creado una instancia del proceso de orden de compra de Amazon? No lo creo. El proceso de orden de compra inicia cuando ellos reciben la orden, a pesar de que es la misma Amazon la que proporciona el sitio de compras. El proceso de orden de compra incluye asegurar el pago, extraer del almacén los artículos de la orden y entregarlos al Cliente.

Este es un punto fundamental y lo discutiremos posteriormente, pero por ahora sólo acepten por favor que el solicitante de un proceso es usualmente mejor modelado como un *participante externo*, no como un carril al interior de la piscina del proceso.

Realizamos el modelado de una entidad externa como el Cliente como una *piscina* separada en nuestro diagrama. Pero a diferencia de la piscina que contiene al *Proceso de la Orden de Compra*, la piscina del Cliente está vacía. No contiene elementos del flujo, en absoluto. Las llamamos *piscinas caja negra*, que significa que el proceso interno del Cliente es invisible para nosotros. Técnicamente, en el XML, una piscina caja negra representa a un *participante* –una entidad de negocios externa- que no tiene proceso. (No significa literalmente que el Cliente no tiene un proceso definido de compra, sino que la lógica del proceso interno del Cliente es invisible para el Vendedor). Mientras que etiquetamos la piscina del proceso con el nombre de un *proceso*, etiquetamos una piscina caja negra con el nombre del *rol o entidad*, en este caso, el *Cliente* (Figura 3-9).

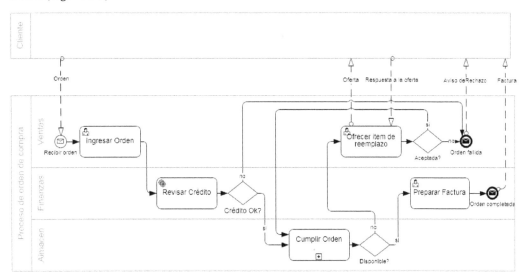

Figura 3-9. Proceso de la Orden de Compra en un diagrama de colaboración

El Cliente (como otros participantes externos) interactúa con el proceso al intercambiar mensajes. En BPMN, el término *mensaje*, significa cualquier comunicación entre el proceso y un participante externo. Podemos indicar que estas comunicaciones en el diagrama con otro tipo de conector, llamado *flujo de mensaje*. Un flujo de secuencia está representado por una línea conectora sólida y que únicamente puede ser dibujada *adentro de una piscina;* un flujo de mensaje por una línea intermitente con una punta de flecha sin relleno y un pequeño círculo en la cola y que puede ser dibujada únicamente *entre dos piscinas*.

En BPMN 2.0, la Figura 3-9 es conocida como *diagrama de colaboración*. Adicionalmente al flujo de actividad de nuestro *Proceso de la Orden de Compra*, muestra la interacción de nuestro proceso con participantes externos a través de flujos de mensaje. Nótese que los flujos de mensaje hacen contacto con el borde de la piscina caja negra y directamente con actividades y eventos en la piscina del proceso.

El ícono en forma de sobre adentro de los eventos de inicio y de fin indica que estos eventos reciben y envían mensajes. En terminología de BPMN, el evento de inicio tiene un *disparador* del Mensaje y el evento de fin tiene un *resultado* del Mensaje. Un *Evento de inicio mensaje* tiene un significado especial en BPMN y lo veremos una y otra vez. Significa que se creó una nueva *instancia* del proceso al recibir un mensaje, en este caso, la *Orden*. Si un segundo mensaje de *Orden* llega inmediatamente después del primero, crea una segunda instancia de este proceso. Solamente se puede tener un Evento de inicio mensaje en un proceso del más alto nivel; un subproceso debe tener un evento de inicio básico, es decir no tener un ícono disparador.

El ícono con forma de sobre adentro de los eventos de inicio y de fin indican que estos eventos reciben y envían mensajes. En terminología BPMN, el evento de inicio tiene un *disparador* del Mensaje, y el evento de fin tiene un *resultado* del Mensaje. Un *Evento de inicio mensaje* tiene un significado especial en BPMN, que lo veremos una y otra vez. Significa que se crea una nueva instancia del proceso a la recepción del mensaje, en este caso la *Orden*. Si un segundo mensaje de *Orden* llega inmediatamente después del primero, crea una segunda instancia de este proceso. Únicamente se puede tener un evento de inicio *Mensaje* en un proceso de nivel más alto; un subproceso debe tener un *Evento de inicio básico*, que quiere decir sin ícono disparador.

Un *Evento de fin mensaje* significa que el proceso envía un mensaje cuando el evento de fin ha sido alcanzado. En BPMN, los íconos de evento negros significan que el proceso *envía* una señal, en este caso un mensaje; un ícono de evento blanco significa que el proceso *recibe* la señal. Acá el proceso envía un mensaje de *Factura* al alcanzar el estado final de *Orden completa* y envía una *Notificación de fallo* al alcanzar *Orden fallida*.

Ahora, ya que es el evento de inicio mensaje el que está "recibiendo" la orden, renombraremos la primera Tarea del Usuario como *Ingresar orden*. Similarmente, ya que el evento de fin está ahora enviando una factura, renombraremos la Tarea del usuario como *Preparar factura*. No queremos duplicar la acción de un Evento mensaje con una actividad que hace lo mismo.

Finalmente, vemos flujos de mensaje afuera de y hacia la tarea humana de *Ofrecer artículo de reemplazo*. Un flujo de mensaje significa cualquier comunicación entre el proceso y los participantes externos: una llamada telefónica, un fax o correspondencia. Las actividades pueden enviar y recibir flujos de mensaje tal como pueden hacerlo los eventos.

Como dijimos al inicio de esta sección, la idea de que el Cliente en la Figura 3-9 no sea parte del proceso, sino externo a él, es una sorpresa para muchos experimentados diagramadores de flujogramas. Pero en realidad, esta idea retrocede del todo hasta los diagramas Rummler-Brache de los años 80's, lo que la gente de negocios hoy en día llama diagramas *swimlanes (carriles de nado)*. Geary Rummler fue uno de los primeros analistas del desempeño de los negocios desde una perspectiva del proceso y una gran influencia en la disciplina de la gestión de BPM. Paul Harmon, editor de BPTrends y un ex colega de Rummler, narra[11]:

> *Un investigador de IBM tomó los cursos de Rummler se impresionó tanto con el poder de los diagramas de Rummler-Brache que creó una metodología del proceso IBM llamada LOVEM. La sílaba significaba Metodología de Empresa Visual (por sus siglas en inglés Line of Vision Enterprise Methodology). La "línea", en este caso, se refiere a la línea del swimlane (carril de nado) en la parte más alta de un diagrama Rummler-Brache que separaba al cliente del proceso y que permitía al analista ver exactamente cómo el proceso interactuaba con el cliente.*

Inherente al análisis del desempeño del proceso, es la interacción de un proceso con su "cliente". En Rummler-Brache y en derivados como LOVEM, el cliente era dibujado en el *swimlane* del más alto nivel y las comunicaciones a lo largo de esa línea representaban la perspectiva del cliente en el proceso. En BPMN, la notación ha cambiado ligeramente – mostramos participantes externos en piscinas separadas- pero el concepto se mantiene igual.

Los mismos modeladores, quienes inicialmente quieren hacer que el Cliente sea un carril dentro del proceso, usualmente insisten en insertar actividades como *Llenar formulario de orden* o *Presentar orden* dentro de la piscina del Cliente. Eso no sólo es innecesario, sino incorrecto. Una piscina que contenga elementos de flujo es, por definición, una piscina de proceso, no de caja negra. Como tal, tiene que representar un proceso *completo* de principio a fin. Así que, si se pone un evento de fin después de *Presentar orden, ¿*cómo se recibe la oferta de reemplazo, la notificación de rechazo o la factura? No se puede dibujar esos flujos de mansaje hasta el borde de la piscina del proceso, sólo hasta el borde de una piscina de caja negra. Para dibujar esos flujos de mensaje, forzosamente habría que dibujar un proceso completo del comprador para el Cliente. Pero si usted es el vendedor, ¿tiene idea siquiera del proceso del comprador? Probablemente no.

En mi capacitación BPMN, normalmente dejo la discusión ahí, pero técnicamente, BPMN 2.0 sí define algo llamado *proceso público* (en BPMN 1.2 se llamaba *proceso abstracto*). Un proceso público se encuentra entre una piscina caja negra (no hay proceso) y un proceso completamente definido (llamado *proceso privado*). *Un proceso público contiene únicamente actividades que envían o reciben mensajes;* todas las otras actividades son omitidas. La intención es representar el tipo de interacciones entre mensajes que está definido por los estándares B2B como RosettaNet o ebXML. En ellos, el comprador y vendedor desconocen mutuamente y por completo los detalles de la lógica del proceso del otro, pero los tipos y secuencias autorizados de intercambios de mensajes –como citas, órdenes, confirmaciones, notificaciones de envíos y facturas- pueden estar establecidos de antemano a través de estándares de la industria y acuerdos entre socios comerciales. Ello rara vez se aplica en los diagramas de colaboración de

---

[11] Paul Harmon, Asesor de BPTrends, 8 de diciembre de 2008.

BPMN, así que excepto cuando la interacción está basada en un patrón definido de B2B sobre intercambio, se debería usar simplemente una piscina caja negra, no un proceso público, para representar al solicitante.

Eventos de Inicio y la Instancia del Proceso

El Evento de inicio mensaje en la Figura 3-9 es significativa de otra forma. Un Evento de inicio mensaje indica que el proceso inicia a la recepción de una *solicitud*. Acá, la solicitud toma la forma de una orden, pero una aplicación para un préstamo, un reclamo por pago de seguro, o una solicitud de servicio al cliente son todos ejemplos de solicitudes remitidas a un proveedor de algún proceso. Yo recomiendo etiquetar al Evento de inicio mensaje *Recibir [nombre del mensaje]*, con la denomicación *Recibir Orden*. No todos los procesos son disparados por una solicitud, y la piscina –usualmente de caja negra- en la cola del flujo de mensaje identifica al solicitante, en este caso, el *Cliente*.

Un Evento de inicio mensaje significa que la *instancia del proceso* representa el cumplimiento de esa única solicitud. Eso a su vez implica que cada actividad en el proceso está relacionada únicamente con esa solicitud también. Concretamente, esto no puede describir el cumplimiento de otras solicitudes para el mismo proceso, como por ejemplo otra orden. Este es un punto extremadamente importante, y claro, volveremos a él en el Capítulo 8.

Un Evento de inicio mensaje siempre significa que el proceso es iniciado por una solicitud *externa*, incluso cuando el solicitante no es un cliente, pudiendo ser, por ejemplo, otro proceso interno. Los procesos que involucran a empleados son un área gris. ¿Será el Empleado externo o interno al proceso? Depende. A veces es mejor modelar al Empleado como una piscina de caja negra externo, y en otras ocasiones es mejor que el Empleado sea un carril dentro de la piscina del proceso. En esta parte existen algunos lineamientos, o reglas básicas, para modelar al solicitante:

1. Si el proceso inicia con la recepción de un formulario u otro documento y en cualquiera de ellos:

    a. El solicitante no tiene otra interacción con el proceso más que recibir algún formulario o resultado final o notificación de estatus, o

    b. El solicitante tiene interacciones intermedias ocasionales con el proceso de forma excepcional, pero no tiene tareas predefinidas del proceso para realizar,

    entonces modele al solicitante como una *piscina externa caja negra* enviando un flujo de mensaje al Evento de inicio mensaje del proceso.

2. Si el solicitante ha definido tareas para realizar como una parte normal del proceso, modele al solicitante como un *carril* dentro de la piscina del proceso y utilice un Evento de inicio básico (sin disparador) para el proceso. No hay piscina caja negra para el solicitante en este caso.

En la Figura 3-10, el solicitante es externo. No obstante a que existen interacciones intermedias con el proceso, éstas se dan de forma excepcional.

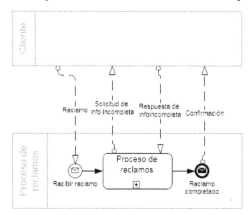

Figura 3-10. Participante externo como piscina caja negra

En la Figura 3-11, el Empleado tiene tareas específicas a realizar en el proceso, preparando los documentos de solicitud y justificación, asegurando la aprobación de la administración y verificando que el equipo esté funcionando correctamente a su llegada. Normalmente en este caso se utilizaría un *Evento de inicio básico*, como se muestra aquí, lo cual significa un inicio manual a cargo de un realizador de la tarea.

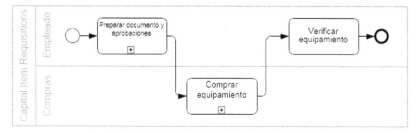

Figura 3-11. Iniciación a cargo de un realizador interno de la tarea

Pero si el enfoque está en qué es lo que ocurre en *Compras*, el proceso *compra al pago*, usted aquí puede muy fácilmente hacer que el Empleado sea una piscina externa, como en la Figura **3-12**. En ese caso el Empleado es simplemente otro solicitante externo. Todo es cuestión de perspectiva.

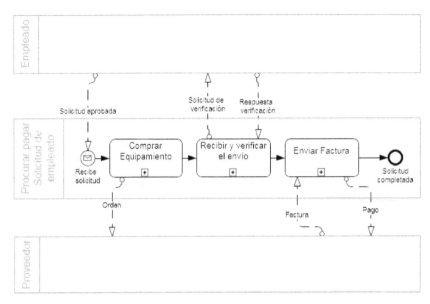

Figura 3-12. Otra perspectiva de la Solicitud de compra del empleado

El Diagrama al Más Alto Nivel

Démosle otra mirada a lo que hemos creado hasta ahora en nuestro Proceso de la orden (Figura 3-13). A estas alturas, tenemos un diagrama BPMN al más alto nivel bastante completo. En este diagrama, los detalles de *Cumplir la Orden* están escondidos, pero podemos desglosar para ver la expansión a nivel hijo por separado en un diagrama hipervinculado.

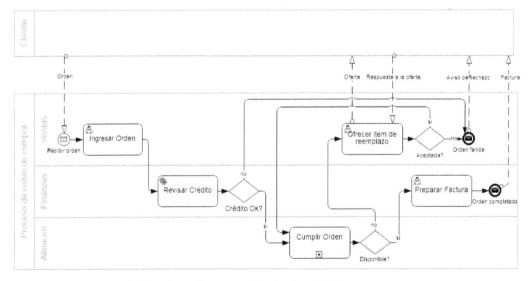

Figura 3-13. Proceso de la orden, diagrama al más alto nivel

Pero nótese qué tanto revela el diagrama al más alto nivel sobre el proceso. Podemos ver que la instancia representa una orden, ya que inicia con la recepción del mensaje de la *Orden*. Este cuenta con *dos estados finales*, *Orden completa* y *Orden fallida*. La fuente de orden fallida es o mal crédito o fuera de stock con no aceptación del reemplazo ofrecido. Cada estado final devuelve un *mensaje de estado final* diferente al Cliente. Con procesos iniciados por el mensaje de la solicitud, es bueno practicar para devolver el estatus final al solicitante desde eventos de fin mensaje.

Se trata ciertamente de un proceso simple, pero no es muy diferente al diagrama de más alto nivel de los típicos procesos de principio a fin del mundo real. Todas las figuras y símbolos que utilizamos son miembros de la paleta de Nivel 1. En el siguiente capítulo, daremos una mirada más a profundidad al set completo de elementos de Nivel 1.

CAPITULO 4

La Paleta Nivel 1

Todas las figuras y símbolos utilizados en el último capítulo son parte de la *Paleta nivel 1*, lo que BPMN 2.0 llama la *Subclase Descriptiva de Conformidad de Modelado de Procesos*. Si usted tiene la intención de ignorar el comportamiento disparado por eventos, puede modelar casi cualquier proceso sin ir más allá de la Paleta nivel 1. Con la excepción de flujos de mensajes y Eventos de mensaje, la notación Nivel 1 es básicamente importada de los flujogramas tradicionales.

La siguiente es una lista completa de los elementos en la paleta Nivel 1, miembros de la Subclase descriptiva en la especificación BPMN 2.0, incluyendo algunos que no usamos en el último capítulo:

- Actividad: Tarea (Usuario, Servicio, Simple), Subproceso, Actividad Llamada
- Compuerta: Exclusiva, Paralela
- Evento de Inicio: Básico, Mensaje, Temporizador
- Evento de fin: Ninguno, Mensaje, Terminador
- Flujo de secuencia y Flujo de mensaje
- Piscina y Carril
- Objeto de datos, Almacenamiento de datos y Asociación de datos.
- Documentación
- Artefacto: Anotación de texto, Asociación y Grupo

En este capítulo, revisaremos cada uno de estos elementos. Si usted ha diagramado flujogramas antes, se dará cuenta de que los significados en BPMN son ligeramente diferentes a lo que usted está acostumbrado.

Actividad

Una actividad representa una unidad de trabajo realizada en el proceso. Siempre se la representa por un rectángulo redondeado. Es el único elemento BPMN que tiene un *realizador*.

Cada actividad es o una *tarea* o un *subproceso*. Una *tarea* es *atómica*, lo que significa que no tiene subpartes internas descritas por el modelo del proceso; las acciones y estados finales de una tarea están simplemente sugeridos por su *nombre*. Un *subproceso* es un *compuesto*, lo que significa que tiene subpartes definidas en el modelo. Esas subpartes son modeladas como un *proceso a nivel hijo*, un flujo de actividad desde el inicio hasta uno o más estados finales explícitos.

Tarea

Una *tarea* está representada en el diagrama por la figura de la actividad (el rectángulo redondeado), con el *tipo de tarea* indicado por el pequeño ícono en la esquina superior izquierda. Una tarea representa una acción, no una función o un estado, y debería estar etiquetada bajo la forma VERBO-SUSTANTIVO.

Figura 4-1. Fila superior, de izquierda a derecha: tarea de Usuario, Tarea de Servicio, Tarea Abstracta. Fila inferior, de izquierda a derecha: Tarea de Envío, Tarea de Recibo, Tarea Manual, Tarea de Script, Tarea de Regla de Negocio.

BPMN 2.0 define ocho tipos de tareas, pero la Paleta nivel 1 sólo incluye los tres más comúnmente utilizados (Figura 4-1, fila de arriba).

- *Tarea de Usuario* (izquierda), con el ícono de la cabeza y hombros, significa una tarea realizada por una persona.
- *Tarea de Servicio* (centro), con el ícono de los engranajes, significa una actividad automatizada. Automatizada significa que cuando el flujo de secuencia llega, la tarea inicia automáticamente, con cero intervención humana. Si una persona simplemente tiene que hacer clic en un botón y el resto es automático, se trata de una Tarea de Usuario, no una Tarea de Servicio.
- *Tarea Abstracta* (derecha), sin ícono de tipo de tarea, significa que el tipo de tarea está indefinido.

Tarea de Envío y de Recibo

Tareas de *Envío* y de *Recibo* son parte de la Paleta nivel 1, las cuales son similares a Eventos de Mensaje y se las discutirá en el Capítulo 7. Las otras están afuera de la Paleta nivel 2.

Tarea Manual Vs. del Usuario

Una *Tarea Manual*, con el ícono de la mano, debería ser utilizada únicamente en un proceso ejecutable, es decir, en un flujo de trabajo automatizado. En ese contexto, una Tarea Manual es aquella realizada sin ninguna conexión con el motor del flujo de trabajo, en contraste a una *Tarea de Usuario*, que es manejada por el motor. *Si su modelo de proceso no es ejecutable, no debería incluir Tareas Manuales.* Para procesos no ejecutables, sólo utilice Tarea de Usuario para cualquier tarea humana.

Tarea de Script Vs. Tarea Servicio

Una *Tarea Script*, con el ícono del pergamino, también debería ser utilizado sólo en un proceso ejecutable. En procesos no ejecutables, una *Tarea Servicio* significa cualquier actividad de proceso automatizado, pero en un proceso ejecutable significa que el proceso emite una *solicitud de servicio* a algún sistema o entidad externa para realizar esa función. La implementación del servicio no está definida por BPMN, sino por los elementos internos del sistema que la realiza.

Una Tarea Script, en contraste, significa una función automatizada *realizada por el mismo motor*. La implementación es un programa corto, típicamente Javascript o Groovy o PHP, alojado en el XML de la definición del proceso. Debido a que el motor del proceso está usualmente ocupado ejecutando la lógica del proceso, no tiene tiempo para realizar tareas complejas, así que las Tareas de Script son típicamente utilizadas para computaciones simples tales como el trazado de datos.

Si su proceso no es ejecutable, no debería incluir Tareas Script. Para procesos no ejecutables, simplemente utilice una Tarea Servicio (o su par Envío/Recibo equivalente) para cualquier tarea automatizada.

Tarea de Regla de Negocio

La *Tarea Regla de Negocio*, con el ícono de la tabla de datos, es nueva en BPMN 2.0 y significa una tarea que ejecuta una decisión compleja en un motor de reglas de negocio. Una Tarea Regla de Negocio es efectivamente un tipo especial de Tarea Servicio.

Subproceso

Un *subproceso* es una actividad compuesta, lo que significa una actividad con subpartes que pueden ser descritas como un proceso a nivel hijo. Un subproceso puede ser representado de múltiples formas en el diagrama. Un *subproceso colapsado* se dibuja en un diagrama a nivel padre utilizando una figura de actividad de tamaño normal con un símbolo [+] en la parte inferior central (Figura 4-2, arriba); la expansión a nivel hijo se dibuja en una diagrama separado hipervinculado (Figura 4-2, abajo).

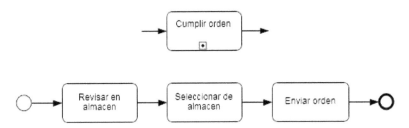

Figura 4-2. Expansión jerárquica: Subproceso colapsado a nivel padre (arriba) corresponde a una expansión a nivel hijo (abajo) en un diagrama separado hipervinculado.

Alternativamente, un *subproceso expandido* (Figura 4-3) se dibuja como una figura de actividad ampliada en el flujo a nivel padre que encierra a la expansión a nivel hijo en el mismo diagrama.

No hay diferencia semántica entre la Figura 4-2 y la Figura 4-3, significan exactamente la misma cosa: cuando el flujo de secuencia llega al subproceso colapsado en el nivel padre, el proceso continúa inmediatamente afuera del evento de inicio a nivel hijo, y cuando alcanza el evento de fin a nivel hijo, se reanuda en el flujo de secuencia afuera del subproceso en el nivel padre. De hecho, en el modelo semántico, no hay distinción de ningún tipo; el XML para ambos es exactamente el mismo. En BPMN 2.0, la única diferencia está en el modelo gráfico (ver el Capítulo 17).

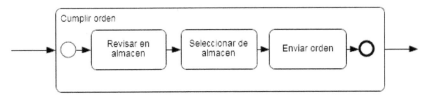

Figura 4-3. Expansión en línea: Figura de subproceso expandida en el nivel padre encierra al proceso a nivel hijo, todo en el mismo diagrama.

Una regla importante BPMN para tener en mente cuando se utilice la expansión en línea, es que un flujo de secuencia no puede cruzar el borde del subproceso. Los flujos de secuencia entrantes y salientes deben conectarse al borde del subproceso, y deberían haber eventos de inicio y de fin en la expansión a nivel hijo dentro del rectángulo redondeado. La Figura 4-4 es incorrecta; la Figura 4-3 es correcta.

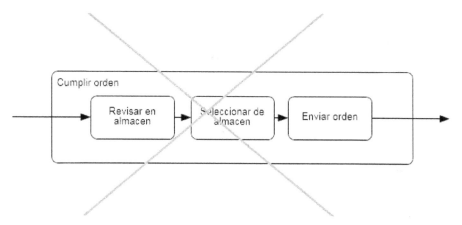

Figura 4-4. Un flujo de secuencia no puede cruzar el borde de un subproceso.

Un evento de inicio de subproceso debe tener un Disparador básico. No podrá utilizar un Evento de inicio mensaje o un Evento de inicio temporizador en un subproceso. Esa es una regla BPMN, no una regla de estilo, y la razón es que el inicio del subproceso no es disparado por un evento, sino que es *siempre* es disparado por la misma cosa: la llegada del flujo de secuencia entrante[12].

Caja Paralela y Subproceso Ad Hoc

Con una excepción, un subproceso debería tener siempre un único evento de inicio. La única excepción es cuando el nivel hijo está compuesto por un conjunto de actividades sin flujos de secuencia que los interconecta (Figura 4-5, izquierda). Esta representación, la cual no tiene eventos de inicio ni de fin, se llama caja paralela. Significa que cuando el proceso inicia, todas sus actividades de hijo están habilitadas para iniciar en paralelo. Pueden ser completadas en cualquier orden, pero todas deben estar completas para que el subproceso pueda estar completo.

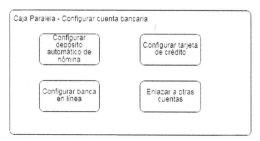 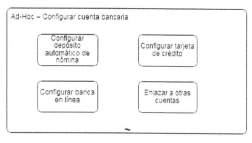

Figura 4-5. Caja Paralela (izquierda) y Subproceso Ad Hoc (derecha)

---

[12] Esto es cierto para un subproceso regular, pero un *subproceso de* evento es un manejador de excepciones disparado por un evento. Los subprocesos de eventos no están incluidos en las Paletas Nivel 1 o Nivel 2, los cuales se discuten en el Capítulo 7.

Una variante de la caja paralela es el subproceso ad hoc, que se denota por un marcador en forma de tilde en la parte de abajo (Figura 4-5, derecha). Es esencialmente lo mismo, excepto por que todas las actividades de hijo deben ser realizadas para poder completar el subproceso ad hoc. Está completo cuando el realizador declara que está completo.

Ambos, la caja paralela y el subproceso ad hoc han sido heredados de BPMN 1.0 y no son particularmente útiles. En BPMN 2.0, el subproceso ad hoc no está incluido ni en la subclase Descriptiva (Nivel 1) ni Analítica (Nivel 2).

El Valor de los Subprocesos

Los subprocesos son una valiosa característica de BPMN y una de las menos apreciadas. Su valor tiene varias dimensiones:

1. *Visualizan el proceso de principio a fin*

BPM como una disciplina de gestión, pone énfasis en la gestión y monitoreo del negocio desde la perspectiva de procesos "de principio a fin", lo que quiere decir flujos de cara al cliente que cruzan los límites tradicionales organizacionales y de sistemas. Para hacer éso, es necesario comprender el proceso de principio a fin como una *cosa única*, no múltiples cosas. La habilidad para visualizar el proceso de principio a fin en una sola página ayuda de gran manera alcanzar ese entendimiento, y los subprocesos colapsados permiten ello. Los detalles de cada subproceso son visualizados en diagramas separados hipervinculados, pero todos ellos son parte de un solo modelo semántico. Desde una perspectiva de principio a fin, se puede acercar para ver tanto o tan poco detalle como se desee, sin la necesidad de crear y mantener múltiples modelos de proceso.

Visualizar procesos de principio a fin en una sola página asume el estilo jerárquico, en el cual los niveles de procesos padre e hijo son generados en diagramas separados. La perspectiva de principio a fin es simplemente el *diagrama de más alto nivel* en la jerarquía. Esta revela de un vistazo no sólo los principales pasos del proceso, sino el significado de la instancia del proceso, los posibles estados finales del proceso y sus interacciones con el cliente, los proveedores de servicios y otros procesos internos.

El modelado jerárquico no es requerido por la especificación BPMN. De hecho, para muchos practicantes tradicionales de BPM, acostumbrados a trabajar con notas adhesivas en la pared para capturar los flujos del proceso de abajo hacia arriba, probablemente sería un cambio significativo. Empero, modelos planos que se estiran sobre casi siete metros de espacio en la pared, hacen difícil apreciar el proceso de inicio a fin como una sola cosa. La solución tradicional a este problema es crear modelos separados de alto nivel y detallados, pero ello requiere mantener esos modelos en sincronía a medida que el proceso cambia. El modelado jerárquico en una herramienta BPMN no tiene este problema, porque un solo modelo semántico contiene ambas vistas gráficas, de alto nivel y detalladas. Por esta razón, el enfoque de Método y Estilo se basa en el modelado jerárquico:

2. *Habilitan el modelado de arriba hacia abajo*

Los subprocesos son también valiosos para el modelado de procesos "de arriba hacia abajo", lo cual significa iniciar con el diagrama al más alto nivel, en el que los subprocesos colapsados representan los pasos principales del proceso y luego se añaden los detalles de cada paso en los diagramas a nivel hijo. Un subproceso colapsado sin expansión a nivel hijo puede servir como un marcador de posición para detalles desconocidos, a la vez que se mantiene la integridad de un modelo válido de principio a fin.

3. *Aclaran los límites de gobernanza*

Los subprocesos facilitan la propiedad y gobernanza repartidas del proceso. Los procesos de principio a fin frecuentemente cruzan los límites de gobernanza al interior de la empresa. Las diferentes partes del proceso pueden estar controladas por diferentes ejecutivos que cuidan celosamente su territorio. Se pueden presentar problemas cuando los límites entre las actividades del proceso son confusos.

Los subprocesos brindan una demarcación inequívoca de esos límites de gobernanza. Si el diagrama del nivel más alto describe con exactitud la interacción entre los subprocesos gobernados independientemente, entonces cada subproceso puede ser modelado y mantenido independientemente. La gobernanza repartida del proceso es asistida por un depósito de modelos con autorización y funciones especiales para crear versiones.

4. *Contemplan la gestión de eventos*

Las excepciones disparadas por eventos son importantes en los procesos de la vida real y los subprocesos son útiles para definir los límites de un único gestor de excepciones. Un evento adjunto a un subproceso determina un gestor *de eventos*, el cual se activa si el disparador del evento ocurre *en cualquier paso al interior del subproceso*. Si el mismo disparador –digamos un mensaje de cancelación de la orden de parte del cliente- es gestionado diferenciadamente en diferentes partes del proceso, cada una de esas partes puede que estén encerradas en un subproceso con un evento adjunto que representa su propio gestor de eventos. Veremos ejemplos de ello en el Capítulo 7.

Actividad LLamada

BPMN 2.0 distingue un *subproceso* que en BPMN 1.2 es llamado *subproceso inserto*, desde *actividad llamada (call activity)*, antes llamado *subproceso reutilizable*. Esta distinción tiene que ver con el hecho de si el detalle del subproceso –la expansión a nivel hijo- está definida al interior del proceso a nivel padre o independientemente. Si se tiene algún subproceso que es utilizado en más de un proceso, lo mejor es definirlo independientemente –en su propio archivo- y después *llamarlo* desde cada proceso que lo utiliza, en vez de replicar e insertar la definición al interior de cada proceso que lo llama.

En el diagrama, *actividad llamada* tiene un borde grueso, mientras que *subproceso* tiene un borde delgado (Figura 4-6).

Figura 4-6. Subproceso y Actividad Llamada

Por ejemplo, suponga que usted vende accesorios y mantenimiento de accesorios. El proceso de *Orden de Accesorio* es diferente al proceso de *Orden de Mantenimiento*, pero comparten un proceso común de *Facturación*. Si usted utiliza un subproceso regular, necesitaría replicar la definición de *Facturación* al interior de ambas, *Orden de Accesorio* y *Orden de Mantenimiento*, y mantener esa sincronización siempre que *Facturación* cambie. Una mejor forma es hacer que *Facturación* sea un *proceso independiente al más alto nivel* definido en un archivo separado e invocarlo desde *actividades llamada* en *Orden de Accesorios* y *Orden de Mantenimiento*, con los puntos de 'actividad llamada' hacia un elemento del *proceso* en el modelo llamado, en este caso *Facturación*. Con el subproceso, los procesos que llaman y los llamados están definidos en el mismo modelo; con actividad llamada, son independientes.

Usted puede utilizar similarmente actividad llamada para llamar una *tarea* reutilizable, conocida en BPMN 2.0 como una *tarea global*. Este 'actividad llamada' se ve como una tarea regular, excepto por el borde grueso. Para el modelado Nivel 1 y Nivel 2 (es decir, no ejecutable), las tareas globales añaden un pequeño valor, ya que el único "detalle" incluido en la definición de la tarea, es su tipo de tarea y su nombre. Sin embargo, en BPMN ejecutable, por ejemplo, una definición de tarea del usuario incluiría datos de la tarea, su interface con el usuario y detalles similares. Para reutilizar esa definición de tarea en múltiples ubicaciones (en el mismo proceso o entre procesos), se la definiría como una 'Tarea global del usuario', con múltiples 'actividad llamada' dirigiéndose hacia ella.

Compuerta

Una *compuerta*, la figura de diamante, "controla" el flujo del proceso, dividiéndolo en caminos alternativos. Sin una compuerta, cuando una actividad BPMN tiene más de un flujo de secuencia saliente, el proceso se divide en múltiples caminos *paralelos*. El darles etiquetas alternativas puede que haya funcionado en flujogramas, pero no funciona en BPMN (Figura 4-7)). Si piensa que el proceso debería tomar un camino o el otro, necesita una compuerta (Figura 4-8).

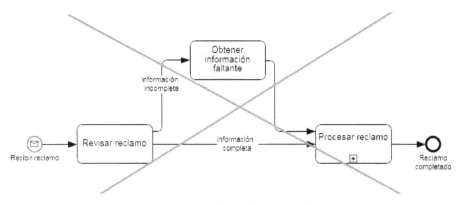

Figura 4-7. Incorrecto: Los caminos alternativos requieren una compuerta en BPMN

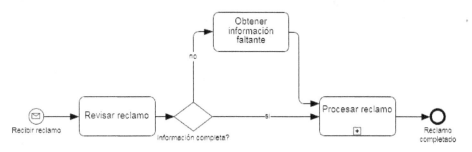

Figura 4-8. Correcto: Los caminos alternativos requieren una compuerta en BPMN

Compuerta Exclusiva

BPMN define varios tipos de compuertas que se distinguen por el símbolo al interior del diamante, pero el que se muestra arriba, sin símbolo adentro, es el más común. Oficialmente denominada *compuerta exclusiva basada en datos*, es más conocida como la *compuerta XOR*. "Exclusiva" significa que solamente uno de sus flujos de secuencia salientes, o *gates*, está habilitado en cualquier instancia. "Basada en datos" significa que el *gate* habilitado se determina al evaluar una expresión de datos de proceso. BPMN Nivel 1 o Nivel 2 no incluye expresiones formales de datos, por lo que las condiciones de la compuerta están expresadas en el diagrama por las *etiquetas* de la compuerta y los *gates*.

Cuando una compuerta tiene dos *gates*, me gusta etiquetar la compuerta en forma de *pregunta* y etiquetar los gates *sí* o *no*. Como vimos en el Capítulo 3, el conectar una etiqueta de compuerta como la mencionada, con un estado final de la actividad precedente, ayuda a rastrear la lógica de los niveles de proceso padre a hijo en un modelo jerárquico.

Figura 4-9. Compuerta (XOR) exclusiva, mostrada en representaciones alternativas

Hay dos formas alternativas para dibujar la compuerta XOR: una no tiene símbolo adentro del diamante; la otra tiene una X adentro (Figura 4-9). No hay diferencia de significado entre las dos, pero las especificaciones piden que se elija una forma y utilizarla consistentemente. Yo favorezco aquella sin símbolo adentro.

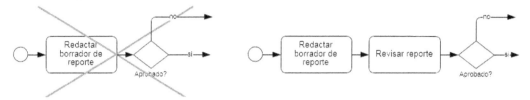

Figura 4-10. Una compuerta no puede *tomar* una decisión; solamente *pone a prueba* una condición de datos.

Una diferencia importante entre una compuerta BPMN y la "caja de decisión" que usa una figura parecida en los flujogramas, es que una *compuerta no "toma" una decisión, simplemente pone a prueba una condición de datos*. Una compuerta, por ejemplo, no puede aprobar o rechazar, se necesita una tarea para hacer éso. Posteriormente, una compuerta que sigue a la tarea puede poner a prueba el estado final de la tarea de decisión y dirigir el consecuente flujo basado en el resultado. El diagrama de la izquierda en la Figura 4-10 es incorrecta en BPMN; el que está a la derecha es correcto.

Compuerta Paralela

Una *compuerta paralela* (Figura 4-11), también llamada *compuerta AND*, con un flujo de secuencia adentro y múltiples flujos de secuencia afuera, significa una *división paralela* o *división AND*. Esto significa que *todos* los flujos de secuencia salientes deben seguirse en paralelo, incondicionalmente. Se distingue de la compuerta exclusiva por el símbolo + adentro del diamante.

Figura 4-11. Compuerta paralela

De esa forma, cada camino saliente representa un hilo concurrente de actividad del proceso, lo que significa que se superponen en el tiempo. Los caminos paralelos puede que se unan camino abajo, o puede que lleven a eventos de fin separados. En este último caso, cada camino paralelo debe alcanzar un evento de fin para que el nivel del proceso esté completo. Si se está siguiendo una actividad o evento de inicio, los múltiples flujos de secuencia salientes significan una división paralela, por lo que una compuerta AND es innecesaria en ese caso. Los dos diagramas en la Figura 4-12 tienen semánticas idénticas.

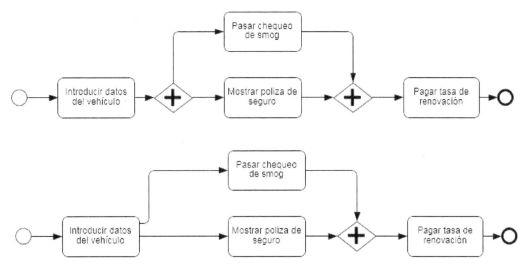

Figura 4-12. Compuerta de division paralela es técnicamente redundante; ambos diagramas significan lo mismo

En la Figura 4-12, la compuerta paralela dibujada con múltiples flujos de secuencia adentro y afuera se denomina *unión paralela* o *unión AND*. Es un tipo de *unión de sincronización* porque requiere que *todos* sus flujos entrantes lleguen antes de habilitar el flujo saliente. Una compuerta AND puede ser utilizado SÓLO para unir caminos que son incondicionalmente paralelos. Típicamente, esto ocurre sólo cuando los caminos eran originalmente el resultado de una divisón paralela, ya sea utilizando la compuerta de división paralela o múltiples flujos de secuencia afuera de una actividad.

A diferencia de la división de compuerta AND, la unión AND *no* puede ser omitida. Fusionar flujos de secuencia paralelos directamente en una actividad sin haberlos unido primero, dispara la actividad (y todo debajo de ella) múltiples veces. Esto usualmente no es lo que se quiere. Debido a que una etiqueta de un flujo de secuencia significa una condición y las compuertas AND son incondicionales, no se debería etiquetar una compuerta AND ni sus *gates*.

Evento de Inicio

Un *evento de inicio* se representa siempre como un círculo con un borde delgado sencillo. Su propósito es indicar dónde y cómo un proceso o subproceso inicia. Normalmente un proceso o subproceso tienen solamente un evento de inicio. Vimos cómo una caja paralela o un subproceso ad hoc puede no tener un evento de inicio, y veremos en esta sección cómo un proceso de más alto nivel (no un subproceso) puede que tenga más de uno.

En un proceso de más alto nivel, el ícono dentro del círculo, llamado *disparador*, identifica el tipo de señal que instancia el proceso. Igualmente importante, el disparador identifica al *significado* de la instancia del proceso como la gestión de ese evento disparador único. Un subproceso DEBE tener un Disparador *básico*, sin ícono adentro, porque un subproceso no es iniciado por un evento, sino por un flujo de secuencia entrante.

BPMN 2.0 define siete disparadores de eventos de inicio, pero la paleta Nivel 1 incluye solamente cuatro de ellos (Figura 4-13).

Figura 4-13. Eventos de inicio Nivel 1

Evento de Inicio Básico

Un *Evento de inicio básico* no tiene disparador. En un proceso de más alto nivel, significa o que el disparador del proceso no está especificado o significa un inicio manual por un realizador de la tarea, como se discutió en el capítulo anterior. Los Eventos de inicio básicos usualmente no están etiquetados.

Un subproceso DEBE tener un Evento de inicio básico; es una violación a las especificaciones el tener un inicio disparado en un subproceso.

Evento de Inicio Mensaje

Un *Evento de inicio mensaje,* discutido en el capítulo anterior, significa que el proceso es disparado con la recepción de un mensaje, una señal desde afuera del proceso, lo que significa un proceso que inicia con una solicitud externa, y la instancia del proceso representa la gestión de esa solicitud única.

Para maximizar la claridad del diagrama, un Evento de inicio mensaje debería estar etiquetado *Recibir X,* donde X es el nombre del mensaje. Asimismo, cuando se utilizan Eventos mensaje, se debería adquirir el hábito de dibujar el flujo de mensaje y etiquetarlo con el nombre del mensaje. Estas son reglas de estilo, no reglas de especificación BPMN.

Evento de Inicio Temporizador

El *Evento de inicio temporizador*, con un ícono de reloj, significa un proceso programado, usualmente una programación recurrente. El evento de inicio debería estar etiquetado para indicar la programación, tal como *Mensualmente* o *Viernes 4 pm*.

Como en un Evento de inicio mensaje, un Evento de inicio temporizador también revela el significado de la instancia del proceso. Cada instancia representa exactamente uno de esos inicios programados. Por ejemplo, la Figura 4-14 muestra un proceso mensual de informe de ventas. Si alguna actividad, digamos *Revisar informes de pérdidas*, no pudo ser completada en el plazo límite del mes para el informe de ventas, no se puede simplemente volver atrás en este diagrama para pretender incluirla en el informe del mes siguiente. El informe del mes siguiente es una instancia separada de este proceso y cada actividad en el proceso pertenece únicamente a este informe del mes.

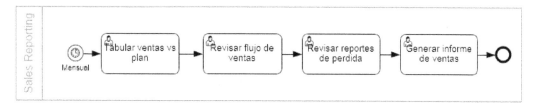

Figura 4-14. Proceso programado

Evento de Inicio Múltiple y Múltiple-Paralelo

El *Evento de inicio múltiple* (Figura 4-15, izquierda) tiene una figura distinta –un pentágono– pero no representa un elemento BPMN distinto en el modelo semántico. Esto significa que el proceso podría ser iniciado por *cualquiera de múltiples disparadores*, digamos un Mensaje A o un Mensaje B, o posiblemente por una programación regular (Temporizador) o a solicitud especial (Mensaje). La etiqueta del evento de inicio debería indicar todas las condiciones de disparo posibles.

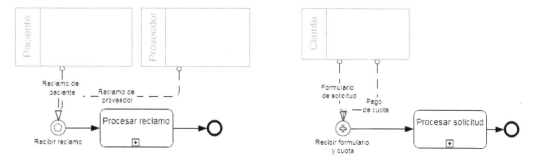

Figura 4-15. Eventos de inicio Múltiples y Múltiples-Paralelos

El *evento de inicio Múltiple-Paralelo* (Figura 4-15, a la derecha) fue añadido en la fase de Finalización de BPMN 2.0. Es muy rara vez utilizado y no es parte de la paleta Nivel 1 ni Nivel 2. Como el Evento de inicio múltiple, es una figura distinta, pero no un elemento semántico distinto. En donde se encuentra el Evento múltiple significa *cualquiera* de sus múltiples disparadores iniciará el proceso; Múltiple-Paralelo significa que el proceso requiere que *todos* los disparadores ocurran antes de la instanciación, que pueden ocurrir en cualquier orden.

Eventos de Inicio Alternativos

El camino hacia afuera de un Evento de inicio múltiple es el mismo independientemente de qué señal de disparador se recibe. ¿Pero qué pasa en el caso en el que la actividad inicial del proceso depende de cuál de los disparadores se lleva a cabo? Para ello, no se utiliza un Evento de inicio múltiple, sencillamente se utiliza *más de un evento de inicio simple*, típicamente Mensaje.

Esto se puede hacer únicamente en un diagrama de más alto nivel. Cada evento de inicio representa un disparador *alternativo* para el proceso. Una vez disparado, la instancia del proceso o subproceso *ignorará una señal posteriormente recibida por cualquier otro evento de inicio.* Tal señal iniciaría una *nueva* instancia del proceso.

Un caso de uso común para esto es el *inicio dependiente del canal.* Por ejemplo, un proceso disparado por una solicitud del cliente podría requerir un paso inicial diferente si la solicitud llega vía call center, en vez de vía internet o fax, pero tiene el mismo procesamiento de fondo independientemente del canal de contacto. La mejor forma para modelar esto es con múltiples Eventos de inicio mensaje, cada uno representando un punto de inicio alternativo para el proceso (Figura 4-16). Recuerde que esto *no* es lo mismo que un Evento de inicio múltiple. Se utilizaría Inicio múltiple si cualquiera de los disparadores iniciara el *mismo* camino. Se utilizaría más de un evento de inicio si cada disparador iniciara un camino *diferente.*

Figura 4-16. Inicio independiente del canal

Evento de Fin

Un evento *de fin* está siempre representado como un círculo con un borde grueso sencillo. Indica el fin de un camino en un proceso o subproceso. Un evento de fin en cualquier proceso o subproceso puede ser dibujado con un ícono negro o "relleno" adentro, indicando la señal de *resultado* que se lanza cuando el evento se ha alcanzado. A diferencia de los eventos de inicio, es común ver más de un evento de fin en un proceso o subproceso. De hecho, el enfoque Método y Estilo requiere un evento de fin separado para cada evento de fin distinto en un nivel del proceso.

BPMN 2.0 define nueve tipos de eventos de fin, distinguidos por sus resultados, pero la paleta Nivel 1 incluye sólo tres de ellos, más el Múltiple.

Figura 4-17. Eventos de fin Nivel 1

Evento de Fin Básico

Un Evento de fin *básico* (sin ícono adentro), significa que no se lanza una señal de resultado cuando el evento de fin se alcanza. En un nivel de proceso con flujo paralelo, es técnicamente permitido finalizar los caminos paralelos en eventos de fin separados, sin embargo ellos no

---

representan estados finales distintos. Por esa razón, si todos ellos son Eventos de fin básicos, lo mejor es fusionar los caminos en un evento de fin básico. No se necesita una compuerta para unir caminos paralelos en un Evento de fin básico, es más, no debería utilizarse una. Ya que el nivel del proceso no está completo hasta que todos los caminos paralelos hayan alcanzado un evento de fin, una unión está siempre implícita en un Evento de fin básico.

Evento de Fin Mensaje

Un Evento de fin *mensaje* (ícono del sobre negro) significa que el mensaje se envía al alcanzar el evento de fin. La mejor práctica es dibujar un flujo de mensaje desde el evento hacia la piscina externa. Un caso de uso común es el regreso de una respuesta de estatus final hacia el Cliente. Si usted fusiona caminos paralelos directamente en un Evento de fin mensaje, el mensaje se disparará múltiples veces, así que utilice una compuerta de unión si quiere enviar el mensaje una sola vez.

Evento de Fin Terminador

Un Evento de fin *terminador* (ícono del círculo con relleno negro) es un caso especial. El alcanzar *Terminar* en un proceso o subproceso finaliza inmediatamente ese proceso o subproceso, incluso si otros caminos paralelos están todavía en desarrollo. El alcanzar *Terminar* en un subproceso sólo finaliza ese subproceso, no el proceso a nivel padre. Algunos modeladores utilizan Terminar simplemente para indicar un estado final excepcional. Sin embargo, yo recomiendo reservarse Terminar para el caso en el que sus semánticas específicas son requeridas, una excepción en un camino paralelo de un nivel del proceso.

Evento de Fin Múltiple

Un Evento de fin *Múltiple* (ícono del pentágono) es similar al Evento de inicio múltiple, en que tiene una figura distinta pero no representa un elemento semántico distinto, simplemente implica que se lanza más de un resultado ordinario, por ejemplo dos mensajes diferentes.

Flujo de Secuencia

Un *flujo de secuencia*, dibujado en el diagrama como una línea conectora sólida, representa la ejecución secuencial de los pasos del proceso: cuando el nodo en la cola de un flujo de secuencia se completa, el nodo en la punta de flecha se habilita para iniciar. En un proceso ejecutable, representa un verdadero flujo de control: cuando el nodo de la cola se completa, el nodo de la punta de flecha se inicia automáticamente por el motor del proceso. Los únicos elementos que pueden conectarse a la cola o a la cabeza de un flujo de secuencia son las actividades, las compuertas y los eventos, llamados *nodos de flujo* en el metamodelo de BPMN 2.0. En otras palabras, el flujo de secuencia representa la *orquestación*.

Figura 4-18. Flujo de secuencia

Todas las actividades, compuertas y eventos en un nivel del proceso deben situarse en una cadena continua de flujos de secuencia desde el evento de inicio hasta el evento de fin (la especificación no lo requiere indefectiblemente, pero el Método y Estilo, con pocas excepciones como la caja paralela, sí lo requiere). La cadena de flujos de secuencia está confinada en el nivel del proceso, por lo que un *flujo de secuencia puede que no cruce un subproceso o borde de piscina*. Esta es una regla fundamental de BPMN. Asimismo, ambos cabos de un flujo de secuencia deben ser conectados a un nodo del flujo. Si se deja un cabo desconectado, el modelo no será válido.

Flujo del Mensaje

El *flujo del mensaje*, dibujado en el diagrama como una línea conectora intermitente, representa comunicación entre el proceso y la entidad externa. Un flujo de mensaje puede conectarse a cualquier tipo de actividad, un Evento mensaje (o múltiple), o piscina caja negra. Nótese: no se puede conectar un flujo de mensaje al borde de una piscina del proceso; se debe conectar directamente a una actividad o evento adentro de la piscina. Los elementos conectados a los cabos de la cabeza y cola de un flujo de mensaje no pueden ser parte del mismo proceso (incluyendo sus niveles hijo).

Figura 4-19. Flujo de mensaje

En algunos casos, un flujo de mensaje indica la *posibilidad* de comunicaciones con mensajes, no su certeza. Por ejemplo, una Tarea del usuario con un flujo de mensaje saliente significa que la tarea *puede* enviar el mensaje, no *debe* enviar el mensaje. Si se quiere indicar la certeza de enviar o recibir un mensaje, se debería utilizar un Evento mensaje o un *Enviar* o *Recibir tarea* de Nivel 2.

Piscina

La figura de la *piscina* es una caja rectangular (Figura 4-20). Puede ser horizontal, con la etiqueta en su propio recuadro al lado izquierdo, o vertical, con la etiqueta en su propio recuadro en la parte más alta (poner la etiqueta en recuadros propios distingue una piscina de un carril, que no tiene su etiqueta en recuadro propio). Una piscina que contiene elementos del flujo, llamada *piscina del proceso* o *piscina de caja blanca*, debería estar etiquetada con el nombre del proceso. Una piscina vacía, llamada *piscina de caja negra*, debería estar etiquetada con el nombre de una *entidad o rol de negocios* tal como Cliente o Vendedor.

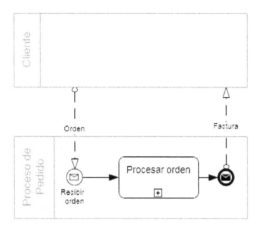

Figura 4-20. Piscina de caja negra (arriba) y piscina del proceso (abajo)

En BPMN 1.2, una *piscina* representaba un contenedor para un *proceso*. BPMN 2.0 cambió la definición, lo cual enturbió las aguas pero no afectó en esencia el cómo las piscinas son utilizadas en la práctica. Efectivamente, una piscina es todavía un contenedor para un solo proceso, pero técnicamente representa a un *participante* en una *colaboración*. Ello podría sugerir que no se puede utilizar una piscina en un diagrama a menos que se tengan dos o más de ellos intercambiando flujos de mensaje, y hasta el fin del periodo de elaboración de BPMN 2.0, ¡ése fue sin duda el caso! Pero finalmente, el sentido común prevaleció. Un diagrama únicamente puede mostrar un solo proceso encerrado en una piscina. En el modelo semántico, es definido como una colaboración con un solo participante… supongo que es el equivalente BPMN al sonido de una sola mano aplaudiendo.

En el XML no hay un elemento semántico de la *piscina*, sólo hay *participante*. Piscina simplemente significa una figura en el modelo gráfico que señala a un *participante* en el modelo semántico. Pero dado que un participante puede referenciar sólo un *proceso* BPMN, no más de uno, es efectivamente equivalente a un proceso. Una piscina de caja negra es un participante que no tiene referencia del proceso.

A pesar de que abogo por etiquetar una piscina de proceso con el nombre del proceso, no es raro ver diagramas BPMN en los cuales las piscinas de proceso estén etiquetadas con el nombre de una organización, tal como una empresa o departamento. No estoy de acuerdo con esta práctica por varias razones:

1. No hay otro elemento BPMN en el diagrama donde aparezca el nombre del proceso.

2. Un diagrama de colaboración podría contener dos procesos internos que interactúan vía flujos de mensajes. Una colaboración así requiere dos *participantes*, cada uno haciendo referencia a un proceso diferente, a pesar de que los miembros de ambos participantes podrían ser exactamente las mismas personas. Veremos un ejemplo explícito de esto en el Capítulo 8.

3. Etiquetar una piscina de proceso con el nombre de una organización, tal como un departamento, empuja a dividir un solo proceso en múltiples procesos independientes. Hay ocasiones en las cuales es apropiado modelar un proceso de negocios de principio a fin como múltiples procesos BPMN, pero la mayoría de las veces lo mejor es modelar departamentos u otras unidades organizacionales como *carriles* al interior de un solo proceso, no como piscinas separadas.

Si un diagrama únicamente muestra un solo proceso sin flujos de mensajes, no se requiere dibujar una piscina para nada. Sin embargo, en cualquier diagrama que muestre una colaboración entre múltiples procesos, máximo *uno* de ellos podrá omitir la figura de la piscina. En BPMN 1.2, esa piscina era considerada "invisible"; en BPMN 2.0, la piscina no existe en el modelo.

En el modelado jerárquico, en el que la expansión a nivel hijo se dibuja en un diagrama separado hipervinculado, lo mejor es omitir una figura de piscina que encierre el nivel de proceso hijo (algunas *herramientas* dibujan automáticamente una piscina en el nivel hijo si se quieren mostrar carriles, pero es un tema de herramientas, no un requisito BPMN). Si se encierra la expansión a nivel hijo en una piscina, su etiqueta debería coincidir con aquella del *proceso al más alto nivel*; *no* debería estar etiquetada con el nombre del subproceso. En la herramienta que utilizo para mi capacitación BPMN, incluso si se les dan los mismos nombres a las piscinas a nivel padre e hijo, se crearán dos participantes separados en el XML, a menos que se le diga a la herramienta que representan a la misma entidad. Es fácil hacerlo y consigue que el XML salga bien…pero también es fácil de olvidar. Volveremos a esto en la sección de este libro sobre la Guía del Implementador BPMN.

Carril

En BPMN 2.0, un *carril* (Figura 4-21) es una subdivisión opcional de un nivel del proceso. Como la piscina, se dibuja al carril como una caja rectangular, pero su etiqueta – a la izquierda para un carril horizontal o arriba para un carril vertical- no es un recuadro propio. BPMN permite dibujar carriles sin encerrarlos en una piscina (a pesar de que algunas herramientas no lo permiten).

Los carriles son un remanente de los flujogramas con carriles de nado (swimlanes) tradicionales, en los que eran utilizados para asociar las actividades del proceso con los actores particulares – departamentos o roles. Típicamente, todavía son utilizados para ese propósito, pero BPMN 2.0 en realidad permite que sean utilizados para *cualquier* tipo de categorización, por ejemplo, actividades que añaden valor Vs. Las que no añaden valor. Incluso se pueden tener múltiples sets de categorizaciones, llamados *sets de carriles* que, en el modelo semántico, todos están asociados con el mismo nivel del proceso. Un set de carriles podría, por ejemplo, indicar el *rol* del realizador, y uno alternativo podría indicar el *departamento* responsable. Un diagrama particular en el modelo gráfico puede referenciar sólo uno de los sets de carriles.

Figura 4-21. Carriles

BPMN 1.2 era vago respecto a cómo los carriles en un diagrama a nivel hijo se relacionaban con carriles en el nivel padre, pero en BPMN 2.0 está más claro. Cada definición de set de carriles se aplica a un nivel específico del proceso. Si se quiere referenciar los mismos carriles en diagramas a niveles padre e hijo, se necesita replicar el set de carriles a ambos niveles del modelo.

Un carril en un nivel del proceso puede contener un *set de carriles hijo*. Los carriles hijo, también llamados *subcarriles*, se dibujan anidados dentro de su carril padre. Por ejemplo, un carril padre puede representar un departamento y los roles de los subcarriles en el departamento.

Si se utilizan carriles en un nivel del proceso, todos sus nodos de flujo deben estar asociados con uno u otro carril; no se pueden representar algunos en un carril y otros no en un carril. BPMN no tiene reglas respecto a flujos de secuencia que cruzan los límites de los carriles.

Objeto de Datos y Almacenamiento de Datos

Uno de los cambios más grandes de BPMN 1.2 a BPMN 2.0 concierne al modelado de datos y de flujo de datos. En BPMN 1.2, los objetos de datos eran considerador *artefactos*, anotaciones del diagrama sin semánticas ni reglas. En BPMN 2.0, el *objeto de datos* fue subido de grado a un elemento semántico de primera clase, junto con un nuevo elemento, el *almacenamiento de datos*. A pesar de que ambos, el objeto de datos y el almacenamiento de datos son parte de la paleta Nivel 1, las nuevas definiciones tratan los datos desde la perspectiva de un ejecutante realizando el diseño de procesos ejecutables.

La figura del *objeto de datos* parece un papel con la esquina doblada (Figura 4-22, izquierda). Además del *nombre* del objeto de datos, la etiqueta puede indicar su *estado* al encerrarlo en corchetes. La figura del *almacenamiento de datos* (Figura 4-22, derecha) es un cilindro, similar al símbolo para un dispositivo de base de datos o de almacenamiento.

Objeto de datos

Figura 4-22. Objeto de datos y almacenamiento de datos

Un *objeto de datos* es realmente una construcción de programación. Representa una *variable local* en un nivel del proceso, una pieza de datos temporales almacenados dentro de la instancia del proceso mientras está corriendo. Su valor es visible para otros elementos en el mismo nivel del proceso o uno de sus hijos –por ejemplo, puede ser pasado como insumo de una actividad del proceso o ser puesto a prueba por la condición de la compuerta- pero es invisible para un elemento hermano o a nivel padre. Y cuando el nivel del proceso (proceso al más alto nivel o subproceso) finaliza, el objeto de datos desaparece. En otras palabras, trabaja como una variable en un programa de computadora, no como lo que un modelador normalmente entiende por "datos".

Un *almacenamiento de datos* representa *datos persistentes*, tal como información almacenada en una base de datos o sistema de negocios. Puede ser cuestionado o actualizado, ambos por el proceso y por entidades exteriores al proceso. No desaparece cuando un nivel del proceso, o el proceso en su conjunto, finalizan. Frecuentemente se aproxima más a lo que un modelador de procesos entiende por "datos".

El objeto de datos y almacenamiento de datos se conectan a otros elementos del modelo a través de *asociaciones de datos*, conectores de líneas punteadas que se parecen un poco a los flujos de mensaje, excepto por que las líneas son puntos, no guiones y la punta de flecha es una V, no un triángulo. Con los objetos de datos, un cabo de la asociación de datos está conectado a una actividad o evento, y el otro al objeto de datos. En ese caso, la asociación de datos representa un *trazado* entre esa variable y un insumo o salida de datos de la actividad o evento. El trazado puede ser una copia simple o una transformación, pero sólo el conector de asociación de datos y la etiqueta son visibles en el diagrama.

Así, el flujo de datos al interior del proceso es representado por la *asociación de salidas de datos*, desde una actividad o evento, a un *objeto de datos*, seguido por una *asociación de insumos de datos* desde el *objeto de datos* a otra actividad o evento (Figura 4-23, derecha). Se permite utilizar una asociación de datos no direccional (dibujada sin la punta de flecha) entre el objeto de datos y un flujo de secuencia que conecta los objetos fuentes y objetivos como un "atajo visual" (Figura 4-23, izquierda). En otras palabras, las semánticas son aquellas del diagrama de la derecha, incluso si se lo dibuja como el de la izquierda (no todas las herramientas BPMN harán esto por usted, lo mejor es modelarlo como el diagrama de la derecha).

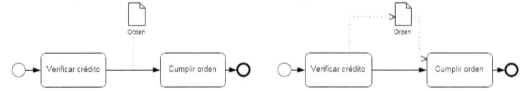

Figura 4-23. El diagrama de la izquierda es considerado un "atajo visual" para el flujo de datos en el de la derecha.

Un almacenamiento de datos representa una unidad simple de información almacenada en un sistema, tal como un registro de base de datos, no como el sistema o base de datos en su conjunto. La asociación de datos dirigida hacia el almacenamiento de datos representa una operación de *actualización*, mientras que la asociación de datos dirigida hacia afuera del almacenamiento de datos representa una *consulta*. En la Figura 4-24, la tarea *Procesar Orden* actualiza el balance de la cuenta en al almacenamiento de datos *Cuenta del Cliente*.

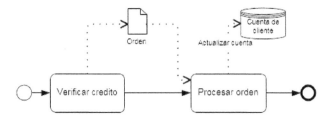

Figura 4-24. El almacenamiento de datos representa datos persistentes accesibles para el proceso.

El metamodelo BPMN impone un poquito más de complejidad aquí. El almacenamiento de datos en sí mismo es un elemento raíz en el modelo semántico; es definido afuera de cualquier proceso en particular. El elemento dibujado en el diagrama es en realidad una *referencia del almacenamiento de datos*, que está contenido en un nivel del proceso (de otra forma, no se le podría conectar una asociación de datos). Si se interactúa con el mismo almacenamiento de datos desde dos diferentes partes de su modelo, puede que se necesiten dibujar referencias separadas de almacenamiento de datos, pero la herramienta BPMN debería ocultar esta complejidad del modelador.

Documentación, Anotación de Texto y Grupo

El modelo BPMN en su conjunto, y la mayoría de sus elementos individuales, cada uno contiene un elemento de *documentación* en el XML, al cual se puede introducir tanta información como se guste, directamente o vía enlaces hacia documentos externos. Estos elementos de documentación son parte de la Subclase descriptiva (es decir, Nivel 1), lo que significa que se espera que cualquier herramienta que alega conformidad, debe tener la capacidad de importarlos y mostrarlos. Sin embargo, *documentación* no tiene un elemento gráfico asociado. En otras palabras, no aparece en el diagrama.

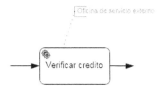

Figura 4-25. Anotación de texto y asociación

Si se desea poner una anotación en el mismo diagrama, hay que utilizar *anotación de texto*, indicado en el diagrama por una figura de corchete que encuadra un poco de texto introducido por el usuario (Figura 4-25). Las anotaciones de texto no deben estar flotando sino sujetas a algún elemento gráfico vía una *asociación* no direccional. La asociación se ve igual que una asociación de datos sin la punta de flecha. La anotación de texto y la asociación son *artefactos*, lo que significa información de respaldo que no afecta el flujo del proceso.

Finalmente está el *Grupo*, dibujado como un rectángulo redondeado con un borde punteado-intermitente (Figura 4-26). El Grupo es también un artefacto. En esencia, es solamente una caja dibujada alrededor de un conjunto de elementos en el diagrama para indicar alguna relación entre ellos. Oficialmente, la especificación dice esto: "La agrupación está ligada al ValordeCategoría que respalda al elemento, es decir, un Grupo es una imagen de un solo ValordeCategoría. A los elementos gráficos dentro del Grupo les será asignado el ValordeCategoría del Grupo". Sin embargo, yo *nunca* he visto este mecanismo de ValordeCategoría puesto en práctica. Si usted se inclina por utilizarlo en algún momento, debería considerar al Grupo como un resaltador visual en el diagrama.

Etiqueta de grupo

Figura 4-26. Grupo

CAPITULO 5

El Método

Para ahora, ya hemos cubierto todo el set de trabajo del Nivel 1. Hay mucho más para descubrir en el Nivel 2, pero ya sabemos suficiente como para manejar la mayoría de los requisitos del modelado de procesos, así que ahora estamos listos para discutir el Método.

El Método no es parte de la especificación BPMN. La OMG orgullosamente plantea que BPMN no tiene una metodología oficial, ya que está destinado a una amplia variedad de usos por personas con intereses y habilidades divergentes, pero en mi experiencia, la mayoría de las personas que utilizan BPMN están tratando de hacer la misma cosa – *crear un diagrama de proceso no ejecutable que transmita la lógica del proceso en una forma significativa*. Ya sea que estén simplemente intentando documentar un proceso tal como es, o crear requisitos de negocios para una posible solución automatizada a futuro, los atributos de un modelo "buen BPMN" son casi siempre los mismos. El Método es un intento de estandarizar la estructura de tal modelo para poder maximizar un entendimiento compartido de un diagrama. Si todos en la organización estructuraran sus modelos de procesos de acuerdo a los mismos principios, sería más posible que los modelos creados por otros sean entendibles.

Objetivos del Método

El Método es una receta para ir de una hoja en blanco a un modelo BPMN completo, de forma consistente y bien estructurada. Está basado en un *estilo de modelado jerárquico* que revela importantes hechos básicos a cerca del proceso como un todo desde el diagrama a más alto nivel, y permite añadir tanto detalle como se quiera en los diagramas a nivel hijo. Saca provecho a *etiquetas correspondientes* como una ayuda para rastrear la lógica del proceso, desde el diagrama al más alto nivel hacia abajo, hasta el nivel más profundo de detalle, incluso si una herramienta no tiene disponible la opción de hipervincular el modelo "en vivo". El Método es prescriptivo, y le ayudará a iniciarse con el pié derecho. Sin embargo, seguir mi Método a la letra, es menos importante que establecer una metodología prescriptiva suya propia y desarrollada consistentemente en el seno de su organización.

Revisemos una vez más los principios generales de "buen BPMN", que incluyen:

- **Integridad.** Los elementos esenciales de la lógica del proceso de principio a fin deberían estar capturados en el diagrama, incluyendo cómo inicia el proceso, sus distintos estados finales, qué representa la instancia y su interacción con entidades externas tales como el solicitante, los proveedores de servicios y otros procesos internos.

- **Claridad**. Detalles del flujo del proceso –qué actividades son condicionales, cuáles son realizadas en paralelo a otras, cómo se manejan varias excepciones– deberían ser inequívocas sólo por el diagrama, incluso para aquellos que no son familiares con su proceso o incluso con su metodología. Eso significa utilizar etiquetas correspondientes para hacer que la lógica sea rastreable desde el nivel más alto hacia abajo en un modelo jerárquico, incluso cuando se trabaja con copias en papel.

- **Poder compartirse entre negocios y TI**. BPMN como un *lenguaje* puede ser compartido entre usuarios de negocios, analistas de negocios y ejecutantes. Sin embargo, estamos apuntando más alto. Queremos crear *modelos BPMN* individuales que puedan ser compartidos entre negocios y TI. No es fácil, requiere que los usuarios de negocios y los analistas de negocios apliquen mayor rigor y atención al detalle de lo que están acostumbrados, y requiere que los ejecutantes describan las actividades del proceso en términos de las funciones del negocio que realizan, en vez de su implementación específica.

- **Consistencia estructural**. Considerando el mismo conjunto de hechos acerca de cómo el proceso funciona, todos los modeladores deberían idealmente crear más o menos el mismo modelo de proceso, al menos la misma estructura general. Si usted puede lograr ese tipo de consistencia en el seno de su organización, amplía inmensamente la habilidad de entender los modelos creados por otros.

Estos principios de "buen BPMN" son los objetivos del Método.

Modelado Jerárquico de Arriba a Abajo

El Método describe un estilo de modelado jerárquico de arriba a abajo. Pero ¿qué significa éso y por qué lo recomiendo?

Jerárquico significa representar gráficamente el modelo de principio a fin, como un conjunto de diagramas de proceso vinculados que representan distintos *niveles del proceso*. Se trata de un subproceso colapsado en el diagrama a nivel padre que se expande en un diagrama a nivel hijo separado. Los subprocesos colapsados en ese nivel hijo pueden expandirse más en otro diagrama con una relación de "nieto" con el primero. Un diagrama simple al más alto nivel se levanta en lo más alto de la jerarquía, y el número de niveles anidados debajo es ilimitado.

Por el contrario, un modelo de proceso *plano* pone todos los pasos del proceso, incluso los detalles más minuciosos, en un diagrama simple. Si después de todo se utilizaran los subrprocesos –a veces no se los utiliza-, se los mostraría expandidos "en línea", tal como se describe en el Capítulo 3. Un modelo de proceso plano de principio a fin rara vez entra en una sola página impresa, a menos que el resultado final esté en un formato de trazador de gráficos grande. Dependiendo de la herramienta, puede que sea posible imprimirlo en varias piezas tamaño Carta/A4 y pegar el mosaico en una pared. También hay un elemento BPMN llamado *Par del evento de vínculo,* que puede ser utilizado para dividir un solo nivel del proceso en el modelo semántico a lo largo de múltiples diagramas. Estos diagramas son hermanos, ya que no tienen una relación padre – hijo.

El modelado jerárquico significa que el modelo semántico está representado visualmente por múltiples diagramas. Un *diagrama* en BPMN es equivalente a una *página lógica* (incluso si es necesaria más de una página de papel para imprimirlo). Los diagramas no son modelos separados, sólo *visiones* separadas de un único modelo semántico.

Un *modelo semántico único* significa que una única definición del proceso, describe el proceso entero de principio a fin. De hecho, el modelo semántico por sí mismo no distingue entre representaciones jerárquicas y planas; el XML es idéntico. La diferencia entre ellos está en el *modelo gráfico*, la información sobre el diseño del diagrama. Hablaremos más acerca del modelo gráfico en el Capítulo 17.

De arriba a abajo significa comenzar entendiendo el proceso de principio a fin en su conjunto, enumerando sus principales pasos en un *mapa de alto nivel,* y luego ordenar esos pasos en un *diagrama de proceso al más alto nivel,* que entra en una sola página. Desde ahí, se procede a desglosar para definir la lógica interna de cada actividad del mapa de alto nivel en un *diagrama a nivel hijo,* revelando solamente el detalle que se necesite para lograr el propósito. De arriba abajo, obliga al modelador a iniciar con el panorama grande, añadiendo solamente los detalles necesarios para el propósito inmediato. Esto se contrapone al enfoque tradicional en el cual la definición del proceso es gradualmente construido desde el fondo basado en entrevistas a PyME's: *primero hacemos esto, luego ellos hacen aquello, y luego....* Ese enfoque puede atascarse en detalles innecesarios, y pueden incluso llevar a esfuerzos vanos por modelar detalles que ni siquiera son parte del proceso.

De arriba a abajo usualmente implica un estilo de modelado jerárquico, mientras que de abajo a arriba generalmente lleva a modelos planos. Yo soy proclive a herramientas BPMN, como *Process Modeler* para *Visio* o su natal *Visio Premium 2012,* que sustenta naturalmente el enfoque jerárquico de arriba a abajo al crear automáticamente un diagrama a nivel hijo vinculado a un subproceso colapsado.

Estado Final

Un concepto clave en el Método es la noción del *estado final*. Puede buscar la especificación 2.0 de un extremo al otro y nunca ver esa frase ni una vez. En realidad, no es un término BPMN, sino un término de negocios de sentido común. Recuerde que una actividad en BPMN es una acción llevada a cabo repetidamente en el manejo de los negocios. Cada instancia de la actividad tiene un inicio y fin bien definidos. Cuando cada instancia de la actividad está completa, se puede hacer la pregunta: *¿cómo* terminó? ¿Se completó *exitosamente* o en una condición de *excepción?*

Tal vez la actividad tiene más de un estado final de excepción, o posiblemente más de un estado final exitoso. ¿Cuántos hay? Depende de usted. ¿Cuántos quiere distinguir? Si el flujo se ramifica siguiendo la actividad, usualmente el estado final de la actividad determina qué camino se toma. Si hay tres diferentes pasos posibles en el proceso, entonces se necesita distinguir tres estados finales. Una compuerta a continuación de la actividad es entonces la que prueba el estado final. ¿La actividad finalizó en el estado A, B o C? Si es A, a continuación venga aquí, si es C; a continuación vaya allá; si es C, a continuación vaya a aquel. Si el flujo posterior es el mismo sin importar cómo termina la actividad, entonces sólo se necesita un estado final.

Si la actividad es una *tarea*, sus estados finales son invisibles en el modelo. Sin embargo, es posible que estén *implícitos* en las etiquetas en la compuerta que le sigue a la tarea. Por ejemplo, una compuerta *Crédito OK?* Implica los estados finales *Crédito OK* y *Crédito No OK*. Sin embargo, si la actividad es un *subproceso*, se puede hacer que sus estados finales sean *visibles* en el diagrama al definir un *evento de fin separado para cada estado final distinto*, y etiquetando cada uno con el nombre del estado final. Esta técnica no es requerida por la especificación BPMN, pero es central para el Método porque hace que la lógica del proceso sea rastreable desde el nivel más alto hacia abajo.

Si el subproceso tiene dos estados finales, recomiendo etiquetar la compuerta como una pregunta y etiquetar sus *gates* con *sí* o *no*. La etiqueta de la compuerta (excepto por el signo de interrogación) debería coincidir con la etiqueta de uno de los estados finales del subproceso. Ello significa que las instancias que siguen el camino *sí* afuera de la compuerta en el diagrama a nivel padre, son los mismos que alcanzan el evento de fin con la etiqueta correspondiente. Las instancias que siguen el camino de *no* son aquellos que alcanzan el otro estado final. Y qué pasa si hay tres estados finales? En ese caso, recomiendo hacer coincidir la etiqueta de cada *gate* de la compuerta que siguen inmediatamente al subproceso con la etiqueta de uno de los eventos de fin.

Los múltiples estados finales no siempre implican excepciones, podrían simplemente significar algún aspecto de la instancia que afecta el subsiguiente flujo. Por ejemplo (Figura 5-1), puede que se tenga una actividad *Determinar el tipo de cliente* que identifica a un comprador ya sea como un cliente de primera o un cliente regular, seguido por una compuerta etiquetada *Cliente de primera?* Con los caminos *sí* y *no* que llevan a actividades de cumplimiento separadas. Si *Determinar el tipo de cliente* es un subproceso, debería tener dos eventos de fin, uno de los cuales esté etiquetado *Cliente de primera*. Cualquier instancia del proceso que alcance el estado final *Cliente de primera*, por este convencionalismo, siempre seguirá el camino *sí* afuera de la compuerta, y cualquier instancia que alcance el otro estado final, seguirá el camino *no*.

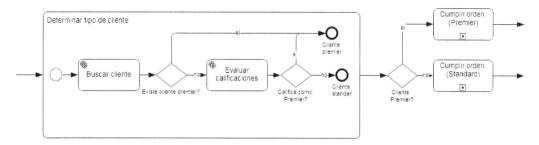

Figura 5-1. Distinguir los estados finales de los subprocesos como eventos de fin separados ayuda a la trazabilidad de arriba a abajo.

Todo esto, el añadir eventos de fin y poner atención al etiquetado, puede que al principio se vea como molestarse sin motivo. Los modeladores usualmente asumen que todo aquel que vaya a ver sus diagramas BPMN ya está familiarizado con el proceso y la terminología utilizada en el diagrama. Sin embargo, no es siempre el caso. El hacer coincidir las etiquetas del estado final y la compuerta, crea un vínculo visual persistente entre los diagramas a nivel padre e hijo que hace que la lógica sea rastreable desde el nivel más alto hacia abajo, incluso si el espectador no está familiarizado con el proceso o su terminología.

Paso 1. Determinar el Alcance del Proceso

El modelado de arriba a abajo inicia acordando respecto al *alcance* del proceso, dónde inicia y finaliza. El proceso no tiene que ser de cara al cliente, lo que a veces llamamos de inicio a fin. Podría ser una función interna realizada enteramente dentro de un solo departamento. Lo importante es que hay acuerdo sobre el alcance antes de que el modelado comience. No es deseable que sus esfuerzos de modelado, después de semanas de entrevistar expertos en la materia del tema y otros actores involucrados, se desglosen en una disputa sobre cuándo el proceso está realmente completo. Ello es usualmente una difícil pregunta para responder, pero sí es deseable tener esas discusiones *antes* de sumergirse en los detalles del proceso.

En este primer paso del Método, estoy utilizando el término "proceso" un poco a la ligera, ya que éste posiblemente podría requerir más de un proceso BPMN. Discutiremos más de éso en el Capítulo 8, pero siempre significa una acción repetida con un inicio y fin bien definidos, no una función de negocios continuamente en marcha. Las preguntas clave por ahora son:

1. ¿Cómo inicia el proceso? Por ejemplo, ¿es a solicitud, ya sea de una entidad externa o de un realizador de tarea interno? ¿O es un proceso regularmente programado?

2. ¿Qué determina cuándo está completo? Una vez que una instancia está completa, no hay acciones posteriores posibles en ella dentro de esta definición del proceso; ellas tendrían que ser parte de un modelo de proceso separado. Por ejemplo, si su proceso de la *Orden* finaliza en enviar la factura, las actividades relacionadas con el cobro del pago no son parte de este proceso.

3. ¿Qué representa cada instancia del proceso? Normalmente esto está relacionado con el evento de inicio, como hemos discutido. Si el evento de inicio representa una

solicitud, entonces la instancia normalmente representa el cumplimiento de esa solicitud.

4. ¿Hay diferentes formas en las que puede finalizar el proceso? En otras palabras, ¿tiene el proceso más de un estado final?

Como hemos visto, un Proceso *Orden de Compra* podría fallar debido a problemas con el crédito del comprador, o el artículo ordenado está fuera de stock, o por varias otras razones. ¿Deberíamos decir que un proceso así tiene dos estados finales, o más de dos? No hay una respuesta correcta o errónea. Todo se reduce a ¿cuántos estados finales distintos se desean identificar para análisis o posiblemente monitorear en una operación real? Si un posible estado final ocurre con muy poca frecuencia o si no vale la pena distinguir de otro estado final, no hay que representarlo en el modelo. BPMN existe para *servirle* en sus necesidades de modelado, revelando tanto o tan poco detalle como se requiera.

No hay diagramación de procesos a ser realizada en el Paso 1. Se lo ha completado una vez que se tenga un acuerdo general entre los actores involucrados, al igual que en cuanto a las respuestas a las cuatro preguntas arriba mencionadas.

Escenario: Proceso de Venta y Cobro para un Comerciante de Autos

Para ilustrar el Método, utilizaremos un proceso familiar para muchos de ustedes desde la perspectiva del comprador: comprar un auto nuevo, aunque aquí lo imaginaremos desde la perspectiva del comerciante de autos, el proceso de venta al cobro del vendedor. Cubramos las cuatro preguntas una por una:

¿Cuándo inicia este proceso? Utilizamos este ejemplo en mi capacitación BPMN, donde un estudiante podría sugerir que inicia cuando un cliente entra a la sala de exhibición. Sin embargo, no creo que esté en lo correcto. Ciertamente, hay actividades de ventas que ocurren cuando el cliente entra a la sala de exposición, pero ellos no son parte del proceso orden de compra. No hay "orden" cuando el cliente entra por primera vez. De hecho, no debería haber siquiera un "proceso" en el sentido de BPMN.

Entonces un estudiante típicamente plantea que el proceso inicia con la orden. Estoy de acuerdo con ello. Bien, ¿qué es una orden en ese contexto? ¿Qué formas asume? ¿Qué información incluye? ¿Se paga algo de dinero?

Mientras escribo esto, yo mismo estoy en el proceso de comprarme un auto nuevo, así que puedo decirle exactamente lo que significó en mi caso. Una orden es un arreglo de un comprador particular para comprar un auto particular, o una especificación detallada para un auto –marca, modelo, color y opciones– por un precio acordado. Si ese auto no está en posesión del comerciante, puede ser adquirido mediante canje con otro comerciante local u ordenado a pedido al fabricante. En cualquier caso, el acuerdo del comprador es siempre con el comerciante, y lo que nos atañe es el proceso del comerciante de venta al cobro.

Al momento de la orden, es posible que se requiera un pequeño depósito reembolsable para poder reservar el auto o para asegurar la compra a otro comerciante o a la fábrica. No obstante, el proceso no está completo hasta que el monto total de la compra se haya pagado y el comprador haya recibido el auto. Para un auto nuevo, ello usualmente ocurre días o semanas después.

Una instancia de este proceso es una orden única. ¿Pero qué pasa si el comprador compra dos autos?¿Se trata de una instancia o de dos? Depende. Si se la considera como una sola transacción financiera –hay un solo cierre con el pago y la entrega de ambos autos- entonces es una instancia. Si ambos son tratados como transacciones financieras separadas, posiblemente con diferentes fechas de cierre, entonces serán dos instancias. Es mejor considerar y resolver tales "áreas grises" cuando se determina el proceso a ser modelado.

El cerrar exitosamente las transacciones representa un estado final normal y exitoso de este proceso. Llamémoslo *Transacción completa*. Pero ¿habrá otros estados finales que queremos considerar? En este caso sí hay. Acá solamente queremos contar esas excepciones que ocurren con suficiente frecuencia y afectan el negocio en su conjunto. Puede ser que el cliente no pueda asegurar el financiamiento. En ese caso, el proceso se completará en un estado final de excepción que llamamos *Financiamiento no disponible*. Y hay otra excepción que podría ocurrir cuando el auto deba ser ordenado a la fábrica. Puede resultar que la fecha proyectada de entrega sea después de lo estimado al momento de la orden, y el comprador cancele la orden. Llamaremos a ese estado final *Fecha de entrega inaceptable*.

Podemos considerar a estas dos excepciones solamente variaciones técnicas de un solo estado final: *Transacción fallida*. Pero en este caso, nuestro comerciante quiere distinguirlos porque sugieren problemas en partes separadas de la organización. *Financiamiento no disponible* plantea un potencial problema en el Departamento de Finanzas, ya que una orden debería ser iniciada sólo si se cree que el comprador es sujeto de crédito. *Fecha de entrega inaceptable* sugiere un problema potencial en el Departamento de Ventas, ya que la fecha real de entrega para el auto ordenado no fue estimada apropiadamente al momento de la orden. Identificar estos estados finales como distintos, implica que se quiere entender su causa y manejo como excepciones individuales. Por ejemplo, pensaríamos en acciones de mejoras específicas que podrían reducir la frecuencia de su incidencia, o acciones que podrían reducir su impacto en el negocio cuando ocurran.

Paso 2: El Mapa de Alto Nivel

El siguiente paso en el Método es definir el Mapa de Alto Nivel. Esto es simplemente una enumeración de las actividades más importantes del proceso, idealmente diez o menos para representar el diagrama BPMN de más alto nivel, el cual es generado del mapa de alto nivel, en una sola página. En la primera edición de este libro, dibujé el mapa de alto nivel como una secuencia lineal de las actividades BPMN, pero ahora pienso que sería mejor simplemente pensar en ella como una *lista*. La transformaremos a un diagrama BPMN al más alto nivel en el siguiente paso del Método.

Debido a que el mapa de alto-nivel es solamente una lista de las actividades más importantes del proceso, este paso debería ser muy simple. En la práctica, sin embargo, usted probablemente tarde bastante en él. Las actividades en el mapa no son un muestreo de las actividades del proceso con más detalles a ser añadidos entre ellas más adelante. Es mejor pensar en ellos como *contenedores* dentro los cuales esos detalles serán añadidos.

Los pasos en el mapa de alto nivel deben ser "actividades" en el sentido BPMN, es decir, acciones realizadas repetidamente, cada una con un inicio y fin bien definidos. Más aún, las *instancias* de cada actividad en el mapa de alto nivel deben estar alineadas y tener una correspondencia de uno a uno entre cada una y con la instancia del proceso.

Otros factores ayudan a guiar la selección de actividades del mapa de alto nivel. Recuerde que en BPMN, el inicio de una actividad es usualmente disparada por la *culminación* de una actividad anterior, no cuando se alcanza un punto *medio* de la actividad. Asimismo, si la gobernanza del proceso está distribuida entre múltiples partes de la organización, los pasos en el mapa de alto nivel idealmente deberían coincidir con esos límites de gobernanza y, por supuesto, nos gustaría restringir la cuenta de actividades del mapa de alto nivel a diez o menos. Estas consideraciones guían la definición del mapa de alto nivel, pero requeriría de un tiempo considerable y discusión con los actores involucrados con el proceso.

Finalmente, cuando el resultado de una actividad afecta el camino posterior de la instancia del proceso, se necesita pensar en los *estados finales de cada actividad* en el mapa de alto nivel. Los nombres de los estados finales deberían ser breves, pero descriptivos.

Esscenario: Proceso de Venta y Cobro para un Comerciante de Autos

En nuestro escenario de venta al cobro de un comerciante de autos, el dueño se encuentra con el Gerente de Ventas, el Gerente de Servicios y el Gerente Financiero para proponer el mapa de alto nivel, y acuerdan colectivamente las siguientes actividades:

- *Finalizar la orden.* Hay ligeras diferencias en el procedimiento y el precio, dependiendo de si el auto está disponible en el stock del comerciante, adquirido mediante canje de otro comerciante, u ordenado bajo especificaciones a la fábrica. Esta actividad está dirigida y realizada por el Departamento de Ventas. Los estados finales: *Reservado en stock; Canje con el comerciante; Ordenar a la fábrica.*

- *Adquirir auto del comerciante local.* Esta actividad es condicional, realizada en alguna fracción de las instancias del proceso, no todas ellas. Esta actividad está también dirigida y realizada por el Departamento de Ventas. Estado final: *Auto recibido.*

- *Adquirir auto de la fábrica,* también es condicional y realizada por ventas. Si la fecha de entrega de la fábrica es después de aquella estimada al mismo tiempo que *Finalizar Orden,* el cliente podría cancelar la transacción. Los estados finales: *Auto recibido; Orden cancelada.*

- *Preparar auto para la entrega.* Esta actividad incluye opciones instaladas por el comerciante y limpiar el auto para la entrega al cliente, independientemente de si el auto viene de stock, canje con comerciante, u orden a la fábrica. Es dirigida y realizada por el Departamento de Servicios. El estado final: *Listo.*

- *Gestionar financiamiento*, realizada por el Departamento de Finanzas. Puede iniciar a penas *Finalizar la orden* esté completa, realizada en paralelo con adquirir y preparar el auto. Los estados finales: *Financiamiento confirmado; Financiamiento no disponible.*

- *Cerrar y entregar*. Esta actividad, realizada por el Departamento de Finanzas, completa la transacción financiera y entrega el auto y materiales de registro al cliente. Probablemente no inicie hasta que ambos, *Arreglar financiamiento* y *Preparar auto para entrega*, estén completas. Los estados finales: *Transacción completa.*

- *Manejar la cancelación de la orden*. Esta actividad solamente se realiza cuando la orden está cancelada antes del cierre. Es realizada por el Departamento de Finanzas. Después de manejar la cancelación, todavía queremos distinguir los estados finales del nivel del proceso. El estado final: *Fecha de entrega inaceptable, Financiamiento no disponible.*

Paso 3: Diagrama del Proceso al Más Alto Nivel

Ahora que tenemos nuestro mapa de alto nivel, lo podemos volver un diagrama BPMN al más alto nivel. El proceso inicia a solicitud del cliente, así que utilizaremos un Evento de inicio mensaje, *Recibir orden*. Cada actividad del mapa de alto nivel se convierte en un subproceso en el diagrama. En el estilo de modelado jerárquico, luego expandiremos cada una de estas actividades en diagramas hipervinculados a nivel hijo para mostrar los detalles de cada paso.

En el enfoque del Método y Estilo, cada actividad que es *condicional* en el mapa de alto nivel será extraída siguiendo una compuerta que prueba el estado final de la actividad precedente. Si la compuerta tiene dos salidas (*gates*), etiquetamos la compuerta como *[estadofinal1]?*, donde *[estadofinal1]* es el nombre de uno de los estados finales de la actividad precedente y etiqueta las salidas (gates) *sí* o *no*. Si hay más de dos salidas, simplemente etiquetamos a las mismas salidas *[estadofinal1]*, *[estadofinal2]*, etc. No necesitamos una compuerta para fusionar caminos alternativos, sólo conectamos los flujos de secuencia directamente a la actividad descendiente.

Si una actividad es realizada *concurrentemente* con otras actividades en el mapa a alto nivel, podemos dividir el flujo en caminos paralelos, ya sea utilizando una compuerta paralela o simplemente dos flujos de secuencia afuera de la actividad precedente. Si una actividad descendiente requiere finalización de dos o más actividades paralelas, se debe utilizar una compuerta de unión.

De esta forma, la construcción del diagrama BPMN al más alto nivel del mapa de alto nivel se convierte en un ejercicio bastante mecánico.

Escenario: Proceso de Venta y Cobro para un Comerciante de Autos

Comenzaremos considerando solamente la "ruta feliz" del proceso, que lleva al exitoso estado final *Transacción completa,* e ignora los estados finales de excepción de *Ordenar auto a la fábrica* y *Arreglar financiamiento*. El resultado se muestra en la Figura 5-2. Debido a que *Finalizar orden* tiene tres estados finales, no se etiqueta la subsiguiente compuerta como una pregunta, sino más bien hacemos coincidir el nombre de cada *gate* con un estado final. Dos flujos de secuencia afuera de *Finalizar orden* significan que ambos caminos han iniciado en paralelo. La compuerta-AND de unión significa ambas, *Preparar el auto para entrega* y *Arreglar financiamiento* deben estar completas antes de que *Cerrar y Entregar* pueda iniciar.

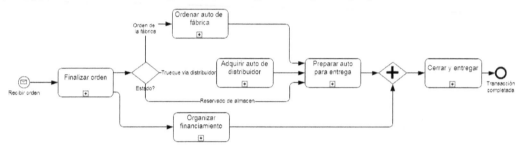

Figura 5-2. Diagrama BPMN al más alto nivel, ruta feliz

Ésa era la ruta feliz. Ahora añadamos los caminos de excepción; se quieren mostrar todos los estados finales del proceso como eventos finales separados en el diagrama al más alto nivel, cada uno con el nombre del estado final. El resultado se muestra en la Figura 5-3.

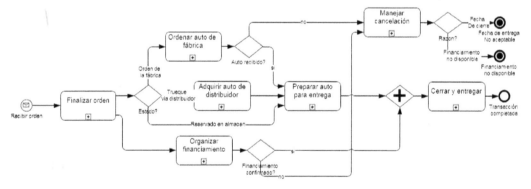

Figura 5-3. Diagrama BPMN al más alto nivel, incluyendo los caminos de excepción

Recuerde que el estado final *Fecha de entrega inaceptable* es la consecuencia de una excepción en *Ordenar auto de la fábrica*. Si esa excepción ocurre, necesitamos realizar *Gestionar cancelación* y luego finalizar el proceso. Ya que hay otro camino del proceso en paralelo a éste, necesitamos utilizar un evento de fin *Terminador* en *Fecha de entrega inaceptable*. De otra manera, el camino de financiamiento continuaría y esperaría eternamente en la unión.

Lo mismo se aplica con *Financiamiento no disponible*. Si *Arreglar financiamiento* no finaliza en *Financimiento confirmado,* se necesita abortar el proceso al realizar *Gestionar cancelación* y luego finalizar en un Terminador. De otra forma, el camino *Preparar auto para entrega* se colgaría en la unión.

Se podrían haber podido dibujar carriles en el diagrama al más alto nivel, pero el diagrama se haría ligeramente más intrincado y tedioso como para verse "bonito". Se puede ver esta situación en la Figura 5-4, que es semánticamente equivalente a la Figura 5-3. Y eso que no hemos añadido ningún flujo de mensaje todavía! Usualmente es mejor omitir carriles en el diagrama al más alto nivel y sólo ponerlos en los diagramas a nivel hijo.

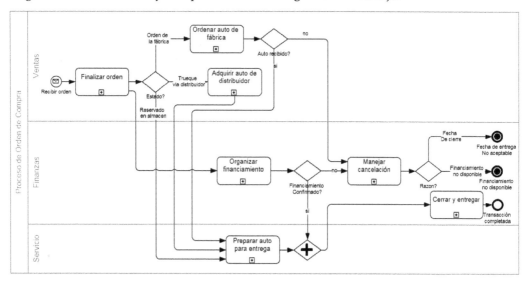

Figura 5-4. Diagrama al más alto nivel mostrando la piscina y los carriles

Paso 4: Expansión a Nivel Hijo

El diagrama al más alto nivel dice cómo inicia y finaliza el proceso, pero revela poco acerca de los detalles internos. Para ello, se necesita mostrar la expansión a nivel hijo de cada actividad del nivel más alto. En el modelado jerárquico, cada uno es dibujado en un diagrama separado, hipervinculado a un subproceso colapsado en el diagrama al más alto nivel. Las herramientas de buen BPMN crean esos hipervínculos automáticamente.

La expansión a nivel hijo debe tener un Evento de inicio básico. Las actividades en la expansión a nivel hijo pueden incluir subprocesos colapsados, los cuales entonces serían expandidos en otro diagrama dos niveles hacia abajo desde el más alto. Se puede encerrar el proceso a nivel hijo en una piscina o no. Si dibuja la piscina, debe llamarse lo mismo que la piscina del nivel padre, es decir, el nombre del proceso. Puede incluir carriles en el diagrama a nivel hijo o no. Los carriles están definidos independientemente en cada nivel del proceso.

Recuerde crear un evento de fin separado para cada estado final de la actividad del mapa de alto nivel identificado en el paso 2, y etiquetarlo con el nombre del estado final. Si se quiere modificar la lista del paso 2, está bien hacerlo aquí. Sólo hay que asegurarse de que si un subproceso está seguido por una compuerta, la etiqueta de la compuerta (o gate) debe coincidir con la etiqueta de uno de los estados finales del subproceso.

Escenario: Proceso de Venta y Cobro para un Comerciante de Autos

Para ilustrar, consideraremos aquí sólo la primera actividad, *Finalizar orden*, que sabemos que inicia con el recibo de una orden, un documento del cliente que identifica al comprador, el auto (o especificaciones para un auto), y el precio acordado y sabemos que puede finalizar en uno de tres estados: *Reservado en stock*, lo que significa que está disponible en el inventario del comerciante; *Canje con el comerciante*, que significa que lo adquiriremos de un comerciante local; y *Ordenar a la fábrica*, que significa que lo ordenaremos bajo especificaciones al fabricante. La expansión a nivel hijo debe tener flujos que lleven a esos tres eventos finales para poder ser consistentes con el diagrama a nivel padre.

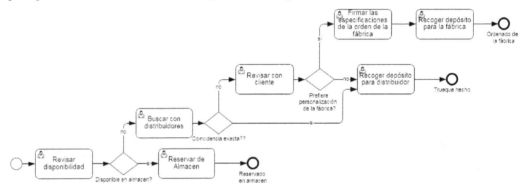

Figura 5-5. Expansión a nivel hijo, *Finalizar Orden*

Paso 5: Añada Flujos de Mensaje

En el Capítulo 3, hemos añadido la solicitud del cliente y flujos de mensaje de estatus final antes de haber hecho la expansión a nivel hijo, y yo todavía lo hago de esa manera con frecuencia. Pero aquí, he creado la expansión a nivel hijo primero para poder hablar acerca del tema general sobre mostrar "colaboración", es decir, flujos de mensaje, en los modelos BPMN.

Los flujos de mensaje no son necesarios en BPMN. La especificación dice que se los puede dibujar o no, como se quiera. Sin embargo, Método y Estilo dice que se los debería dibujar, porque añaden valiosa información al diagrama. Muestran cómo los procesos interactúan con el cliente, proveedores de servicios y otros procesos internos. En otras palabras, proveen un valioso *contexto de negocios* para el proceso.

El aspecto negativo es que los flujos de mensaje también añaden desorden visual a los diagramas. Después de años de capacitación BPMN, he descubierto que a los estudiantes con una inclinación "arquitectónica", les encantan los flujos, pero otros tal vez los encuentren irritantes. La solución que utilizo en la capacitación es incluirlos en el modelo, pero permitirles estar escondidos de usuarios que no quieren verlos. Esto es fácil de hacer en Visio y otras herramientas similares que sustentan el dibujo de "capas", pero puede que no sea posible en otras herramientas.

Los flujos de mensaje siempre se conectan a una actividad o a un Evento mensaje en el proceso. Usualmente, el otro cabo del flujo de mensaje está conectado al borde de la piscina caja negra. Incluso si la piscina representa otro proceso interno, lo mejor es representarlo aquí como una piscina caja negra. (En el modelo del otro proceso, *este* proceso se vuelve una piscina caja negra). En cualquier caso, no se puede simplemente dejar un cabo del flujo de mensaje flotando en el espacio. El esquema XML exige una conexión válida para ambos cabos.

En algunos casos, los flujos de mensaje indican la *posibilidad* de un mensaje, en vez de la *certeza* de uno. En otras palabras, un flujo de mensaje afuera de una Tarea del usuario no significa que el mensaje *debe* ser enviado, sino que *podría* ser enviado y, similarmente, un flujo de mensaje hacia una tarea de usuario no requiere la llegada del mensaje para completar la tarea. (En la Paleta Nivel 2, veremos otros tipos de tareas, Enviar y Recibir, que sí requieren de enviar y recibir, pero no estamos ahí todavía). De igual manera, si hay múltiples flujos de mensaje conectados a una actividad, su orden de incidencia es ambiguo. A veces está implícito por la etiqueta –por ejemplo, un mensaje de *Solicitud de Información* generalmente debería preceder a *Respuesta con información*- pero en general, no se puede saber.

En modelos jerárquicos, un principio básico de Método y Estilo es que los flujos de mensajes deberían ser consistentes entre los niveles padre e hijo. Si un subproceso colapsado a nivel padre tiene tres flujos de mensaje salientes y dos entrantes, entonces la expansión a nivel hijo debería tener el mismo número, y sus etiquetas también deberían coincidir con el diagrama padre. Esto es otro ejemplo de trazabilidad lógica de arriba a abajo. En el diagrama a nivel padre, no se puede saber por inspección el orden de esos mensajes, o si algunos de ellos son condicionales. Se obtiene una mucho mejor idea de la expansión a nivel hijo, donde esos cinco mensajes están replicados.

La consistente aplicación de este principio, significa que todos los flujos de mensaje en todo el modelo del proceso están presentes en el diagrama al más alto nivel, y que pueden ser bastantes. Si no todos entran, es aceptable utilizar atajos visuales, como combinar múltiples flujos de mensaje en uno y con un etiquetado apropiado, pero lo mejor es mostrarlos todos si se puede.

Escenario: Proceso de Venta y Cobro para un Comerciante de Autos

La Figura 5-6 muestra el diagrama al más alto nivel con flujos de mensaje. Se puede apreciar que a medida que los flujos hacen que las interacciones con otras entidades sean visibles, también añaden desorden visual. Observe *Ordenar Auto a la Fábrica*. Hay cuatro flujos de mensaje aquí, pero su orden no es obvio desde el diagrama al más alto nivel. Al replicarlos en la expansión a nivel hijo, el orden del mensaje, juntamente con el resto de la lógica del proceso, se hace inmediatamente aparentes (Figura 5-7).

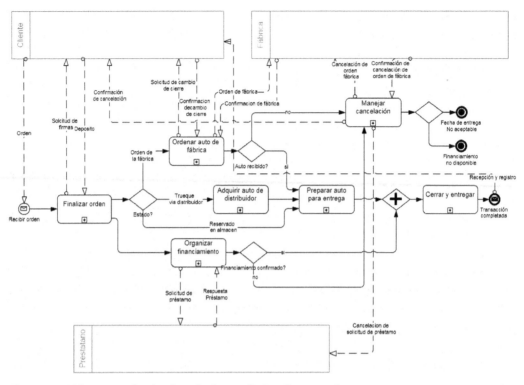

Figura 5-6. Diagrama al más alto nivel, con flujos de mensaje

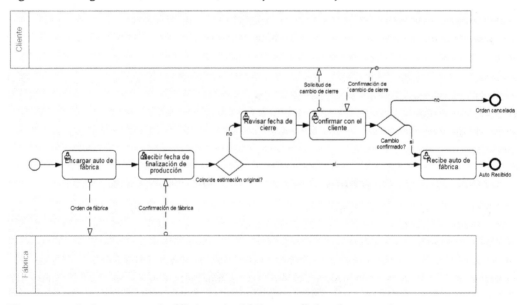

Figura 5-7. *Ordenar auto a la fábrica*, nivel hijo, con flujos de mensaje

En *Microsoft Visio,* usted puede selectivamente suprimir que se exhiban flujos de mensaje, o cualquier otro elemento del diagrama, al colocarlos en una capa de diagrama oculta, que es mucho mejor que crear modelos de alto nivel y detallados por separado, e intentar mantenerlos en sincronía. Simplemente añada una nueva capa, seleccione las figuras y conectores a ponerse en esa capa (Figura 5-8), y configure las propiedades de la capa para que sea invisible, o colorearlas con un gris claro a penas visible. En la Figura 5-9, sólo la piscina y los flujos de mensaje del Cliente conectados a él quedan en las capas visibles.

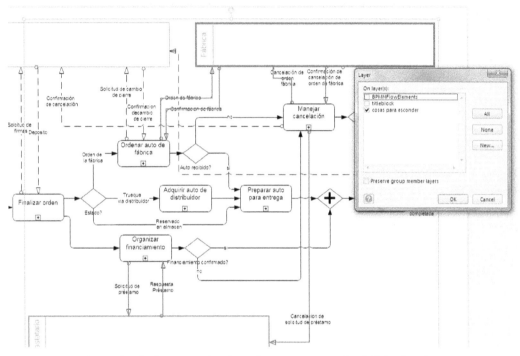

Figura 5-8. Colocación de figuras seleccionadas en una capa invisible de Visio

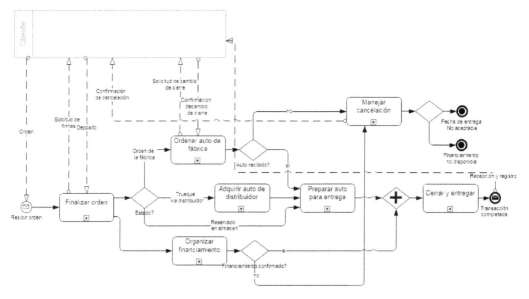

Figura 5-9. Diagrama al más alto nivel con colaboración escondida con la Fábrica y el Prestamista

Recapitulación sobre el Método

Ya hemos cubierto el Método. Es bastante simple, en serio. Revisemos los pasos:

1. Acuerde sobre el alcance del proceso, cuándo inicia o finaliza, lo que la instancia representa, y sus posibles estados finales.

2. Enumere las actividades más importantes en un mapa de alto nivel, diez o menos, cada una alineada con la instancia del proceso. Piense en los posibles estados finales de cada actividad.

3. Diseñe un diagrama BPMN al más alto nivel. Ordene las actividades del mapa de alto nivel como subprocesos en un diagrama de proceso BPMN, con un evento de fin al más alto nivel por cada estado final del proceso. Utilice compuertas para mostrar caminos condicionales y concurrentes.

4. Expanda cada subproceso al más alto nivel en un diagrama a nivel hijo. Si un subproceso a nivel padre está seguido por una compuerta, haga que coincida el estado final y las etiquetas de la compuerta (o *gates)* del subproceso.

5. Añada el contexto del negocio al dibujar los flujos de mensaje entre el proceso y el solicitante externo, los proveedores de servicios y otros procesos internos, dibujados como piscinas caja negra. Los flujos de mensaje que se conectan a los subprocesos colapsados a nivel hijo, deberían estar replicados con el mismo nombre en el diagrama a nivel hijo.

Repita los pasos 4 y 5 con niveles anidados adicionales, si hubiere.

CAPITULO 6

Estilo BPMN

El Método ayuda a alcanzar consistencia en la estructura de los modelos BPMN, pero en sí mismo, no asegura que los diagramas puedan sustentarse por sí solos y revelar la lógica del proceso de manera clara y completa, sin necesidad de documentación complementaria. Las reglas de la especificación BPMN no harán éso tampoco. El maximizar el entendimiento compartido de los diagramas BPMN requiere aplicar convencionalismos adicionales que yo llamo *Estilo BPMN*.

En mis clases de BPMN, solía enseñar estilo BPMN como las "mejores prácticas" recomendadas, ya que estos convencionalismos, después de todo, no son requeridos por la especificación BPMN 2.0. Empero, al igual que con las reprimendas durante la infancia de "come tus vegetales!", los modeladores hallan la forma de ignorar las mejores prácticas, especialmente cuando están apurados. Así que ahora he destilado los elementos del estilo BPMN en un conjunto de reglas –las llamo *reglas de estilo*- que pueden ser utilizadas para validar los modelos en las herramientas. Los estudiantes en mi capacitación, por ejemplo, pueden hacer validaciones ajustándose directamente a estas reglas en *Process Modeler* para *Visio*, de *ITP Commerce*[13], y está disponible la validación de la regla de estilo a través de mi propia herramienta[14]. Antes de que mis estudiantes en mi capacitación puedan enviar sus ejercicios de certificación para aprobación, ahora insisto que validen los diagramas ajustándose tanto a las reglas oficiales como de estilo, y arreglen todos los errores. Esto ha hecho una gran diferencia en la calidad de los envíos y la velocidad del aprendizaje del estudiante.

En este capítulo veremos algunos de los principios básicos de estilo BPMN y las reglas de estilo importantes aplicables a la Paleta Nivel 1.

---

[13] Actualmente disponible sólo a través de *BPMessentials*. Para mayor información vea www.bpmessentials.com.

[14] Vea www.bpmnstyle.com.

El Principio Básico del Estilo BPMN

El principio básico del estilo BPMN es simplemente el siguiente: *La lógica del proceso debería ser inequívoca sólo gracias al diagrama;* a éso nos referimos con un "buen BPMN". Recuerde que la "lógica del proceso" no es la lógica interna de una tarea del proceso. La lógica de la tarea es importante, por supuesto, pero BPMN tiene poco que decir al respecto. La lógica del proceso es la lógica de los flujos de secuencia: cuando una actividad finaliza ¿qué pasa después y bajo qué condiciones? Se trata de *gestionar la secuencia* de las actividades del proceso, no del funcionamiento interno de tareas individuales. Podemos mostrar el funcionamiento interno de una actividad al modelarlo como un subproceso, pero BPMN no puede "mirar al interior" de una tarea.

En el diagrama sólo tenemos unos cuantos elementos visuales disponibles para transmitir la lógica del proceso: las figuras básicas, sus íconos y marcadores internos, el estilo del borde, la colocación del diagrama y por último, pero no menos importante, sus etiquetas. El estilo BPMN depende de la utilización de esos elementos al máximo. El *etiquetar* es un aspecto particularmente importante del estilo BPMN, y sin embargo, muchos modeladores son sorprendentemente mezquinos con las etiquetas. Las reglas de estilo no solamente requieren etiquetas para ciertos elementos del diagrama, sino que también pueden requerir hacer coincidir el texto de la etiqueta con la etiqueta de otro elemento del diagrama. En el XML, BPMN utiliza punteros dirigidos hacia las identificaciones de los elementos para juntarlos, pero estas identificaciones y punteros no aparecen en el diagrama, sólo las etiquetas.

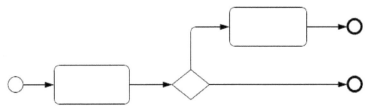

Figura 6-1. Un Proceso "válido" pero carente de sentido

Puede que le sorprenda saber que la Figura 6-1 es *válida* de acuerdo a la especificación BPMN 2.0. No rompe ninguna regla oficial, pero no proporciona ninguna información útil. Las actividades no están etiquetadas, la compuerta, sus *gates*, y los estados finales están de igual forma sin etiquetas.

6 infos			Show all
Violation	Type	Element	Message
120701	Task	(unnamed)	Activities should be labeled.
120701	Task	(unnamed)	Activities should be labeled.
230701	Exclusive Ga..	(unnamed)	An exclusive gateway should have at most one unlabeled gate
230702	Exclusive Ga..	(unnamed)	An exclusive or inclusive gateway with an unlabeled gate should be labeled.
312702	End Event	(unnamed)	If there is more than one End Event in a process level, all should be labeled with the name of the end state.
312702	End Event	(unnamed)	If there is more than one End Event in a process level, all should be labeled with the name of the end state.

Figura 6-2. Violaciones de la regla de estilo en la Figura 6-1

Es por ello que las reglas de estilo son importantes. En la Figura 6-2, el informe de validación de la herramienta de *ITP Commerce*, enumera una lista de seis violaciones sólo de este diagrama simple, todas relacionadas con el etiquetado (en la herramienta, cada violación está hipervinculada con la figura a la que hace referencia). Como en la corrección de ortografía y de gramática en procesadores de texto, la validación –incluyendo la validación de la regla de estilo- es algo que todo modelador debería realizar regularmente. Muchas violaciones no implican ignorancia de las reglas, sino simplemente un apuro por acabar.

Desde luego, el diagrama debe también obedecer a las reglas oficiales de especificación BPMN, lo cual es obvio e incluso más importante que seguir los convencionalismos de las reglas de estilo. Sin embargo, no es tan fácil como parece. Para empezar, la especificación no enumera sus reglas; no tiene un apéndice donde se encuentren todas enlistadas y enumeradas. En vez de éso, las reglas están esparcidas a lo largo de la narrativa de este documento de 508 páginas, en el que refinan y anulan varios otros requerimientos impuestos por el metamodelo BPMN (diagramas de clase UML) y su esquema XML asociado. En cierto sentido, BPMN 2.0 tiene tres fuentes de la verdad, que se supone que deben estar alineadas, pero no es siempre el caso. Por ello, cada herramienta debe hacer su propia interpretación de las reglas.

En cualquier caso, si usted es serio respecto al modelado de procesos, debería evitar cualquier herramienta BPMN que no pueda validar sus diagramas ajustándose a alguna interpretación de las reglas de la especificación BPMN. Afortunadamente, la mayoría de las herramientas BPMN ofrecen una validación así. Un Buen BPMN siempre inicia ajustándose a las reglas de la especificación.

Reglas de Estilo

Un cierto número de reglas de estilo son principios básicos de composición, mientras que otras son reglas específicas de uso que sustentan la validación en una herramienta. Las reglas de estilo importantes aplicables al modelado Nivel 1 se enumeran a continuación:

1. *Utilice íconos y etiquetas para hacer que la lógica del proceso sea clara gracias al diagrama impreso.*

Maximice el uso de los elementos visuales de BPMN, incluyendo íconos, marcadores y, especialmente, etiquetas. Etiquete todas las actividades, incluso los subprocesos. Etiquete los estados finales. Etiquete los flujos de secuencia salientes de una compuerta exclusiva. Etiquete las piscinas y los flujos de mensaje. Identifique los tipos de tarea y los disparadores de eventos con íconos. Si algún aspecto de la lógica del proceso no puede expresarse de forma inequívoca sólo gracias a los elementos BPMN, utilice una anotación de texto.

2. *Haga modelos jerárquicos, ajustando cada nivel del proceso a una página.*

Este principio esencialmente dice que se utilice al Método o una metodología equivalente que derive en una estructura jerárquica del modelo. El diagrama de más alto nivel debería capturar el proceso de principio a fin en una página y mostrar sus interacciones con entidades externas utilizando flujos de mensaje. Cada subproceso en un nivel del proceso debería ser expandido en un diagrama separado a nivel hijo, y este anidado puede seguir tan profundamente como se guste. Con el modelado jerárquico, a medida que se añade detalle a nivel hijo, no se necesitan cambios en los diagramas a nivel padre.

3. *Utilice una piscina caja negra para representar al Cliente o a otro solicitante o proveedor de servicio externo.*

Un error común de principiante es insertar actividades en la piscina del Cliente u otro solicitante externo (Figura 6-3, izquierda).

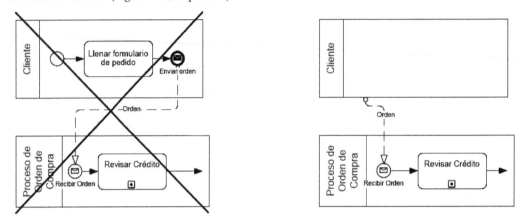

Figura 6-3. El Cliente y otros participantes externos deberían ser modelados como piscinas de caja negra

Se trata de un error porque no se conoce la lógica del proceso del Cliente. Remitir la orden no es el fin de la interacción, otros mensajes podrían ser intercambiados en su camino hacia abajo: confirmación, factura, notificación de falla, tal vez otras notificaciones y solicitudes. No se puede anticipar al proceso interno del Cliente para todo lo mencionado, y no se permiten conectar flujos de mensaje al borde de una piscina del proceso. La solución es hacer del Cliente una piscina caja negra.

4. Comience procesos de cara al cliente con un Evento de inicio mensaje recibiendo un flujo de mensaje de la piscina del Cliente.

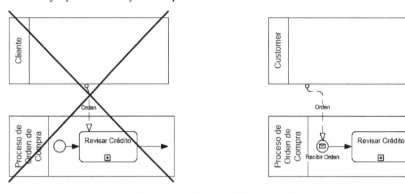

Figura 6-4. Evento de inicio mensaje significa que el mensaje inicia el proceso

Un proceso que se inicia a solicitud, debería ser modelado con un Evento de inicio mensaje recibiendo un flujo de mensaje de la piscina del solicitante. El evento de inicio mensaje (Figura 6-4, derecha) implica que se crea una nueva instancia del proceso siempre que se recibe un mensaje. Recibir el mensaje es una actividad que sigue a un Inicio básico (izquierda), implica un inicio manual por el realizador de una tarea, seguido por un *espere el mensaje*. Además, el flujo de mensaje a una actividad implica la *posibilidad* de un mensaje, mientras que un Evento de inicio mensaje implica la *certeza* del mensaje.

5. Si puede, modele unidades organizacionales internas como carriles dentro de una sola piscina del proceso, no como piscinas separadas. Las piscinas separadas implican procesos independientes.

Hay pocas ocasiones en las que el proceso de negocios interno debería ser modelado como múltiples piscinas, es decir múltiples procesos BPMN, pero la mayoría de las veces es mejor modelarlo como un solo proceso BPMN, en una sola piscina. El representar cada unidad organizacional que realiza actividades del proceso como una piscina separada (Figura 6-5, izquierda) usualmente es correcto. Esto implica que cada proceso de unidad es independiente de las otras, no un fragmento de un solo proceso de principio a fin. Representar las unidades organizacionales como carriles dentro de una sola piscina (Figura 6-5, derecha) significa un solo proceso BPMN de principio a fin.

Si ello no puede hacerse, usualmente es porque no hay una alineación de la instancia del proceso a través de las unidades organizacionales. Por ejemplo, la Figura 6-5 dice que cada orden es facturada por separado. No se puede modelar así si el proceso de *Facturación* se basó en declaraciones mensuales en vez de en facturas para cada orden. En ese caso, se pueden utilizar piscinas separadas para los procesos de *Orden* y *Facturación* (Figura 6-6). Acá los procesos se comunican a través de un almacenamiento de datos compartido.

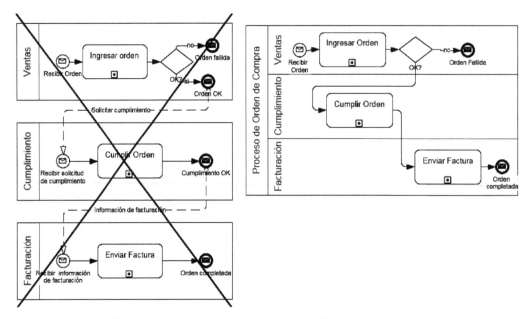

Figura 6-5. Las unidades organizacionales realizando actividades del proceso normalmente deberían estar representadas como carriles en una sola piscina, no en piscinas separadas.

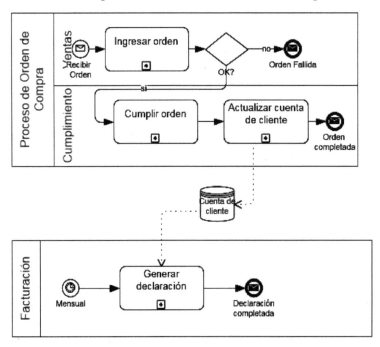

Figura 6-6. Las piscinas múltiples podrían ser requeridas si no hay una correspondencia 1 a 1 entre las instancias del proceso

6. Etiquete las piscinas del proceso con el nombre del proceso; etiquete las piscinas caja negra con un rol participante o entidad de negocios.

Etiquetar piscinas caja negra utilizando nombres genéricos del rol o la entidad, como Vendedor, Fabricante o Prestamista, es una buena práctica, pero es mejor etiquetar las piscinas del proceso con el nombre del proceso. Desafortunadamente, la misma especificación BPMN 2.0 fomenta la práctica de etiquetar piscinas del proceso con el nombre de una organización o rol. Ante ello, permítanme ahondar sobre porqué es una mala cosa.

Parte de la razón es técnica; en el metamodelo BPMN y XML, el elemento semántico referenciado directamente por una figura de piscina es llamado *participante*. Empero "participante" no es lo mismo que un *realizador* de tarea, es meramente una contraparte en la transacción que relaciona al solicitante y al proveedor del proceso. Cada participante, sin embargo, está asociado con máximo *un* proceso BPMN. De esa manera, una piscina representa simultáneamente a *ambos*, un participante y un proceso.

Así la pregunta sería: qué representa la *etiqueta* de la piscina? La especificación es silenciosa al respecto, pero el convencionalismo normal es que representa al atributo del *nombre* del elemento semántico asociado, en otras palabras, el *nombre del participante*. Entonces, cada piscina con el nombre *Mi Empresa* define a un participante llamado *Mi empresa*. A pesar de que tienen el mismo nombre, técnicamente ellos podrían representar participantes distintos (y apuntar a diferentes procesos), porque el único identificador de un elemento semántico no es su *nombre* sino su atributo de *identidad*.

Sin embargo, aquí es donde entran Método y Estilo. La *identidad* no es visible en el diagrama; lo que se ve es solamente la etiqueta, el *nombre*. Método y Estilo dice que lo que se ve en el diagrama es lo que cuenta, no la información oculta en el XML invisible. Por ese principio, un modelo no debería tener nunca dos piscinas con el mismo nombre que secretamente significan diferentes entidades semánticas. De hecho, esto debería aplicarse no sólo a través de diagramas de un solo modelo BPMN, sino a través de todos los modelos BPMN de su organización, si interactúan uno con otro.

Creo que la única forma para que esto funcione es si la etiqueta de la piscina también da nombre al *proceso*. Ello implica que para la piscina de un proceso, *el nombre del participante es el mismo que el nombre del proceso,* no el nombre de un departamento o empresa. Esto parecería raro, pero hay que considerar por qué es una buena cosa. Primero, no hay otro lugar en el diagrama en el que aparezca el nombre del proceso. Cada proceso distinto debería tener un nombre diferente en el diagrama. Si se etiquetan piscinas de caja blanca con el nombre de su organización, muchas tendrán el mismo nombre. El interconectarlas con los flujos de mensaje sugiere entonces que la fuente del flujo de mensaje y participantes objetivo son el mismo participante…lo cual no está permitido y tampoco tiene sentido.

7. Indique los estados finales de éxito y excepción de un proceso o subproceso con eventos de fin separados y etiquételos para indicar el estado final.

El principio de composición es parte del Método, como se vio en el Capítulo 5. Más que cualquier otra característica, la atención a los estados finales de las actividades y procesos distingue el enfoque del Método y Estilo. La mayoría de los modeladores BPMN típicamente utilizan un solo evento de fin para representar la conclusión, independientemente del estado final. Sin embargo, ello oculta información valiosa y hace que sea más difícil rastrear la lógica del proceso desde el nivel más alto hacia abajo en un modelo jerárquico. Es mejor utilizar un evento de fin separado para cada estado final que se quiera distinguir (Figura 6-7). Si el estado final tiene alguna incidencia en el flujo posterior, entonces es especialmente importante mostrar los estados finales relevantes como eventos de fin separados.

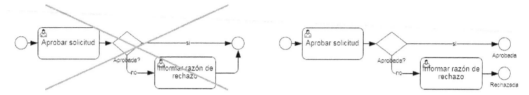

Figura 6-7. Representa estados finales distintos con eventos finales independientes y pon las etiquetas de los estados finales

8. Etiquete actividades como VERBO-SUSTANTIVO.

Las actividades, incluyendo los subprocesos, representan *trabajo* o *acciones* realizados en el proceso, no funciones o estados. Por ello, se les debería dar nombres bajo la forma VERBO-SUSTANTIVO. Por ejemplo:

- *Revisar crédito* (acción), no *Revisión de crédito* (función) o *Crédito OK* (estado)
- *Aprobar préstamo* (acción), no *Aprobación del préstamo* (función) o *Préstamo rechazado* (estado)
- *Recibir informe* (acción), no *Informe recibido* (estado)

9. **Utilice el disparador del evento de inicio en el proceso de más alto nivel para indicar cómo inicia el proceso.**

- Utilice un Evento de inicio mensaje para designar un proceso disparado por una solicitud externa. El evento debería estar etiquetado *Recibir [nombre del flujo de mensaje]*

- Utilice un Evento de inicio temporizador para designar un proceso programado, típicamente recurrente. El evento debería estar etiquetado con la programación recurrente, tal como *Mensualmente* o *Los lunes a las 8 am.*

- Utilice un Evento de inicio básico para designar un proceso iniciado manualmente por un realizador de tarea. Puede quedar sin etiqueta.

10. Si un subproceso está seguido por una compuerta etiquetada con una pregunta, el subproceso debería tener múltiples eventos de fin y uno de ellos debería coincidir con la etiqueta de la compuerta.

Otra forma de decirlo, es si el flujo que sigue al subproceso se ramifica en dos caminos alternativos, la compuerta debería estar etiquetada *[estado final 1]?*, donde *[estado final 1]* es el nombre de uno de los estados finales a nivel hijo y los *gates* deberían estar etiquetados *sí* o *no*. Las instancias que alcanzan el *estado final 1* del subproceso siguen el camino *sí* afuera de la compuerta, y aquellos que alcanzan el otro estado final, siguen el camino *no*.

En la Figura 6-8, el diagrama de arriba es incorrecto, porque los estados finales *Aprobado* y *Rechazado* del subproceso están combinados en un solo estado final. A pesar de que la lógica es fácil de seguir en este ejemplo, la regla de estilo dice que deberían haber *dos* eventos de fin, y uno de ellos debería estar denominado *Aprobado*, coincidiendo con la etiqueta de la compuerta *Aprobado?* En modelos más complejos, esto asiste a la trazabilidad de la lógica del proceso de arriba hacia abajo a través de la jerarquía del diagrama.

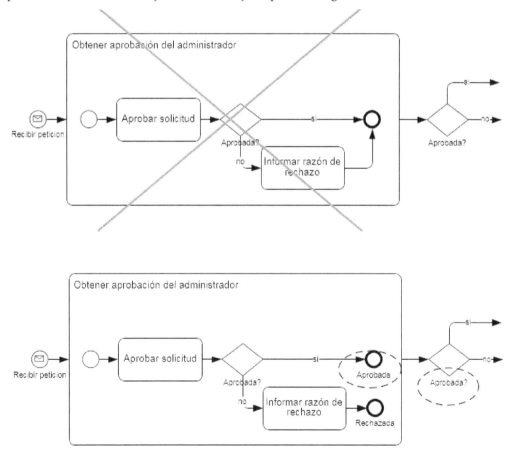

Figura 6-8. Un subproceso seguido por una compuerta XOR debería tener dos estados finales, uno de ellos que coincida con el nombre de la compuerta.

11. Muestre el flujo de mensaje con todos los Eventos mensaje.

Los flujos de mensaje son opcionales en BPMN, e incluso en las ilustraciones de este libro donde no añaden valor, probablemente no los muestre. Pero en un modelo BPMN real y finalizado, pienso que lo mejor es mostrar el flujo de mensaje conectado a todos los Eventos mensaje. En la paleta Nivel 1, hemos visto eventos de inicio mensaje y de fin, y veremos unos cuantos más en el Nivel 2. La validación de la regla de estilo señaliza cualquier Evento mensaje que no tenga un flujo de mensaje adjunto.

12. Haga coincidir los flujos de mensaje en diagramas a nivel padre e hijo.

Una segunda regla de trazabilidad de arriba hacia abajo requiere replicar en el diagrama a nivel hijo todos los flujos de mensaje que se conectan a un subproceso colapsado. El conteo de los flujos de mensaje y sus etiquetas deberían coincidir en los niveles padre e hijo.

La Figura 6-9, tomada del capítulo sobre el Método, muestra cuatro flujos de mensaje que se conectan a *Ordenar vehículo de la fábrica* en el nivel padre. La regla dice que esos mismos cuatro flujos de mensaje, con los mismos nombres, deberían ser replicados en la expansión a nivel hijo, Figura 6-10.

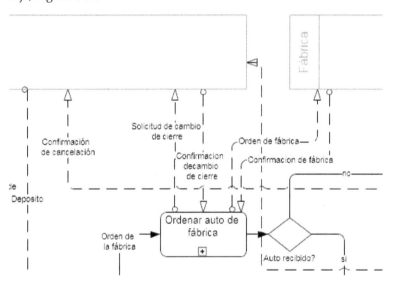

Figura 6-9. Cuatro flujos de mensaje se conectan a *Ordenar vehículo de la fábrica* en el diagrama a nivel padre.

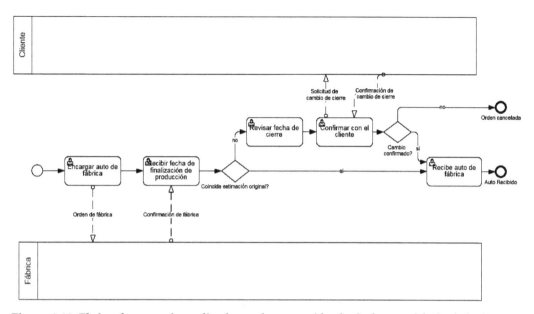

Figura 6-10. Flujos de mensaje replicados en la expansión de *Ordenar vehículo de la fábrica*

13. *Etiquete flujos de mensaje directamente con el nombre del mensaje.*

No es suficiente simplemente dibujar los flujos de mensaje, también es necesario etiquetarlos. La etiqueta debería ser el nombre del mensaje, así como *Notificación de rechazo*. No debería ser el nombre de un estado, como *Rechazado,* o la acción de enviar o recibir, como *Enviar rechazo.*

Es incorrecto dejar el flujo de mensaje sin etiqueta e identificar el mensaje a través de un objeto de datos asociado (Figura 6-11, izquierda). En BPMN 2.0, un objeto de datos no puede ser asociado con un flujo de mensaje. Es técnicamente legal utilizar un ícono de Mensaje adjunto al flujo de mensaje (Figura 6-11, centro), pero la mejor manera para etiquetar un flujo de mensaje es de forma directa (Figura 6-11, derecha).

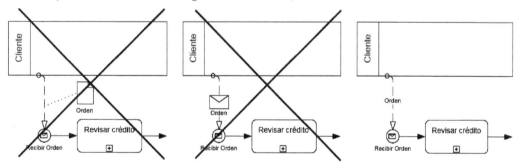

Figura 6-11. Etiquete los flujos de mensaje directamente con el nombre del mensaje

14. *Dos eventos de fin en un nivel del proceso no deberían tener el mismo nombre.*

Si representan el mismo estado final, combínelos en un solo evento de fin. Si representan estados finales distintos, asígneles nombres diferentes.

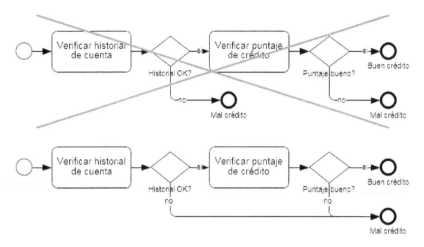

Figura 6-12. Dos eventos de fin en un nivel del proceso no deberían tener el mismo nombre.

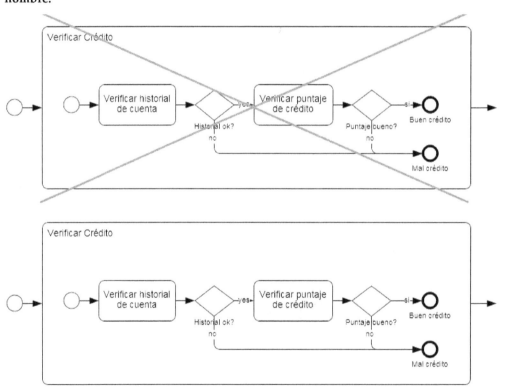

Figura 6-13. Dos actividades no deberían tener el mismo nombre

15. *Dos actividades en un modelo de proceso no deberían tener el mismo nombre.*

Si representan la misma actividad, utilice una *actividad llamada* que haga referencia a la misma tarea global o proceso. Si representan diferentes actividades, asígneles nombres diferentes. Se explica por sí mismo, pero a veces un subproceso contiene una tarea con el mismo nombre, lo cual es incorrecto. Sólo asígneles nombres diferentes (Figura 6-13).

16. *Un subproceso debería tener un solo Evento de inicio básico.*

Excepto por subprocesos de "caja paralela" que no tienen evento de inicio, un subproceso debería contener *un solo evento de inicio*, y debería ser del tipo Básico (no disparador). En un proceso al más alto nivel, se utilizan múltiples eventos de inicio para representar disparadores alternativos, pero eventos de inicio disparados no están permitidos en un subproceso (Nótese: esto no se aplica a un *subproceso de evento*, un tipo de gestor de excepciones que no es parte de la paleta Nivel 1 o Nivel 2. Hablaremos sobre subprocesos de eventos en el Capítulo 7).

La especificación no dice con precisión que un subproceso puede tener solamente un Evento de inicio básico, pero un subproceso con dos Eventos de inicio básicos, sería ambiguo. Ahora, esos eventos ¿representarán nodos de inicio paralelos o alternativos? En un diagrama al más alto nivel, significan puntos de inicio alternativos. En un subproceso, siempre utilice un solo evento de inicio, eliminando así la ambigüedad. Por ejemplo, el diagrama de la izquierda en la Figura 6-14 es ambigua, pero el diagrama de la derecha indica que *Recibir aplicación* y *Recibir pago* son actividades alternativas, no paralelas. Una división paralela que sigue a un solo evento de inicio (con una unión paralela antes de *Completar registro*) indicaría actividades paralelas.

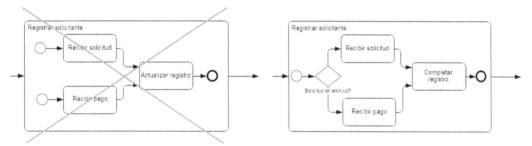

Figura 6-14. Un subproceso debería tener un solo Evento de inicio básico

17. *Una piscina de proceso en un diagrama a nivel hijo (si está dibujado) debería estar etiquetado con el nombre del proceso al más alto nivel, no el nombre del subproceso.*

Veo esto todo el tiempo: un subproceso colapsado *Revisar Crédito* en la piscina etiquetada *Proceso Orden de Compra* en el diagrama al más alto nivel, se expande en un diagrama separado, siguiendo el estilo jerárquico. La expansión a nivel hijo está encerrada en una piscina etiquetada *Revisar Crédito*, lo cual es incorrecto. Se puede omitir la piscina del proceso en el diagrama a nivel hijo, pero si se la dibuja, también debe ser etiquetada *Proceso Orden de Compra*.

El razonamiento que sustenta esto es el mismo que en el número 6, que en realidad está implícito en el esquema del metamodelo y XML, pero ya que la especificación no habla acerca de esto explícitamente, yo lo llamaría una regla de estilo. La figura de la piscina en el nivel hijo apunta a un solo *participante*, y el participante apunta a un solo *proceso* al más alto nivel.

No puede apuntar a un subproceso. Método y Estilo asume que el modelador crea el diagrama y el diagrama genera el XML, de manera que una piscina llamada *Revisar Crédito* crearía un nuevo participante con el nombre y (probablemente, aunque dependiendo de la herramienta) también un proceso con ese nombre. Empero, *Revisar Crédito* no es un proceso independiente, sólo un subproceso de *Proceso Orden de Compra*.

La relación ambigua entre piscina y nombres del proceso, inherente al XML de BPMN 2.0, en realidad necesita que la herramienta requiera que el modelador provea información adicional (la razón por la cual esto ha sido tan poco resaltado hasta ahora, creo, es porque muy pocas herramientas han pensado hasta ahora sobre los detalles de serialización de XML, a pesar de que son cruciales para modelar el intercambio. Esto es precisamente el tema de la sección de este libro sobre la Guía del Implementador BPMN).

En la herramienta que utilizo para la mayor parte de mi capacitación BPMN, *Process Modeler* (modelador de procesos) para Visio, de *ITP Commerce*, el modelador puede indicar a la herramienta que dos (o más) piscinas en el modelo se refieren al mismo participante. Cuando se hace eso, la etiqueta de la piscina se cambia automáticamente a aquella del participante referenciado, y la estructura XML está producida correctamente. Si no hace éso, etiquetar la expansión a nivel hijo de un subproceso podría dar una estructura que no sea lo que se pretendía. En el ejemplo descrito arriba, el diagrama a nivel hijo de *Revisar Crédito*, en el XML, es en realidad otro proceso al más alto nivel llamado *Revisar Crédito*, y en el *Proceso Orden de Compra* original, los contenidos del subproceso *Revisar Crédito* están vacíos! Esa estructura tendría sentido si el subproceso colapsado se hubiera convertido en una *actividad llamada*…pero no es el caso.

Conclusión: Seguir la regla de estilo como se describe arriba.

> **18. En el modelo jerárquico, un diagrama a nivel hijo no puede contener ningún proceso al más alto nivel.**

Se trata de un punto técnico, discutido más a cabalidad en la sección de la Guía del Implementador BPMN. Lo añado aquí también porque el violar la regla puede crear estructuras XML que sean ambiguas, o no lo que el modelador pretendía. Desde la perspectiva del modelador, lo mejor es considerar cada diagrama (página) de un modelo jerárquico ya sea como un diagrama al más alto nivel o como un diagrama a nivel hijo; no puede ser ambos al mismo tiempo. Un diagrama a nivel hijo puede contener tantas piscinas de caja negra como se desee, pero no puede contener actividades de ningún proceso más que de aquel del subproceso a nivel padre. Un diagrama al más alto nivel puede contener elementos de más de un proceso.

19. *No utilice una compuerta XOR para fusionar caminos paralelos, a menos que sea hacia otra compuerta. Sólo conecte los flujos de secuencia directamente.*

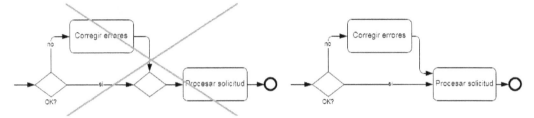

Figura 6-15. No utilice una compuerta XOR para fusionar caminos alternativos

20. *No utilice una compuerta AND para unir caminos paralelos hacia un Evento de fin básico. Una unión está siempre implícita en un Evento de fin básico.*

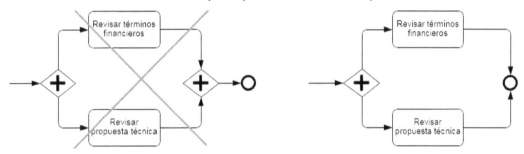

Figura 6-16. No utilice una compuerta de unión hacia un Evento de fin básico

Reglas Oficiales BPMN 2.0

Un principio de estilo BPMN es tan obvio que no debería necesitar decirlo: el modelo no debería violar ninguna regla oficial de la especificación BPMN 2.0. Lo mencioné al principio del capítulo, además de la razón por la cual diferentes herramientas pueden dar diferentes resultados de validación en el mismo modelo BPMN. Aquí están algunas de las reglas básicas que se aplican a la paleta Nivel 1. Visitaremos una lista más completa en el Capítulo 11.

21. *Un flujo de secuencia no puede cruzar el borde de una piscina (proceso).*

No se puede, por ejemplo, conectar el evento de fin del *Proceso 1* al evento de inicio del *Proceso 2* utilizando un flujo de secuencia. No obstante, se lo puede hacer con un flujo de mensaje.

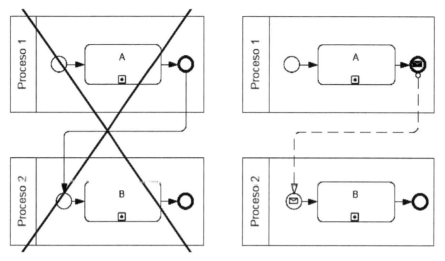

Figura 6-17. Un flujo de secuencia no puede cruzar el borde de una piscina

22. *Un flujo de secuencia no puede cruzar el borde de un subproceso*

Veo este error mayormente cuando el modelador intenta envolver el fragmento de un proceso en una figura expandida del subproceso después del hecho. El diagrama de la izquierda en la Figura 6-18 es incorrecta, ya que el flujo de secuencia no puede cruzar el borde del subproceso. Todos los flujos de secuencia en la expansión a nivel hijo deben estar completamente contenidos *adentro* de la figura del subproceso.

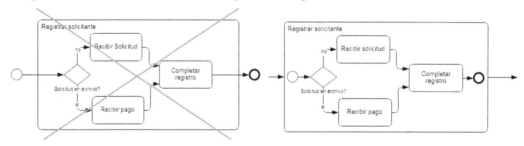

Figura 6-18. Un flujo de secuencia no puede cruzar el borde de un subproceso

23. *Un flujo de mensaje no puede conectar nodos en la misma piscina*

Un "mensaje" en BPMN no significa lo mismo que un "mensaje" en español. Por ejemplo, un correo electrónico entre dos tareas en el mismo proceso *no* es un mensaje BPMN. Un mensaje BPMN es, por definición, intercambiado entre el proceso y una entidad *afuera* del proceso. Consecuentemente, la cabeza y cola de un flujo de mensaje no deberían estar en la misma piscina.

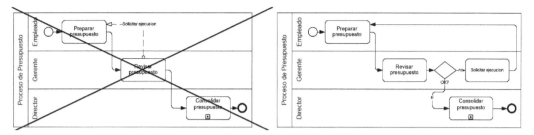

Figura 6-19. Un flujo de mensaje no puede conectar nodos en la misma piscina

24. *Un flujo de secuencia sólo se puede conectar a una actividad, compuerta o evento, y ambos cabos deben estar debidamente conectados.*

No se puede conectar un flujo de secuencia, por ejemplo, a una piscina, o a un objeto de datos, o a otro flujo de secuencia.

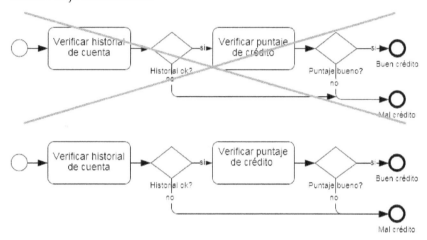

Figura 6-20. Un flujo de secuencia no se puede conectar a otro flujo de secuencia, sólo a una actividad, compuerta o evento.

25. *Un flujo de mensaje sólo se puede conectar a una actividad, Evento mensaje (o múltiple), o piscina caja negra, y ambos cabos deben estar debidamente conectados.*

No se puede conectar un flujo de mensaje, por ejemplo, al borde de una piscina de proceso, a un almacenamiento de datos o a una compuerta, o dejar un cabo desconectado.

CAPÍTULO 7

Eventos

El cambio más significativo entre BPMN Nivel 1 y Nivel 2 es el énfasis en los *eventos*: las figuras circulares en el diagrama. La especificación BPMN define evento como "algo que pasa" en un proceso. Sería más preciso decir que un evento BPMN describe *cómo el proceso responde a una señal de que algo pasó*, o – en el caso de un evento lanzador- *cómo genera el proceso una señal de que algo pasó*. El tipo de señal, llamado *disparador* para eventos capturadores, y *resultado* para eventos lanzadores, está indicado por el ícono adentro del círculo.

En el Nivel 1, cada paso en el proceso está disparado por la culminación del paso que le antecede. Cuando una actividad se completa, el flujo de secuencia afuera de ella inicia el siguiente paso en el proceso. Ésa es la forma usual en que un proceso se mueve hacia adelante, pero los eventos permiten describir comportamientos adicionales. Por ejemplo, se puede decir que el proceso *hace una pausa* hasta que el disparador ocurra, y luego se *reanuda*. O se puede decir que si el disparador ocurre mientras una actividad se está efectuando, la actividad se terminará inmediatamente y se inicia inmediatamente alguna otra actividad de excepción. O, alternativamente, la actividad continúa pero algo más se inicia paralelamente a ella. BPMN provee un lenguaje visual para todos estos comportamientos disparados por eventos.

Cuando se escucha a la gente decir que "BPMN es muy complicado para las personas de negocios", generalmente se refieren a su desconcertante surtido de tipos de eventos. Es más, se refieren específicamente a la tabla expuesta por la Figura 7-1, extraída directamente de la especificación BPMN 2.0. Esa tabla tiene 13 filas, una por cada tipo de disparador/resultado, y 8 columnas, un total de 104 combinaciones distintas. Asimismo, la mitad de esas celdas están *vacías*, lo que significa que la combinación no está permitida!

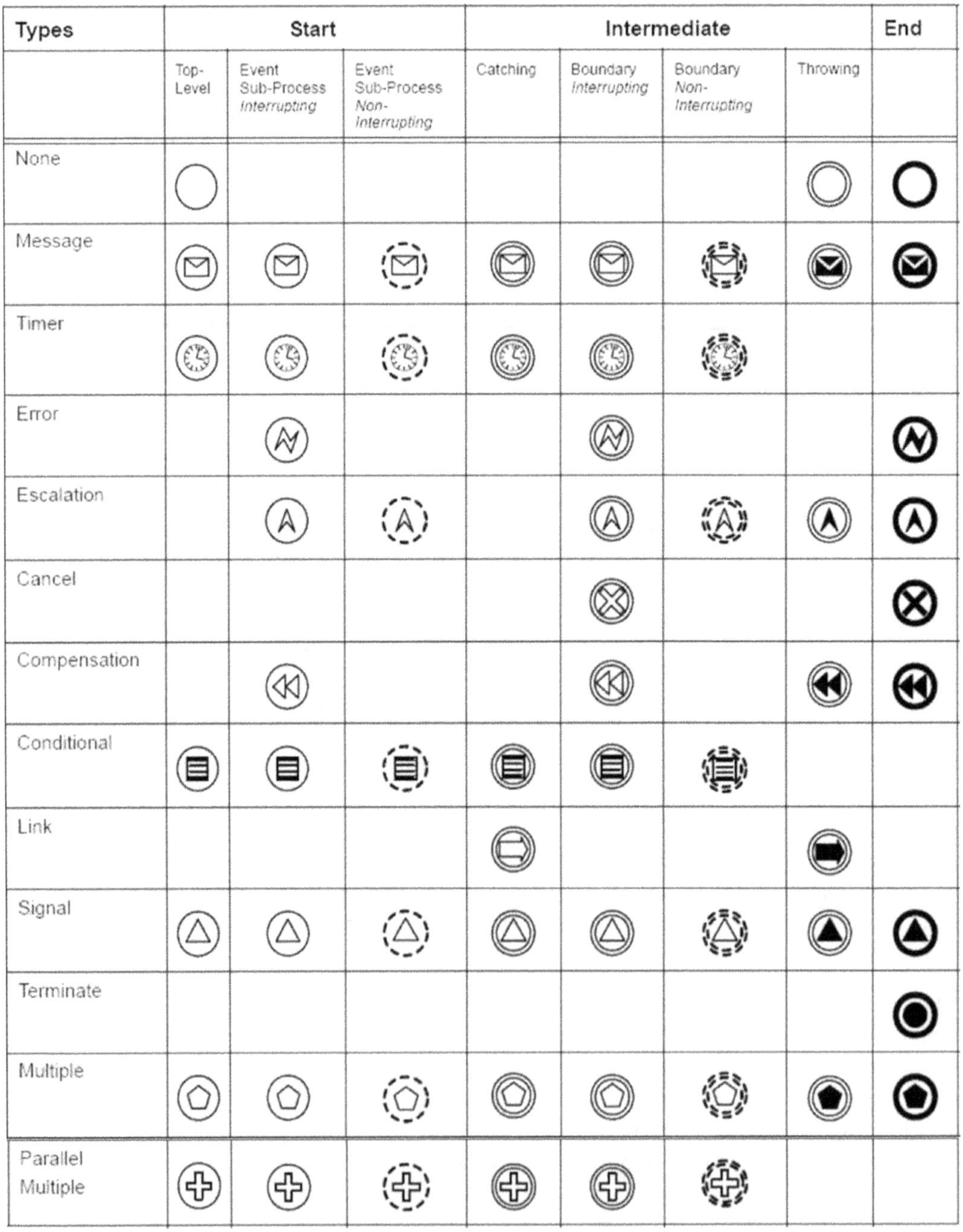

Types	Start			Intermediate				End
	Top-Level	Event Sub-Process Interrupting	Event Sub-Process Non-Interrupting	Catching	Boundary Interrupting	Boundary Non-Interrupting	Throwing	
None	○						◎	○
Message	⊡	⊡	⊡	⊡	⊡	⊡	⊡	⊡
Timer	⊙	⊙	⊙	⊙	⊙	⊙		
Error		⊘			⊘			⊘
Escalation		⊘	⊘		⊘	⊘	⊘	⊘
Cancel					⊗			⊗
Compensation		⊘			⊘		◀	◀◀
Conditional	⊟	⊟	⊟	⊟	⊟	⊟		
Link				⊟			⊟	
Signal	△	△	△	△	△	△	▲	▲
Terminate								◉
Multiple	⬠	⬠	⬠	⬠	⬠	⬠	⬠	⬠
Parallel Multiple	⊕	⊕	⊕	⊕	⊕	⊕		

Figura 7-1. Eventos BPMN 2.0 – set completo de elementos

Estoy de acuerdo con que si fuera necesario memorizarse esta tabla, BPMN sería de hecho muy complicado para cualquiera. Afortunadamente, no es necesario. En el Nivel 1 aprendimos sobre los eventos de inicio Básico, Mensaje y Temporizador, y eventos de fin

Básico, Mensaje y Terminador (también vimos eventos de inicio y fin Múltiples, que son figuras distintas pero no elementos semánticos adicionales, simplemente significan "más de un disparador o resultado").

La paleta Nivel 2 ahora añade *eventos intermedios*, aquellos con el anillo doble y unos cuantos disparadores adicionales. La subclase Analítica de BPMN 2.0, es decir, la paleta Nivel 2 *oficial*, incluye los disparadores Nivel 1 más Error, Escalada, Condicional, Señal y Vínculo. Nos vamos a enfocar principalmente en los "3 Grandes" tipos de eventos –Temporizador, mensaje y Error, que son aquellos que realmente se tienen que conocer, y es un subconjunto pequeño y listo para ser aprendido (Figura 7-2). Luego discutiremos brevemente los de Escalada, Señal, Condicional y Vínculo, al igual que subprocesos de evento. Vamos a diferir la discusión de los eventos Cancelación y Compensación al Capítulo 10.

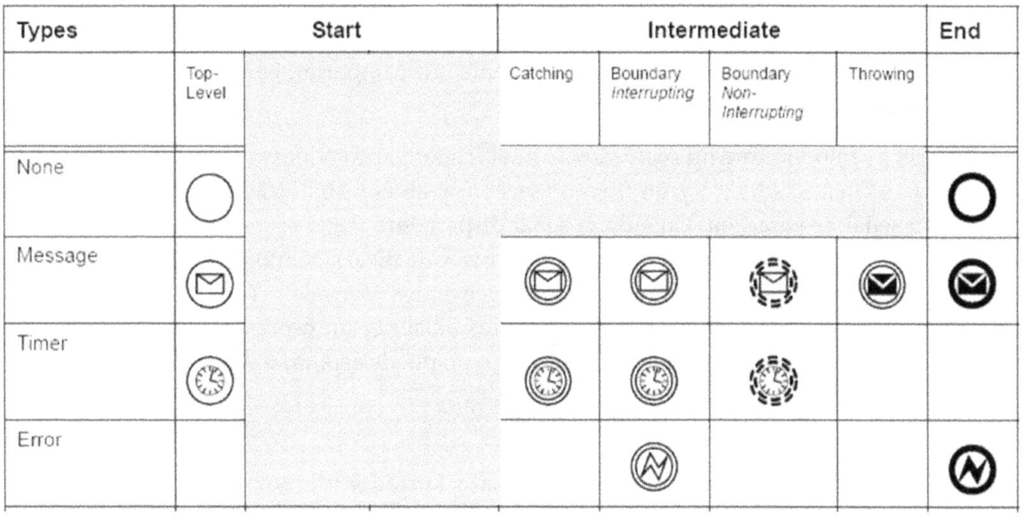

Types	Start		Intermediate					End
	Top-Level		Catching	Boundary *Interrupting*	Boundary Non-*Interrupting*	Throwing		
None	◯							⬤
Message	✉		✉	✉	✉	✉		✉
Timer	🕐		🕐	🕐	🕐			
Error			Ⓝ					Ⓝ

Figura 7-2. Eventos BPMN 2.0 – los que se necesitan conocer

Comportamiento Disparado por Eventos

El comportamiento disparado por eventos se refiere a acciones del proceso iniciadas inmediatamente con la aparición de una señal disparadora específica. En BPMN Nivel 1 vimos un ejemplo de esto en el evento de inicio disparado, que siempre crea una nueva instancia del proceso. Un evento de inicio Mensaje crea una nueva instancia del proceso siempre que recibe el mensaje representado por el flujo de mensaje entrante. Un evento de inicio Temporizador crea una nueva instancia del proceso siempre que la programación recurrente lo dicta. Se presume que la instanciación ocurrirá *inmediatamente* con la detección del disparador. En un proceso ejecutable, la instanciación es inmediata y automática. En un proceso no automatizado, se utilizan eventos de inicio Mensaje y Temporizador incluso cuando la instanciación es por intervención humana, siempre que sea disparada efectivamente por la llegada de la señal del mensaje o del temporizador.

Acá ponemos nuestra atención en *eventos intermedios*, aquellos con el anillo doble. Como su nombre indica, los eventos intermedios ocurren después del inicio de un nivel del proceso y antes de su fin, pero el significado preciso de un evento intermedio depende de los detalles de su representación –el ícono adentro, el color de ese ícono, el estilo de delineado anillo doble, y su ubicación en el diagrama. Las cuatro columnas de los eventos intermedios en la Figura 7-1 (más las dos columnas de inicio del subprocesos de evento) en realidad significan diferentes comportamientos disparados para una señal disparadora específica.

- Un evento intermedio *lanzador*, con el ícono negro adentro, significa que el proceso *genera* la señal disparadora. Solamente algunos eventos intermedios sustentan el comportamiento lanzador. Según un convencionalismo, lanzar la señal ocurre inmediata y automáticamente tan pronto llega el flujo de secuencia entrante, y el proceso continúa inmediatamente después en el flujo de secuencia afuera del evento lanzador (en un proceso no automatizado, fingimos que es automático e inmediato). Un evento intermedio mensaje sustenta el comportamiento lanzador, pero no Temporizador o de Error.

- Un evento intermedio *capturador*, con el ícono blanco adentro, dibujado con un flujo de secuencia adentro y un flujo de secuencia afuera, significa que el proceso *espera* a la señal disparadora. Cuando la señal disparadora llega, el proceso se reanuda en el flujo de secuencia afuera del evento. La mayoría de los eventos intermedios sustentan este comportamiento, pero no todos; los eventos Mensaje y Temporizador lo hacen, por ejemplo, pero no el de Error. En otras palabras, un proceso puede esperar a una señal de mensaje o de temporizador, pero no puede esperar a un error.

Figura 7-3 Evento mensaje capturador (izquierda) y lanzador (derecha)

- Un evento intermedio capturador dibujado en el límite (borde) de una actividad, llamado *evento en el límite*, no significa esperar, significa que cuando la actividad se está ejecutando, el proceso *escucha* esa señal. Si ocurre antes de que la actividad se complete, el flujo de secuencia afuera del evento, llamado *flujo de excepción*, se dispara. Por otro lado, si la actividad se completa sin la incidencia de la señal del evento en el límite, el flujo de excepción se ignora y el proceso continúa en el flujo de secuencia afuera de la actividad, llamado *flujo normal.*

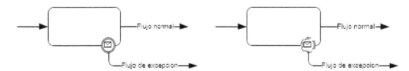

Figura 7-4. Evento en el limite Mensaje de Interrupción (izquierda) y sin Interrupción (derecha)

Un evento en el límite no tiene flujo de secuencia entrante y debe tener *exactamente un* flujo de secuencia saliente: el flujo de excepción. Hay dos tipos de eventos en el límite: un *evento en el límite de interrupción,* que se denota por el doble anillo sólido, significa que la actividad a la cual va adjunto el evento está terminada inmediatamente con la incidencia de la señal disparadora. El proceso no sale en el flujo normal, pero continúa inmediatamente en el flujo de excepción, el flujo de secuencia afuera del evento. Los eventos Mensaje, Temporizador y Error, todos sustentan el comportamiento de los eventos en el límite de interrupción.

Un *evento en el límite sin interrupción,* que se denota por el doble anillo de línea intermitente, no termina la actividad. La actividad continúa ininterrumpida, y cuando se completa, el proceso continúa en el flujo normal, el flujo de secuencia afuera de la actividad. Empero, adicionalmente, cuando ocurre el disparador, se inicia inmediatamente un camino paralelo del proceso en el flujo de excepción. En este caso, el flujo de excepción representa acciones realizadas *adicionalmente* a aquellas en el flujo normal. Los eventos sin interrupción son nuevos en BPMN 2.0, probablemente la adición más significativa a la paleta. Los eventos Mensaje y Temporizador sustentan el comportamiento de los eventos en el límite sin interrupción, pero los eventos en el límite Error son siempre de interrupción.

Entender cómo utilizar los eventos Temporizador, Mensaje y Error correctamente es la clave de BPMN Nivel 2. Abordémoslos uno a la vez.

Evento Temporizador

Evento Temporizador Capturador

Dibujado con flujos de secuencia adentro y afuera, un evento intermedio Temporizador capturador representa un *retraso.* Significa o *esperar a [duración especificada]* o *esperar hasta [fecha/hora especificadas].* Por ejemplo, tal vez se desee esperar un poco de tiempo antes de reintentar una actividad como sondear los datos publicados (Figura 7-5, arriba). También se puede utilizar un evento Temporizador capturador para modelar una espera por una acción programada, como verificación semi mensual (Figura 7-5, abajo).

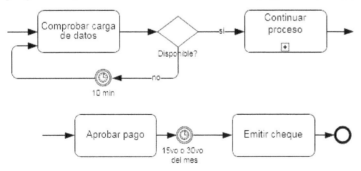

Figura 7-5. Retraso utilizando un evento Temporizador

Un evento Temporizador capturador NO significa esperar a que algo ocurra, como la respuesta a una solicitud; eso sería un evento Mensaje, y no se utiliza un evento

Temporizador capturador para representar el hecho de que a una actividad "usualmente" le toma tres días; se puede utilizar un evento en el límite Temporizador para decir *qué pasa si a la actividad le toma más* de tres días.

BPMN brinda atributos XML para el evento Temporizador para especificar la duración de una fecha/hora, pero no están directamente visibles en el diagrama (y no en la subclase Analítica). Por ello, la duración o el valor fecha/hora está representado en el diagrama por la etiqueta (*nombre*) del evento Temporizador.

Evento en el Límite Temporizador

Un evento en el límite Temporizador actúa como la combinación de un cronómetro y un reloj de alarma. Es un convencionalismo que el cronómetro inicie cuando inicia la actividad a la cual el evento se encuentra adjunto. Una actividad "inicia" cuando el flujo de secuencia hacia ella ha llegado, no cuando el realizador decide comenzar a trabajar en ella. Si la actividad no está completa de acuerdo al parámetro específico de duración o de fecha-hora del evento temporizador, la alarma se dispara. Recuerde, BPMN no tiene una forma de decir cuánto tiempo *usualmente* demora algo, pero sí le permite decir qué pasa si demora mucho en completarse.

Lo que pase luego depende de si el evento es de interrupción o sin interrupción. Un evento Temporizador de interrupción aborta la actividad, y el proceso continúa inmediatamente en el flujo de excepción. Un evento Temporizador sin interrupción dispara inmediatamente un hilo paralelo de ejecución en el flujo de excepción, sin abortar la actividad o el flujo normal afuera de ella.

Por ejemplo (Figura 7-6), se puede utilizar un evento Temporizador de interrupción en un proceso de contratación para indicar que, si una búsqueda de candidatos internos no se completa en dos semanas, se desea abandonarla y contratar a una empresa de búsqueda externa. Nótese que debido a que el flujo de excepción y el flujo normal son alternativas exclusivas, pueden ser fusionadas en *Evaluar currículos* sin una compuerta.

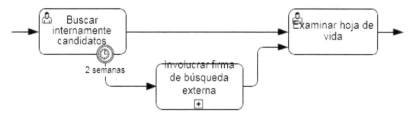

Figura 7-6. Evento Temporizador en el límite de Interrupción

El evento Temporizador sin interrupción generalmente es más útil que la variedad de los de interrupción. Si algo demora demasiado, generalmente se desea seguir haciéndolo pero hay que hacer algo más, como notificar al solicitante, notificar al gerente o conseguir ayuda adicional.

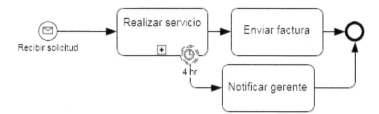

Figura 7-7. Evento en el límite Temporizador sin interrupción

Por ejemplo (Figura 7-7), si completar una solicitud de servicio toma más de 4 horas, es deseable notificar al gerente pero seguir realizando el servicio. El flujo de excepción se dispara después de 4 horas desde que *Realizar servicio* inicia, pero no termina *Realizar servicio*. La actividad continua, y cuando se completa, el proceso continua con *Enviar factura*. Con eventos sin interrupción, el flujo normal y flujo de excepción se realizan en paralelo, o lógicamente en paralelo, ya que *Notificar al gerente* probablemente esté finalizada antes de que *Enviar factura* inicie. Acá unimos los caminos de los flujos normal y de excepción directamente al evento de fin, ya que no se utiliza una compuerta para unirlas en un evento de fin Básico.

Ya que no hace abortar la actividad a la cual está adjunto, un evento Temporizador sin interrupción puede ser disparado múltiples veces. Por ejemplo, se puede enviar un recordatorio o notificación en el flujo de excepción cada hora hasta que la actividad esté completa. En ese caso, hay que etiquetar el evento *Cada hora*.

Intervalo Temporizado

Un evento en el límite Temporizador mide el tiempo desde el inicio hasta la culminación de una *sola actividad*, pero qué pasa si se desea cronometrar el intervalo desde el punto A al punto B en el proceso, abarcando *múltiples actividades*? Eso es fácil, simplemente se debe encerrar el fragmento desde el punto A al punto B en un *subproceso* y adjuntar el evento Temporizador al borde (límite) del subproceso.

La Figura 7-8 ilustra un proceso de comida rápida: Tomar la orden, cobrar el dinero, paralelamente preparar la hamburguesa, las papas fritas y la bebida, y cuando todas estén completas, entregar al cliente.

Figura 7-8. Para cronometrar un intérvalo que abarca múltiples actividades

Ahora nos gustaría decir que si la orden no está lista para entregarse al cliente en 5 minutos después de haber tomado la orden, el restaurante reembolsará el dinero. En otras palabras, queremos cronometrar un intérvalo que abarca múltiples actividades, como se muestra en la Figura 7-8. Podemos hacerlo al encerrar ese intérvalo en un subproceso y adjuntando un evento Temporizador sin interrupción a él (Figura 7-9). En la representación de la expansión en línea, se ve así:

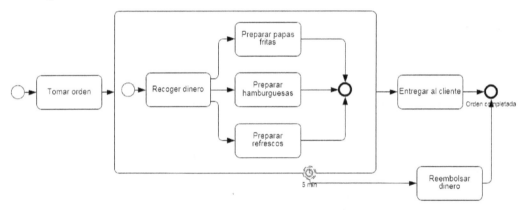

Figura 7-9. ...envuelva el intervalo en un subproceso y adjunte un evento en el límite Temporizador

Evento Temporizador vs. Compuerta

Los principiantes a veces intentan probar la duración de una actividad utilizando una compuerta que siga a la actividad, lo cual usualmente es incorrecto, porque el proceso no llega a la compuerta hasta *después* de que la actividad finaliza, y para entonces, ya es demasiado tarde para la acción disparada. La razón fundamental de un evento en el límite es que su acción ocurre *inmediatamente* sobre el tiempo de espera, *antes* de que la actividad a la cual está adjunto esté completa. Acá hay una ilustración.

Considere los dos diagramas en la Figura 7-10, ambos con la intención de representar un proceso inalámbrico *Añadir Ventajas del Plan* de una empresa de transporte. Se supone que

---

añadir las ventajas toma no más de una hora. Si demora más, queremos notificar al cliente con el tiempo de culminación esperado. La pregunta es ésta: ¿ocurre la notificación al cliente al mismo tiempo en ambos diagramas?

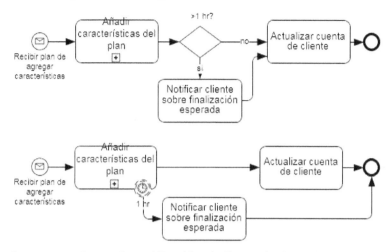

Figura 7-10. ¿Ocurre la notificación al cliente al mismo tiempo en ambos diagramas?

No. En el diagrama de más arriba, con la compuerta, el cliente no es notificado hasta *después* de que las ventajas del plan hayan sido añadidas, sin importar cuánto demore, lo cual probablemente no era lo que el modelador pretendía. En el diagrama de más abajo, el cliente es notificado exactamente una hora después si la actividad todavía no está completa. A pesar de que aquí el evento Temporizador no interrumpe la tarea, su acción es inmediata, no espera a que la actividad se complete. Ése es el valor de un evento en el límite Temporizador.

Evento Mensaje

Antes de profundizar en los detalles de los eventos Mensaje, es necesario decir más sobre a qué se refiere BPMN con "enviar" y "recibir".

Mensaje y Flujo de Mensaje

Los términos *enviar* y *recibir* deberían ser considerador "palabras clave" en BPMN, reservadas específicamente para enviar y recibir un *mensaje*, representado en el diagrama por un *flujo de mensaje*. En BPMN un "mensaje" significa cualquier comunicación entre el procesos y una entidad externa –un cliente o proveedor de servicios, otro proceso interno, o posiblemente hasta un sistema de TI. La especificación BPMN 2.0 define un mensaje simplemente como "el contenido de una comunicación entre dos participantes". Esa comunicación podría tomar cualquier forma, no tiene que ser un mensaje SOAP o JMS, como podría típicamente pasar en un proceso ejecutable. En la mayoría de los modelos de proceso, es más probable alguna forma de comunicación humana, tal como una carta, fax, correo electrónico o llamada telefónica. El único requisito es que el remitente y destinatario del mensaje sean "participantes" diferentes, es decir, no sean parte del mismo proceso.

De hecho, es incluso posible que un mensaje BPMN represente un *flujo material*: la entrega de algún objeto físico. El metamodelo BPMN especifica el contenido del mensaje o "carga útil" a través de su *definición de artículos*. Los primeros borradores de BPMN 2.0 utilizaban el término *definición de los datos*, pero se cambió a definición de los artículos para permitir a los mensajes (y también objetos de datos) representar a los objetos tanto físicos como de información.

Lo que distingue a un *Mensaje* de otra forma de comunicación inter-procesos de BPMN llamada *Señal*, es que un Mensaje debe dirigirse a un proceso en particular, o posiblemente a una instancia en particular de ese proceso, mientras que una Señal puede ser transmitida a *cualquier* proceso que probablemente esté escuchando (hablaremos más sobre Señal más adelante en este capítulo). Debido a que un flujo de mensaje identifica a una actividad o evento de un proceso en particular que envía o recibe el mensaje, es posible que un solo mensaje esté representado por más de un flujo de mensaje en el diagrama, cada uno representando la recepción del mensaje en puntos diferentes en el flujo.

Tarea de Envío y Evento Mensaje Lanzador

El término *enviar* en BPMN implica un mensaje, y por ende, un flujo de mensaje. Un mensaje puede ser enviado desde una piscina de caja negra, un evento Mensaje lanzador, o cualquier tipo de actividad.

Recuerde que un flujo de mensaje afuera de una actividad tal como una tarea del Usuario, significa la *posibilidad* de enviar el mensaje, no la *certeza* de ello. Nos gustaría tener una forma de decir que un paso en el proceso *siempre* envía el mensaje, y en BPMN Nivel 2 se lo contempla en dos diferentes formas. Una es una *Tarea de envío*, denotada por un ícono de sobre negro (Figura 7-11, izquierda). Una Tarea de envío es una tarea que hace sólo una cosa: enviar un mensaje. Es un convencionalismo que el envío ocurra *inmediatamente* después de la llegada del flujo de secuencia entrante, después del cual inmediatamente continúa el flujo. En ese sentido es implícitamente automático, a pesar de que también podría ser utilizado para comunicaciones humanas si la intención es mostrar la certeza, no la posibilidad, de enviar un mensaje (alternativamente, se puede adjuntar una anotación de texto a un flujo de mensaje afuera de una tarea del Usuario para especificar que el mensaje siempre es enviado, o enviado únicamente bajo ciertas condiciones).

Figura 7-11. Tarea de envío y evento intermedio Mensaje lanzador

Alternativamente, un *evento intermedio Mensaje lanzador* (Figura 7-11, derecha) hace lo mismo. Efectivamente, es lo mismo que una tarea de Envío; cuando llega el flujo de secuencia entrante, envía un mensaje e inmediatamente continúa. Probablemente se pregunte por qué BPMN tiene dos elementos diferentes que hacen exactamente lo mismo. Buena pregunta: no lo sé.

En realidad, hay una pequeña diferencia entre un evento Mensaje lanzador y una tarea de Envío. Como un tipo de actividad, una tarea de Envío tiene un *realizador*; un evento no. Asimismo, se puede adjuntar un marcador a una tarea de Envío para representar que es realizado múltiples veces, es decir, envía múltiples mensajes; no se puede hacer éso con un evento. Y se puede adjuntar un evento en el límite de Error a una tarea de Envío, lo cual no se puede hacer para un evento Mensaje. Pero para todos los propósitos prácticos, ambos son idénticos.

Cuando un proceso se inicia por un evento de inicio Mensaje, me gusta mostrar el retorno del estatus final en eventos de fin Mensaje, uno separado para cada estado final. En términos de TI, los mensajes del estatus de inicio y fin, de alguna forma definen la "firma" o "interface" del proceso, y a mí simplemente me gusta su simetría en el diagrama. Para un proceso ejecutable, los flujos de mensaje del evento de inicio y de fin efectivamente representan su WSDL.

Sin embargo, en el modelado no ejecutable, el hecho de que un evento Mensaje no tenga un realizador, hace que los modeladores sean renuentes respecto a utilizarlo para devolver estatus final cuando se identifica que el remitente del mensaje es importante. Este tema salta en mi capacitación BPMN y aquí está cómo intento resolverlo.

Una forma es utilizando *carriles*. Los carriles usualmente identifican al realizador humano de una actividad como un rol o unidad organizacional. Técnicamente, un evento no tiene realizador, así que es discutible que los carriles no se aplican, pero en BPMN 2.0, los carriles pueden en realidad utilizarse para *cualquier* tipo de categorización de elementos que se desee. Depende únicamente del modelador. Así que si quiere tener un convencionalismo interno en su organización que diga que el carril de un evento de fin Mensaje identifica al remitente, estaría perfectamente de acuerdo con la especificación BPMN.

Una segunda forma es más técnica, y se aplica mayormente al correo electrónico. Incluso si se dice que los carriles no se aplican a los eventos Mensaje, no significa que la identidad del remitente sea invisible para el destinatario. Es parte del *contenido* del mensaje. En la estructura estándar de mensajes de correo electrónico, es el campo *De*. Sin embargo, a algunos modeladores les cuesta dibujar un evento de fin Mensaje en el Carril A cuando el remitente es realmente alguien en el Carril B. Puede darse, por ejemplo, cuando múltiples caminos del proceso se fusionan en un solo evento de fin en el Carril A, porque representa a un solo estado final, y el remitente del mensaje de estado final podría estar en el Carril B. Para los modeladores que no pueden estar de acuerdo con ello, aconsejo enviar el estado final de *tareas* separadas en los respectivos carriles de los remitentes, y posteriormente fusionarlas en un solo evento de fin Básico.

"Enviar" al Interior de un Proceso

Un error común de principiante es utilizar una tarea de Envío para adelantar trabajo a una tarea hacia abajo (Figura 7-12). Debido a que el "remitente" y "destinatario" son parte del mismo proceso, no se puede utilizar un mensaje, así que una tarea de Envío es correcto. De hecho, ya que "enviar" es una especie de palabra clave en BPMN, ni siquiera se debería utilizar la palabra "enviar" en la etiqueta de una tarea del Usuario!

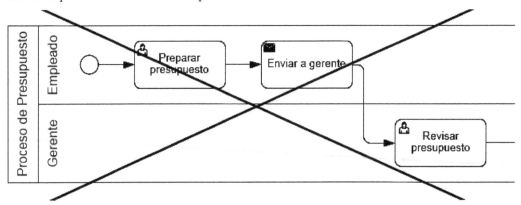

Figura 7-12. No utilice una tarea de Envío para comunicarse dentro de un proceso

Entonces ¿cómo se "envía" trabajo a un realizador de tareas hacia abajo, o simplemente cómo se notifica a un Gerente en otro carril del proceso?

En el caso de adelantar trabajo hacia abajo, usualmente la mejor elección es no modelar explícitamente la acción de "enviar" de ningún modo, ésta está simplemente *implícita* en el flujo de secuencia (Figura 7-13). En un flujo de trabajo automatizado, el flujo de secuencia no sólo entrega la notificación sobre el ítem de trabajo al realizador de la tarea hacia abajo, sino todos los datos disponibles de la instancia hasta esa parte en el proceso, incluyendo documentos, formularios, etc. A menos de que haya una razón específica para llamar la atención para realizar el esfuerzo de enviar, lo mejor es solamente imaginar que una similar entrega ocurre de alguna manera inclusive en procesos no automatizados.

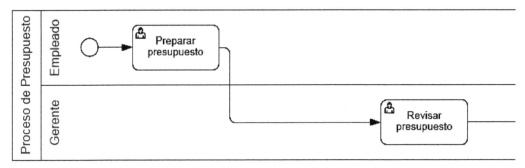

Figura 7-13. "Enviar" trabajo hacia abajo está implícito en el flujo de secuencia por sí solo

Podría ser, sin embargo, que adelantar los materiales para el presupuesto al Gerente no es solamente adjuntar una hoja de cálculo a un correo electrónico. Digamos que requiere empaquetar dos cajones de un gabinete de archivos y llevarlos a Fedex, y digamos que ese esfuerzo es exactamente el tipo de cosa sobre la cual se quiere mejorar en el futuro proceso, así que no lo quiere esconder. En tal caso, una tarea debería hacerlo, pero es una tarea del Usuario, no una tarea de Envío (Figura 7-14). Ya que no hay mensaje BPMN involucrado, ni siquiera utilice el verbo "Enviar" en la etiqueta. En su lugar utilice nombres como *Adelantar…* o *Empacar y Enviar….* Y si se quiere llamar la atención hacia los materiales que se están enviando, se puede utilizar un objeto de datos.

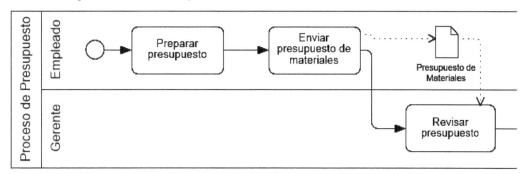

Figura 7-14. La tarea del Usuario puede representar el trabajo de "enviar" dentro de un proceso

Las *notificaciones*, por lo menos aquellas donde no se requiere acción de parte del destinatario para avanzar el proceso, son ligeramente diferentes. Aquí no se quiere añadir una tarea al carril del destinatario, ya que eso implica una acción de parte del destinatario. En su lugar sólo añada una tarea del Usuario al carril del remitente, identificando al destinatario en la etiqueta de la tarea (Figura 7-15).

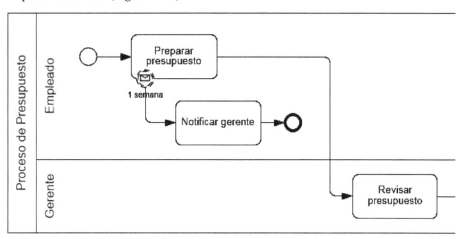

Figura 7-15. Notificación dentro del proceso

Tarea de Recibo y Evento Mensaje Capturador

Recibir está estrechamente relacionado con enviar. De nuevo, el término se aplica técnicamente sólo a mensajes, comunicaciones de participantes externos. Ya hemos visto que un evento de inicio Mensaje crea una nueva instancia del proceso cuando se recibe el mensaje. También se puede recibir un mensaje a la mitad de un proceso, pero como se abordó con enviar, un flujo de mensaje hacia una tarea del Usuario sólo sugiere la *posibilidad* de un mensaje entrante, no la *certeza* de uno.

BPMN proporciona un tipo de tarea que *sólo* recibe un mensaje, llamado *tarea Recibir*, con el ícono del sobre blanco (Figura 7-16, izquierda). Una tarea de Recibo *espera* a un mensaje, es lo único que hace. Cuando el flujo de secuencia entrante llega, la instancia del proceso hace una pausa; cuando el mensaje llega, el proceso inmediatamente se reanuda en el flujo de secuencia saliente.

Figura 7-16. Tarea de Recibo y evento intermedio Mensaje capturador

Técnicamente, una tarea de Recibo que sigue inmediatamente a un evento de inicio Básico en un proceso al más alto nivel, puede ser designado como *instanciador*, lo que significa que el mensaje crea una instancia del proceso. Sin embargo, para mostrar un proceso disparado por una solicitud, es mejor utilizar en su lugar un evento de inicio Mensaje, ya que la construcción entre el inicio Básico más la tarea de Recibo instanciadora es indistinguible en el diagrama desde un inicio manual, seguido de esperar al mensaje. Dos significados diferentes para la misma construcción de diagrama viola el principio básico de Método y Estilo, así que se debería evitar tareas de Recibo instanciadoras.

Un *evento intermedio Mensaje capturador* (Figura 7-16, derecha), dibujado con flujos de secuencia adentro y afuera, tiene el mismo significado que una tarea de Recibo. Espera a un mensaje e inmediatamente se reanuda cuando se recibe el mensaje. Como en el caso de enviar, nuevamente hay una pequeña diferencia entre una tarea de Recibo y un evento Mensaje capturador. Se puede adjuntar un evento en el límite Temporizador a una tarea de Recibo, pero no se puede hacer éso con un evento Mensaje. Así como resulta, hay otra forma de lograr lo mismo y la veremos en breve.

Mensajería Asincrónica y Sincrónica

Las tareas de Envío y Recibo, o los eventos Mensaje lanzadores y capturadores, representan *comunicaciones asincrónicas*. Tan pronto como el proceso envía el mensaje, el flujo continúa en el flujo de secuencia saliente, no espera a un mensaje de respuesta. Las comunicaciones sincrónicas, por otro lado, significan que cuando el proceso envía un mensaje, espera a una respuesta antes de continuar.

Una *tarea de Servicio* es un ejemplo de comunicación sincrónica. Recuerde que una tarea de Servicio representa una acción automatizada. En el metamodelo BPMN 2.0, la tarea de Servicio en realidad significa una solicitud automatizada para una acción realizada por algún sistema externo, con recibo de esa respuesta del sistema. La solicitud y respuesta son en verdad mensajes, pero usualmente no los representamos como flujos de mensaje en el diagrama, simplemente están implícitos. La tarea de Servicio no está completa hasta que reciba la respuesta del sistema que realiza la acción, a éso se refiere sincrónico.

En un proceso ejecutable, las tareas sincrónicas son de *corta duración*, completándose en milisegundos o segundos. Si una tarea automatizada es de *larga duración*, es decir le toma minutos, horas o incluso semanas para completarse, se modela en BPMN como una solicitud asincrónica, utilizando una tarea de Envío o evento Mensaje capturador, no una tarea de Servicio. A pesar de que esta distinción es importante para procesos ejecutables, es un buen convencionalismo a aplicarse a los procesos no ejecutables BPMN también: si una función automatizada es de larga duración, se la representa con tareas separadas de Envío y Recibo (con flujos de mensaje). Resérvese la tarea de Servicio para acciones de corta duración (Figura 7-17).

Figura 7-17. Utilice tareas de Envío y Recibo para servicios de larga duración, y tarea de Servicio para los de corta duración

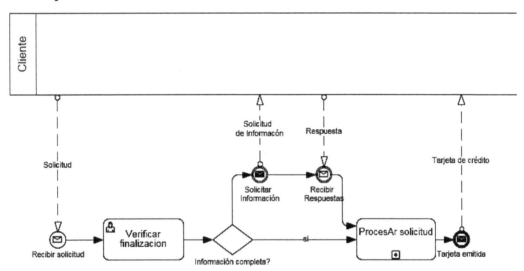

Figura 7-18. Eventos intermedios Mensaje lanzadores y capturadores

Compuerta de Eventos

La Figura 7-18 ilustra la utilización de eventos intermedios Mensaje capturadores en un proceso para emitir una tarjeta de crédito. Si a la aplicación del Cliente le falta información necesaria, el proceso envía una solicitud pidiéndola y espera a la respuesta. Siempre que se vea un evento mensaje se debería dibujar el flujo de mensaje y etiquetar tanto el evento como el flujo de mensaje. El evento debería estar etiquetado con la acción –*Solicitud X*, por ejemplo– y el flujo de mensaje debería estar etiquetado con el nombre del mensaje.

Cuando hay la posibilidad de que la respuesta no sea devuelta antes de un plazo límite, no se la debería esperar utilizando un evento Mensaje "desnudo" como en la Figura 7-18. Si el cliente decide no responder a la solicitud, la instancia del proceso esperará eternamente al evento Mensaje capturador. Los procesos reales no funcionan así, esperarán un tiempo máximo y luego harán otra cosa. Se puede modelar ese comportamiento con un evento en el límite Temporizador en una tarea de Recibo, pero hay una forma de hacer lo mismo con un evento Mensaje capturador.

La Figura 7-19 es una mejor forma de esperar al mensaje respuesta. Se llama *compuerta de eventos.* El símbolo adentro de la figura de la compuerta es el *evento intermedio Múltiple,* y en cada *gate* hay un evento intermedio capturador, generalmente un evento Mensaje y un evento Temporizador (también se puede adjuntar un *gate* a una tarea Recibo sin eventos en el límite, pero es mejor simplemente utilizar un evento Mensaje).

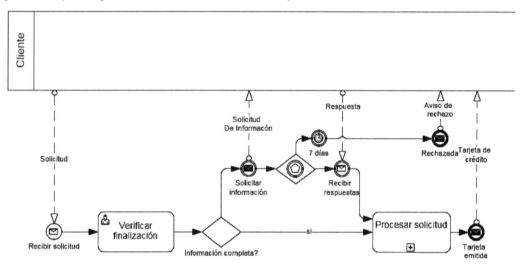

Figura 7-19. La compuerta de eventos espera a una respuesta o tiempo de espera, lo que ocurra primero

Igual que la compuerta regular XOR, una compuerta de eventos representa una elección exclusiva – es decir, sólo uno de los *gates* está habilitado- pero la elección no está basada en una condición de datos del proceso. El *gate* que está habilitado es el evento que ocurre *primero.* Una compuerta de eventos puede tener dos o más *gates*, cada uno representa un evento, y hay una carrera entre ellos. En la Figura 7-19, hay una carrera entre el mensaje respuesta y un tiempo de espera. Si el mensaje de *Respuesta de la Información* se recibe en 7 días, el *gate* del evento Mensaje está habilitado y la instancia continua hacia *Procesar aplicación.* Si no se recibe en 7 días, se habilita el *gate* del evento Temporizador y la instancia continúa hacia el estado final *Rechazado.*

En una herramienta BPMN, generalmente se debe construir la compuerta de eventos por piezas –el elemento mismo de la compuerta y el evento en cada *gate*- pero es mejor pensar en todo el conjunto como la compuerta de eventos.

También se puede utilizar una compuerta de eventos para esperar *mensajes alternativos*. Por ejemplo, si se modela *Aprobación* y *Rechazo* como mensajes separados, se los puede recibir en *gates* separados de una compuerta de eventos (Figura 7-20). Sin embargo, se puede también sólo modelar *Aprobación* y *Rechazo* simplemente como contenido diferente de un solo mensaje de *Respuesta*. En ese caso, se puede probar el valor del contenido en una compuerta XOR *después* de recibir el mensaje (Figura 7-21).

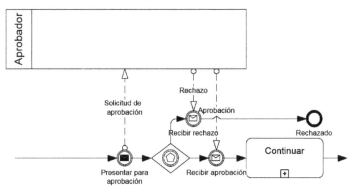

Figura 7-20. Ramificación en distintos mensajes con compuerta de eventos

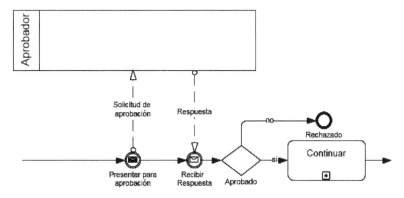

Figura 7-21. Ramificación en el contenido del mensaje recibido con compuerta XOR

La distinción entre la Figura 7-20 y la Figura 7-21 es más que todo de notación, no es significativa en términos de negocios (de hecho, ambos flujos de mensaje en la Figura 7-20 técnicamente podrían apuntar al mismo elemento del mensaje en el XML de base). Si en vez de provenir de una piscina de caja negra, los mensajes de *Aprobación* y *Rechazo* provienen de eventos de fin separados de otro proceso, se necesitaría utilizar la Figura 7-20.

Evento en el Límite Mensaje

Un mensaje que se está esperando usualmente implica una respuesta a una solicitud anterior. Pero BPMN brinda una forma de responder también a *mensajes no solicitados*. En ese caso, el proceso no está pausado esperando al mensaje, sino escuchándolo mientras se ejecuta. Un *evento en el límite Mensaje* adjunto a una actividad inicia la respuesta al mensaje si llega mientras la actividad se está ejecutando. Un *evento en el límite de interrupción* hace abortar la actividad inmediatamente y sale en el *flujo de excepción,* el flujo de secuencia afuera del evento. Un *evento en el límite sin interrupción* continúa la actividad pero inmediatamente inicia una acción paralela en el flujo de excepción. Si la actividad se completa sin que llegue el mensaje, el flujo de excepción no se dispara. El proceso simplemente continúa en el *flujo normal,* el flujo de secuencia afuera de la actividad.

Figura 7-22. Eventos en el límite de interrupción (izquierda) y sin interrupción (derecha)

Por ejemplo, si el cliente cancela una orden de compra mientras se está completando (Figura 7-22, izquierda), un evento en el límite Mensaje de interrupción termina inmediatamente *Cumplir Orden* y sale por el flujo de excepción. Por otro lado, si el cliente actualiza información de envío mientras la orden se está cumpliendo (Figura 7-22, derecha), no es deseable terminar *Cumplir Orden* pero sí iniciar otra cosa adicionalmente, como añadir la información actualizada de envío a la orden. La acción disparada por la excepción está en el flujo de excepción. Cuando *Cumplir Orden* se completa, el procesamiento continúa por el flujo normal. Con eventos sin interrupción, el flujo normal y las salidas del flujo de excepción representan caminos.

El mismo mensaje físico podría ser representado en el modelo del proceso por más de un evento en el límite Mensaje; cada uno representa un comportamiento disparado diferente, dependiendo del estado del proceso cuando el mensaje llega. El cómo se maneja la cancelación inmediatamente después de que se ha hecho la orden, no puede ser igual que cuando está lista para ser enviada.

Por ejemplo, en la Figura 7-23 se puede apreciar que el mensaje *Cancelar orden* aborta el proceso de la orden y devuelve un mensaje *Cancelar confirmación* si se recibe antes de que inicie *Enviar orden*. Sin embargo, si se recibe el mismo mensaje durante *Enviar orden*, el proceso en este caso no puede ser terminado. Se dispara una nueva acción, *Autorizar devolución para crédito*, pero *Enviar orden* continúa, y cuando finaliza, el proceso va a *Enviar factura*. Ambos, el flujo de excepción y el flujo normal están habilitados para este caso.

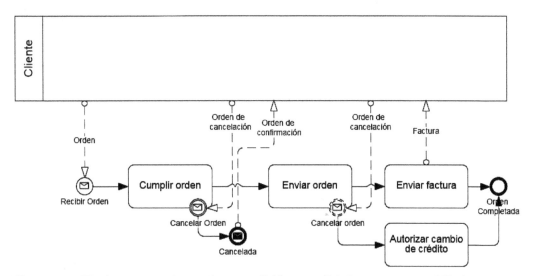

Figura 7-23. El mismo mensaje puede ser recibido en múltiples eventos en el límite

Vale la pena notar un par de temas de estilo BPMN en la Figura 7-23. Se debería siempre dibujar el flujo de mensaje entrante hacia el evento en el límite Mensaje y etiquetar ambos, el evento y el flujo de mensaje. Ya que ambos eventos en el límite manejan el mismo mensaje físico, generalmente lo mejor es darles el mismo nombre (y darles el mismo nombre también a los flujos de mensaje). No se requiere que un evento en el límite sea de interrupción y el otro sin interrupción, ambos pueden ser igualmente de interrupción y sin interrupción, como dictamina la semántica del comportamiento.

Si la respuesta al mensaje es la misma para cada actividad dentro de un segmento contiguo al proceso, no se debería adjuntar un límite con Mensaje a cada una de esas actividades y fusionar los flujos de excepción. La forma correcta de modelarlo es *encerrando ese segmento en un subproceso* y adjuntar un solo evento Mensaje al límite del subproceso (Figura 7-24).

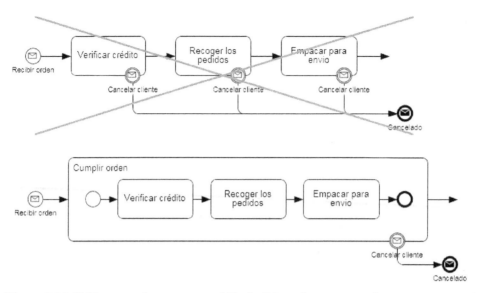

Figura 7-24. Utilice un solo evento en el límite Mensaje para un subproceso que encierre un fragmento del proceso cuando la acción disparada por el evento sea la misma para todas las actividades a nivel hijo.

Evento de Error

El último de los 3 Grandes tipos de eventos es el *Evento de Error*, que representa un *estado final de excepción* de una actividad del proceso. Los eventos de Error sólo vienen en dos sabores: un *evento en el límite de Error con interrupción* y un *evento de fin Error*. No se puede lanzar o esperar a una señal de Error en un evento intermedio, y no hay un evento de inicio Error (excepto en un subproceso de evento, que se discutirá después).

Un evento de Error en el límite de una tarea simplemente representa la salida de excepción del estado final de la tarea. El flujo normal (el flujo de secuencia afuera de la tarea), representa la salida cuando la tarea se completa exitosamente, y el flujo de excepción (el flujo de secuencia afuera del evento de Error), es la salida cuando no. Su significado es exactamente el mismo que una compuerta XOR que sigue a la tarea con un *gate* de éxito y un *gate* de excepción (Figura 7-25).

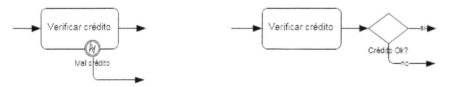

Figura 7-25. Un evento en el límite de Error en una tarea es equivalente a probar el estado final de la tarea con una compuerta

En la primera edición del libro, abogué por reservar los eventos de Error para las *excepciones técnicas*, y utilizar la prueba de la compuerta de estado final que vimos en el Nivel 1 para manejar *excepciones de negocios*. Sin embargo, en el tiempo transcurrido desde que se publicó esa edición, la retroalimentación de los estudiantes y de otros ha logrado que revise mi opinión. Ahora digo que está perfectamente bien utilizar eventos de Error para cualquier tipo de excepción, de negocios o técnica. No hay distinción semántica implícita entre probar el estado final en una compuerta y utilizar un evento de Error. No obstante, usted puede convertir tal distinción en un convencionalismo de su organización.

Se puede tener más de un evento de Error en el límite que representa distintos estados finales, a pesar de que si todos los flujos de excepción toman el mismo camino, lo mejor es consolidar todas las excepciones en un solo evento de Error.

¿Qué pasa si la figura *Revisar crédito* en la Figura 7-25 fuera más bien un *subproceso?* Como antes, el evento en el límite *Mal crédito* significa que la actividad tiene un estado final de excepción *Mal crédito*. Empero, a diferencia de una tarea, un subproceso expone sus estados finales explícitamente. Entonces un evento en el límite de Error *Mal crédito* en un subproceso implica que la expansión a nivel hijo debe contener un estado final *Mal crédito*, que no es sólo Método y Estilo; la especificación BPMN está de acuerdo con ello. No solamente debe haber un evento de fin *Mal crédito* en la expansión a nivel hijo, sino que debe ser un *evento de fin Error*.

Un evento de fin Error en un subproceso lanza una señal de error al límite del subproceso, donde es capturado por un evento en el límite de Error y sale por el flujo de excepción. A esto se le llama *patrón de lanzamiento-captura de Error*. Al respecto, se puede pensar que *propaga una excepción desde el nivel hijo hasta el padre* en un modelo BPMN jerárquico.

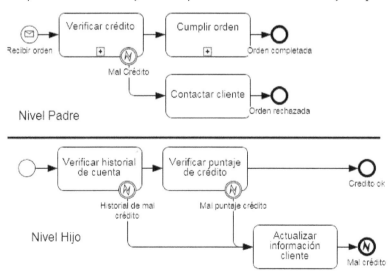

Figura 7-26. Lanzamiento-captura de Error

Esto se ilustra en la Figura 7-26. El error *Mal crédito* se lanza desde un evento de fin a nivel hijo a un evento en el límite a nivel padre. En el metamodelo BPMN, tanto el evento de fin Error y el evento en el límite de Error hacen referencia al mismo *código de error*, pero ya que el código de error no aparece en el diagrama, aplicamos el principio usual de Método y Estilo y decimos que las *etiquetas* del lanzador y capturador del error deben coincidir. El lanzamiento-captura de error, cuando sigue algo del manejo en el nivel hijo (*Actualizar información del cliente*), propaga la excepción a nivel padre para un manejo adicional de excepción a ese nivel (*Contactar cliente* y finalizar el proceso).

Cuando se los utiliza para modelar excepciones de negocios, los eventos de Error son realmente sólo una conveniencia notacional, ya que se puede describir el mismo comportamiento con compuertas. En la Figura 7-27, la prueba de la compuerta del estado final del Nivel 1, significa exactamente lo mismo que la Figura 7-26, utilizando lanzamiento captura de Error. La prueba del estado final de la compuerta también propaga excepciones desde el nivel hijo al nivel padre.

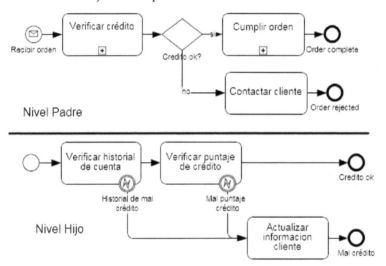

Figura 7-27. Prueba del estado final de compuerta

En los ejemplos presentados hasta ahora, el error es lanzado cuando el nivel hijo ya está completo, de manera que el evento en el límite Error que "interrumpe" en realidad no interrumpe nada –el subproceso ya ha terminado. Empero, es posible que la expansión a nivel hijo tenga caminos paralelos que alcancen eventos de fin separados. Si alguno de ellos es un evento de fin Error, entonces lanzar el error termina el subproceso incluso si el otro camino todavía no ha alcanzado su evento de fin. Con caminos paralelos, el lanzamiento-captura de Error actúa como la prueba de la compuerta de estado final donde el estado final de excepción sea un *Terminar*, no un evento de fin Básico.

Otros Eventos Nivel 2

La subclase Analítica de BPMN 2.0, lo que hemos venido llamando la paleta Nivel 2, contiene unos cuantos tipos de eventos más. Es posible que no sea necesario utilizarlos nunca, pero los describiré brevemente en esta parte.

Evento de Escalada

Escalada es otro de esos términos que tiene un significado específico en BPMN que no es el mismo que su significado general en Español, o incluso en la gestión de procesos de negocios. En BPMN, Escalada es la contraparte sin interrupción de Error, con comportamiento similar de lanzamiento-captura. Un evento en el límite de Escalada significa una *excepción sin interrupción dentro de una actividad.* La actividad podría ser una tarea o un subproceso.

Un valioso caso de uso para un *evento en el límite de Escalada en una tarea del Usuario* es una *acción ad-hoc del usuario,* la cual significa que pese a que el realizador esté en el *medio* de la tarea, el realizador *posiblemente podría* iniciar otro camino paralelo de acción. Debido a que BPMN no describe temas internos de una tarea, la lógica del realizador es invisible para el modelo, así que disparar el flujo de excepción es efectivamente ad-hoc. Por ejemplo (Figura 7-28), si surge un problema de configuración técnica durante el ingreso de la orden de compra, el vendedor puede que necesite consultar con un especialista antes de completar la tarea. En una tarea, el evento de Escalada no implica que el flujo de excepción *va* a ser disparado, sólo que *podrá* ser disparado.

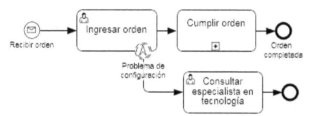

Figura 7-28. Acción ad-hoc del usuario con evento de Escalada

El flujo de excepción disparado por la Escalada avanza en paralelo con la actividad original y posiblemente con actividades en la salida normal del flujo. La Figura 7-28 sólo "funciona" si *Ingrese orden* siempre espera a *Consultar especialista técnico* para completarse antes de continuar a *Cumplir la orden.* Pero el diagrama en sí mismo no lo asegura. Técnicamente, como se modeló en la Figura 7-28, *Cumplir orden* podría iniciarse antes de que la consulta técnica esté completa. Si se quiere decir "éso no puede pasar nunca", sería mejor encerrar *Ingrese orden* y *Consulte especialista técnico* en un subproceso, como en la Figura 7-29.

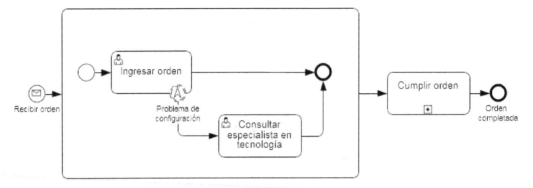

Figura 7-29. Unión del flujo de excepción sin interrupción y el flujo normal con el subproceso

Es importante que la acción se inicie desde el *medio* de la tarea del Usuario, no al final. Un hilo de acción paralelo iniciado *al* final de la tarea se modela mejor como una compuerta OR que sigue a la tarea, lo cual veremos en el Capítulo 9. Es discutible que esto sea inconsistente con Error, a lo que digo que el Error lanzamiento-captura y prueba del estado final de la compuerta son igualmente aceptables. Pero pocas herramientas sustentan eventos de Escalada, las cuales con nuevas en BPMN 2.0, e incluso menos modeladores saben lo que significan. Por ende, lo mejor es guardar Escalada para cuando sea realmente necesario.

En un subproceso, un evento de fin de Escalada en la expansión a nivel hijo puede lanzar una señal capturada por un evento Escalada en el límite del subproceso en el diagrama a nivel padre (una señal como *lanzamiento –captura de Escalada* puede también lanzarse por un evento intermedio de Escalada, algo que no se puede hacer con Error). Técnicamente, un evento en el límite Escalada puede ser de interrupción o sin interrupción, pero no hay diferencia semántica entre un evento Escalada con interrupción y un evento Error, así que en el caso con interrupción simplemente utilizaría Error.

Como con Error, un evento Escalada en el límite de un subproceso colapsado implica un evento Escalada lanzador que coincida en la expansión a nivel hijo. A diferencia de Error, sin embargo, las salidas de la actividad del flujo normal y del flujo de excepción no son caminos alternativos, sino paralelos.

Evento Señal

Los eventos Mensaje, Error y Escalada constriñen la relación entre el lanzador y el capturador. Error y Escalada sólo pueden lanzar al límite del subproceso padre; Mensaje sólo puede lanzar a otra piscina. Una motivación para los eventos Señal, añadida en BPMN 1.1, era proveer una señalización de lanzamiento-captura sin esas restricciones, en particular, la incapacidad de comunicarse utilizando un Mensaje con una actividad en el camino paralelo del proceso.

Empero, Señal también obtuvo una segunda propiedad completamente no relacionada. La señal en sí misma sería *transmitida* en lugar de disparada a un proceso o instancia del proceso

---

en particular, como pasa con Mensaje. Transmitir la señal en vez de dirigirla a un proceso en particular tiene la ventaja de *asociar libremente* al lanzador y los capturadores. Tal comportamiento, conocido como *integración publicar-suscribirse*, permite a un proceso o sistema anunciar un evento, tal como la adición de un nuevo cliente, con tener que saber sobre todos los procesos que podrían ser disparados por ese evento. *Cualquier* proceso que esté escuchando a ese evento en particular podría disparar una nueva instancia utilizando un *evento de inicio Señal* (Figura 7-30).

Figura 7-30. Evento de inicio Señal generalmente significa integración publicar-suscribirse

Las propiedades del evento Señal necesarias para la señalización intra-procesos y la integración publicar-suscribirse en realidad funcionan una contra la otra, ya que la comunicación con un nodo paralelo en el proceso requiere atender una instancia particular del proceso, no sólo transmitir una señal. Empero, la especificación BPMN convenientemente ignora este problema. Cuando se utiliza para comunicar al interior de un proceso, se asume que la Señal brinda los detalles necesarios para apuntar a la instancia correcta. Cuando el capturador es un evento de inicio Señal, generalmente se asume el comportamiento de la transmisión (también conocido como *publicar-suscribirse).*

La Señal puede lanzarse desde un evento intermedio lanzador o evento de fin, y puede ser capturado en un evento de inicio, evento intermedio capturador (incluyendo compuerta de eventos), o evento en el límite. Esta flexibilidad es uno de sus beneficios clave. Hemos visto previamente cómo los eventos Terminador o de Error pueden ser utilizados para finalizar un camino paralelo al interior del nivel del proceso. Pero esos patrones finalizan inmediatamente todo el nivel del proceso. Un lanzamiento-captura Señal a un evento en el límite de interrupción en un camino paralelo, no tiene esta limitación. En la Figura 7-31, si las negociaciones de un contrato fallan, se puede detener *Desarrollar especificaciones* utilizando lanzamiento-captura Señal sin terminar inmediatamente el proceso..

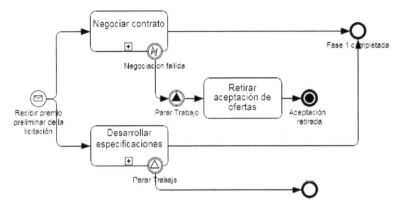

Figura 7-31 Señal Lanzamiento-captura en caminos paralelos es más flexible que simplemente Terminar

Es incorrecto adjuntar un flujo de mensaje a un evento Señal. El vínculo entre el lanzador y capturador de Señal se sugiere sólo por las etiquetas que coinciden. De hecho, muchas veces sólo una mitad de un par de lanzamiento-captura Señal es siquiera parte del modelo. Por esa razón, el lanzamiento-captura Señal debería ser utilizado únicamente cuando no se puede utilizar Mensaje, Error o lanzamiento-captura Escalada.

Evento Condicional

El evento Condicional significa una condición de datos continuamente monitoreada. Cuando la condición, definida por una expresión de datos, se hace verdadera, se dispara el evento. Por ejemplo, un evento de inicio Condicional puede disparar un proceso de reabastecimiento de stock cuando el inventario está acabándose (Figura 7-32, izquierda).

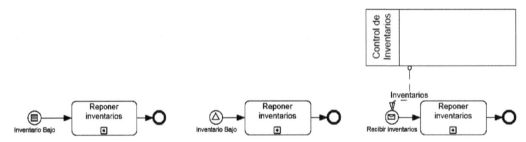

Figura 7-32. Evento condicional (izquierda) significa una condición de datos monitoreada. A menudo, los eventos Señal o Mensaje pueden describir el mismo comportamiento

En la Figura 7-32, los tres diagramas efectivamente hacen lo mismo, sólo con ligeras diferencias de interpretación. Con el inicio Condicional (izquierda), el modelo de proceso define la condición de datos monitoreada. Con inicio de Señal o Mensaje, la detección del inventario acabándose es una función de un sistema externo o base de datos. El inicio de Señal indica la transmisión de una señal de *Inventario acabándose*, mientras que inicio Mensaje indica una solicitud específica enviada por el sistema externo.

Condicional puede utilizarse con eventos intermedios capturadores y eventos en el límite, al igual que eventos de inicio. La etiqueta del evento Condicional debería indicar la condición monitoreada.

Evento de Vínculo

El evento de Vínculo es más una ayuda de dibujo que un verdadero evento. En realidad no lanza o captura una señal disparadora. Vínculo sólo sustenta eventos intermedios lanzadores y capturadores, no eventos de inicio, de fin o en el límite. Un *par lanzador-capturador Vínculo* es simplemente un *atajo visual para un flujo de secuencia* entre el evento Vínculo lanzador y el evento capturador Vínculo. Sólo puede utilizarse donde BPMN permite un flujo de secuencia, por lo que el lanzamiento-captura de Vínculo no puede cruzar un subproceso o límite (borde) de una piscina.

Un uso para eventos Vínculo es como un *conector fuera de la página,* donde un solo nivel del proceso no entra en una sola página. No puede utilizarse entre páginas que representan niveles a nivel padre e hijo; ambas páginas deben representar el mismo nivel del proceso. Así es como los pares de los eventos Vínculo se ven más seguido en modelos BPMN planos (nivel simple) que en modelos jerárquicos.

Un segundo uso es como *conector en la página,* simplemente para reducir el desbarajuste de cruzar flujos de secuencia. Se utiliza, por ejemplo, en herramientas como *IBM Blueworks Live* que dibuja el diseño del flujo de secuencia automáticamente. Las herramientas que sustentan diseños manuales, como *Microsoft Visio,* permite precisamente ordenar flujos de secuencia para minimizar el cruzado, pero herramientas de auto diseño son menos adecuadas para esto.

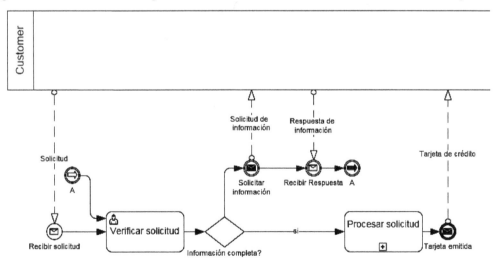

Figura 7-33. Par de Evento Vínculo utilizado como un conector en la página

En la Figura 7-33, los eventos Vínculo etiquetados *A* significan que el flujo de secuencia afuera del evento Vínculo capturador es realmente una extensión del flujo de secuencia hacia el evento Vínculo lanzador. Si conectar visualmente pares de lanzamiento-captura Vínculo de esta forma es más entendible que cruzar flujos de secuencia, es cuestión de opinión.

Subproceso de Evento

En BPMN Nivel 2, se puede concebir a las acciones en el flujo de excepción de un evento en el límite como el *gestionador* de ese evento. BPMN 2.0 introdujo un segundo tipo de gestionador llamado *subproceso de evento*. Subprocesos de evento son más fácilmente trazados a BPEL que los gestionadores de eventos en el límite y, a diferencia de los gestionadores de eventos en el límite, pueden acceder al *contexto* (es decir, datos y valores de estado) del nivel del proceso en el cual el evento ocurre. Estos son en realidad temas del ejecutante relacionados con BPMN ejecutable, y por ello más allá del alcance de BPMN Nivel 2. Sin embargo, los subprocesos de evento también son conceptos útiles para el modelado no ejecutable, si hubiese interés en utilizarlos.

Un subproceso de evento está definido al interior de un nivel particular del proceso, ya sea del proceso al más alto nivel o de un subproceso regular. Funciona similarmente a un evento en el límite. Si el disparador ocurre mientras el nivel del proceso que contiene al subproceso de evento se está ejecutando, el subproceso de evento se inicia. A diferencia de un subproceso regular, un subproceso de evento no tiene flujos de secuencia entrantes o salientes. En su lugar, tiene un *evento de inicio disparado,* tal como Mensaje, Temporizador o Error. Ya que el disparador sólo está activo mientras el nivel del proceso se está ejecutando, actúa más como un evento intermedio que como un evento de inicio regular. Un subproceso de evento puede ser *de interrupción* o *sin interrupción*, como indique el límite del evento de inicio: sólido para interrumpir, intermitente para no interrumpir, igual que un evento en el límite.

En la notación, un subproceso de evento es visualmente distinto de un subproceso regular. Un subproceso de evento colapsado se denota por un *límite (borde) de línea punteada* y un *ícono de disparador* en la esquina superior izquierda (Figura 7-34, arriba). La expansión del subproceso de evento puede estar o en línea, adentro de un rectángulo redondeado agrandado, o jerárquicamente, en un diagrama separado (Figura 7-34, abajo).

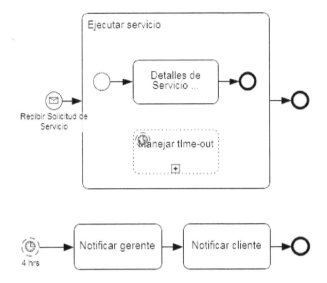

Figura 7-34. El subproceso de evento *Manejar tiempo de espera* **definido para el subproceso regular** *Realizar servicio* **(arriba); expansión a nivel hijo de** *Manejar tiempo de espera* **(abajo)**

En la Figura 7-34, *Manejar tiempo de espera* es un subproceso de evento definido al interior de *Realizar servicio*, un subproceso regular; se dispara por un temporizador sin interrupción. Las semánticas son similares a un evento en el límite. Si *Realizar servicio* dura más de 4 horas, no se lo debe interrumpir, sino disparar paralelamente el subproceso de evento. Cuando se dispara un subproceso de evento sin interrupción, el nivel del proceso que lo contiene no está completo hasta que ambos, el proceso a nivel hijo regular (*Detalles del servicio…*) y el subproceso de evento se hayan completado. El procesamiento luego se reanuda en el flujo normal afuera del subproceso regular.

Un subproceso de evento con interrupción funciona de una forma similar, excepto por que el subproceso regular se aborta cuando el subproceso de evento se dispara. Cuando el subproceso de evento se completa, el proceso se reanuda en el flujo normal afuera del subproceso regular.

Hay una excepción para la continuación del proceso en el flujo normal afuera del subproceso regular. Un evento de fin Error o Escalada del subproceso de evento puede lanzar una excepción a un evento en el límite que coincida en el subproceso regular (no en el subproceso de evento). En ese caso, el procesamiento continúa en el flujo de excepción afuera del evento en el límite (si se lanza una Escalada sin interrupción, el procesamiento continúa en paralelo en los flujos normal y de excepción). Este comportamiento no está claramente explicado en la especificación, pero revisé con otros miembros del comité técnico de BPMN 2.0, y es su opinión consensuada.

CAPITULO 8

Iteración y Alineamiento de Instancia

BPMN cuenta con una forma de decir que una actividad, ya sea tarea o subproceso, no está completa hasta que se la realiza múltiples veces. Es más, tiene dos formas diferentes para decirlo. En algunos casos, hasta estas actividades repetitivas son inadecuadas para alinear apropiadamente una instancia de la actividad con la instancia del proceso. Discutiremos la iteración en todos sus aspectos en este capítulo.

Actividad Bucle

Una *actividad bucle*, indicada por un marcador de flecha circular en la parte inferior central (Figura 8-1, izquierda), es como el bucle 'Hacer-Mientras' en programación. Significa lo mismo que el diagrama explícito de compuerta de bucle invertido (loopback) de la derecha: realice la actividad una vez, y luego evalúe la *condición del bucle (loop)*, una expresión de datos booleana. Si la condición es *verdadera*, realice la actividad una segunda vez, y luego evalúe la condición del bucle de nuevo. Esta iteración puede continuar indefinidamente, o se puede establecer un límite más alto. Cuando la condición de bucle es *falsa*, el flujo de secuencia afuera de la actividad de bucle queda habilitado.

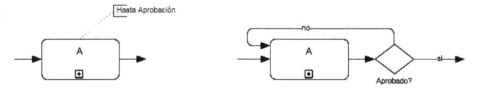

Figura 8-1. La actividad de bucle A (izquierda) significa lo mismo que una actividad sin bucle A con compuerta de bucle invertido

No utilice el marcador de bucle y compuerta de bucle invertido juntos, sería un bucle dentro de un bucle, que probablemente no sea lo que pretende. El marcador de bucle brinda una representación más compacta que la compuerta de bucle invertido, pero oculta la condición del bucle. Por esa razón, lo mejor es indicar la condición en una *anotación de texto*. Nótese: Una condición de la forma *Hasta X* corresponde a la condición de bucle *Si No X*; cuando X es verdadero, *No X* es falso y finaliza la repetición en bucle.

Con las actividades bucle, la iteración es siempre secuencial. No se puede iniciar la segunda iteración hasta que no se haya finalizado la primera y la condición del bucle sea verdadera. Asimismo, con el bucle el *número de iteraciones es desconocido* cuando la primera iteración inicia. Se determina al evaluar la condición del bucle al final de cada iteración.

Actividad Multi-Instancia

Una *actividad multi-instancia (MI),* denotada por un marcador de 3 barras paralelas en la parte inferior central, es como *Por Cada (For-Each)* en programación. Significa realizar la actividad una vez para cada ítem en la lista. En una sola instancia del proceso hay múltiples instancias de la actividad, y cada instancia de la actividad actúa en un ítem en la lista. ¿Qué lista? Una actividad multi-instancia solamente tiene sentido cuando los datos de la instancia del proceso contienen algún tipo de colección, como ítems en un orden. En un proceso de orden de compra, la actividad MI *Revisar stock* significa revisar el stock de cada ítem de la orden.

Las órdenes de compra no tienen el mismo número de ítems, pero cuando *Revisar stock* inicia por una orden en particular, ya se sabe cuántas iteraciones serán necesarias: el número de ítems en la orden. Usualmente la lista a la que se hace referencia es obvia por el nombre de la actividad, pero si no, lo mejor es indicarlo en una anotación de texto, tal como *Por cada X*. El saber de antemano el número de iteraciones es una diferencia fundamental entre actividades multi-instancia y bucle. Otra es que las instancias MI pueden ser realizadas en paralelo. Si es así, el marcador MI es de 3 barras verticales. Si, por otro lado, las instancias son siempre realizadas secuencialmente, el marcador es de 3 barras horizontales. Una actividad secuencial MI *no* es lo mismo que un bucle.

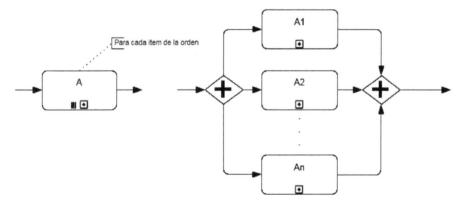

Figura 8-2. La actividad MI "A" (izquierda) es la misma que n instancias paralelas de la actividad no MI "A", seguida por una unión (derecha).

En la Figura 8-2, la actividad MI "A" (izquierda) significa lo mismo que n actividades paralelas no MI (derecha). La actividad MI no está completa hasta que todas sus instancias estén completas. Técnicamente, la especificación permite otras condiciones de finalizado, pero nunca las he visto en la práctica y son indistinguibles en el diagrama por la condición usual de *todo completo*. BPMN 2.0 en realidad permite decir que se ha generado un Evento señal, ya sea a medida que cada instancia se completa, o sólo cuando la primera instancia se completa, y está capturado en el borde de la actividad MI.

Por ello, tal vez es sólo un convencionalismo de Método y Estilo, pero pienso que es mejor interpretar que MI requiere que *todas* las instancias se completen antes de que la actividad MI se complete, lo cual es casi siempre la intención del modelador. Un evento de límite terminador o de interrupción en una actividad multi-instancia abortaría inmediatamente todas las instancias en marcha.

Utilizar Actividades Repetitivas

En mi capacitación BPMN, uno de los ejercicios utilizados anteriormente para la certificación involucraba un proceso de contratación. Cada instancia del proceso es una vacante a un puesto de trabajo. El proceso inicia con la definición y aprobación del puesto, seguido de la publicación del puesto, aceptación de aplicaciones, entrevistas con los candidatos y finalmente la contratación de uno de ellos. Es un proceso familiar para la mayoría de los estudiantes, pero incluso así, he visto un desalentador número de pruebas de certificación que se veían así:

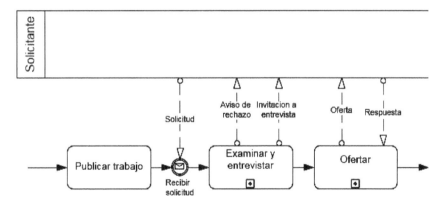

Figura 8-3. Un error común de principiante

¿Cuál es el problema aquí? Dele una mirada hasta que lo vea.

Cada instancia del proceso representa una vacante a un puesto de trabajo por separado. ¿Cuántas aplicaciones puede manejar cada instancia? En la Figura 8-3 sólo una! Después de que el primer mensaje de *Aplicación* avanza la instancia hacia *Evaluar y Entrevistar*, no hay nada que aceptar en la siguiente. Necesitamos alguna forma para indicar que hay múltiples mensajes entrantes de *Aplicación* por cada instancia de nuestro proceso. Quizás repetir actividades pueda ayudar.

¿Cuántas aplicaciones vamos a recibir? Bueno, no lo sabemos, no tenemos una lista de aplicaciones antes de comenzar, así que debemos utilizar una *actividad bucle*, no MI. Lo más simple sería envolver el Evento mensaje y *Evaluar y Entrevistar* en un subproceso bucle con la condición del bucle *Hasta estar listo para hacer oferta:*

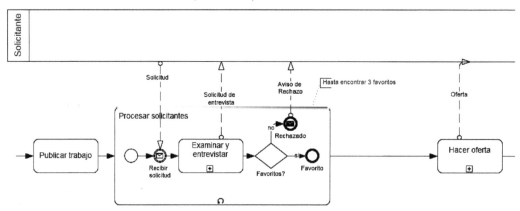

Figura 8-4. Una solución válida pero impracticable

Éso funciona técnicamente, pero tiene un serio problema práctico: la segunda iteración no puede comenzar hasta que la primera esté completa. Éso significa completar el proceso de entrevista, que podría tomar dos o tres semanas. Si cada iteración toma mucho tiempo antes de incluso mirar al siguiente solicitante, este proceso no va a funcionar. Si vamos a utilizar un bucle, tiene que ser relativamente rápido.

Un enfoque más práctico podría ser un bucle rápido *Recibir y Evaluar*, seguido por un subproceso MI *Entrevistar*. *Recibir y Evaluar* solamente clasifica a los solicitantes en candidatos viables –aquellos que llegan a las cualificaciones básicas- y aquellos no viables. Digamos que la condición de bucle es *Hasta 5 candidatos viables*. Entonces *Entrevistar* puede ser MI porque tenemos la lista. Podemos llevar a cabo las entrevistas de los cinco candidatos en paralelo. Cuando ya están todas acabadas, pasamos a *Hacer oferta*. Ahora se vería así:

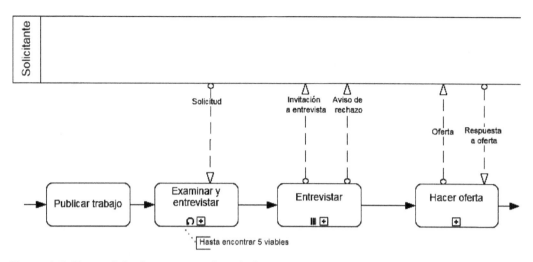

Figura 8-5. Un modelo de proceso más práctico

La Figura 8-5 es una solución práctica para el problema del proceso de contratación, pero es muy imperfecta. El problema básico es que *Recibir y Evaluar* y *Entrevistar* no pueden superponerse en el tiempo. No podemos iniciar ninguna entrevista hasta que tengamos a los cinco candidatos viables, y una vez que comencemos con las entrevistas, no podemos ver a ningún otro solicitante. Esta puede que sea la manera en la que su proceso funciona en la realidad, pero la mayoría de la gente dice: "no, nos gustaría comenzar a entrevistar a penas tengamos un candidato viable y seguir viendo a nuevos solicitantes después de que hayamos comenzado a entrevistar".

No se puede hacer éso con actividades repetitivas. De hecho, no se puede hacer éso en un proceso BPMN, se necesita más de uno.

Utilizar Piscinas Múltiples

Método y Estilo generalmente recomienda que se modele un proceso de negocios de principio a fin como un solo proceso BPMN, si se puede, pero a veces no se puede hacer éso, y la razón es que las instancias de la actividad no están alineadas al interior de todo el proceso de principio a fin. No hay una correspondencia de 1 a 1 entre ellas. En ese caso, posiblemente se necesite modelar el proceso de principio a fin con piscinas múltiples, es decir, múltiples procesos BPMN. Nuestro escenario del proceso de contratación nos brinda un buen ejemplo.

Recuerde que un Evento de inicio mensaje tiene esa habilidad mágica de crear una nueva instancia del proceso siempre que llega el mensaje de inicio. No necesitamos saber cuántos mensajes de inicio llegarán, el Evento de inicio mensaje crea una nueva instancia para cada uno. Y no hay una regla para que una instancia debe completarse antes de que la siguiente inicie; las instancias pueden superponerse en el tiempo y de cualquier manera. Esto combina las mejores partes de las actividades bucle y multi-instancia, sin sus restricciones.

Ello sugiere la solución alternativa al problema del proceso de contratación mostrado en la Figura 8-6. Su característica principal es que la contratación ha sido dividida en dos piscinas en vez de una, que es lo normal. La razón de las dos piscinas no es porque los "participantes" son diferentes. De hecho, los realizadores de la actividad –el departamento de contrataciones y RRHH- son *exactamente las mismas personas en ambos*. Son piscinas separadas porque son *procesos BPMN independientes*. Y la razón por la que son procesos separados es que sus respectivas instancias no tienen una correspondencia 1 a 1.

En el *Proceso de Contratación*, la instancia corresponde a una sola vacancia de puesto de trabajo, igual a la que tuvimos en la estructura de la actividad repetitiva. En *Evaluar Candidato*, la instancia es un solo solicitante. Una nueva instancia de *Evaluar Candidato* se crea siempre que se recibe el mensaje de inicio *Reanudar*. Estas instancias pueden superponerse en el tiempo, de cualquier forma y no necesitamos saber cuántas hay.

Nótese que *Evaluar Candidato* tiene lo que se ve como un marcador multi-instancia en la parte inferior central, indicando un *participante multi-instancia*. Este marcador sólo tiene un significado en una colaboración entre piscinas. Significa que en el diagrama de colaboración hay múltiples instancias de esta piscina con respecto a cada instancia de la otra piscina. En la Figura 8-6, éso significa múltiples instancias de *Evaluar Candidato* para cada instancia de *Proceso de Contratación*, es decir, múltiples solicitantes para cada vacancia de puesto.

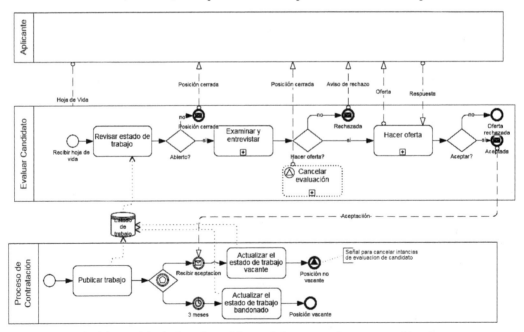

Figura 8-6. Solución multi-piscina al problema del proceso de contratación

En la estructura multi-piscina, después de publicar el puesto, *Proceso de Contratación* simplemente espera a un mensaje de *Evaluar Candidato* indicando que un solicitante ha sido

---

seleccionado y ha aceptado la oferta. Se puede colocar un tiempo de espera para ese mensaje utilizando una compuerta de evento. Cada instancia de *Evaluar Candidato* podría tomar semanas de principio a fin, pero a diferencia del bucle sencillo en la Figura 8-4, aquí funciona porque las instancias de *Evaluar Candidato* pueden superponerse en el tiempo.

La solución multi-piscina evita las limitaciones de repetir actividades, pero es más difícil de entender para muchas personas. Asimismo, se debe lidiar con el problema de *coordinar el estado* de las dos piscinas, recuerde que en esta estructura son procesos independientes. Aunque *Proceso de Contratación* y *Evaluar Candidato* técnicamente son pares, *Proceso de Contratación* es efectivamente el padre, ya que necesita habilitar *Evaluar Candidato* cuando se publica el puesto y deshabilitarlo cuando el puesto ha sido adjudicado.

La Figura 8-6 ilustra dos formas de sincronizar el estado. Una utiliza un almacenamiento de datos que representa el estatus del puesto en una base de datos. *Proceso de Contratación* actualiza el almacenamiento de datos cuando el puesto se ha abierto, adjudicando o abandonado, y *Evaluar Candidato* lo consulta inmediatamente con la instanciación. Una vez que el puesto es adjudicado, los nuevos solicitantes simplemente reciben un mensaje de *Posición Cerrada*. Pero cuando el puesto es adjudicado, también se necesita terminar cualquier instancia en marcha de *Evaluar Candidato*. Para ello, se lanza un Evento señal (posiblemente un Evento mensaje funcionaría igual). No se puede colocar un evento al límite a un proceso al más alto nivel, pero se puede utilizar un subproceso de evento de interrupción, que con la recepción de la Señal, termina *Evaluar Candidato* y brinda cualquier acción de limpieza, como enviar el mensaje de *Posición Cerrada*.

Procesos por Lotes

La solución de piscinas múltiples puede que se vea oscura, pero para el modelado de procesos de principio a fin, es posible que usted la utilice frecuentemente. Un caso de uso común es cuando una parte del proceso opera con "lotes" de ítems que son procesados uno a la vez en otra parte del proceso. Por ejemplo, en los ejemplos del proceso de orden de compra utilizados en este libro, la instancia del proceso es una sola orden, lo que significa que el procesado de principio a fin es una orden a la vez. Pero en procesos de orden de compra reales, posiblemente haya un servidor central con un programa de procesamiento por lotes que opera una o más veces al día para publicar todas las órdenes recibidas desde el anterior lote. Realmente no es correcto insertar una actividad *Publicar lote de órdenes* en el medio de un proceso donde la instancia es una sola orden, ya que ello sugiere que *Publicar lote de órdenes* se repite para cada orden individual.

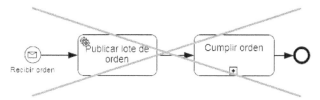

Figura 8-7. Discordancia en la instancia entre actividad y proceso

Publicar lote de órdenes se representa mejor como un proceso independiente al más alto nivel, con un Evento de inicio temporizador que significa un proceso programado, que interactúa con el proceso de la orden de compra. Como se vio con el ejemplo del proceso de contratación, hay dos maneras de modelar la interacción: almacenamiento de datos (Figura 8-8) y Eventos de Mensaje (o Señal) (Figura 8-9).

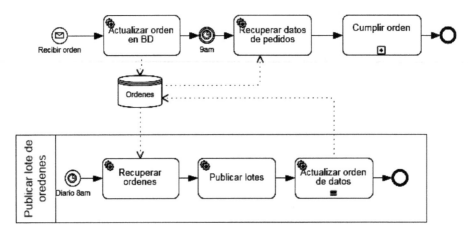

Figura 8-8. Dos piscinas interactuando vía un almacenamiento de datos

En la Figura 8-8, el proceso *Orden de Compra* actualiza la base de datos de las Ordenes con cada orden que es recibida. Una vez al día, el proceso *Publicar lote de órdenes* compila todas las órdenes nuevas, corre el lote y actualiza la base de datos con los datos de la publicación. El proceso *Orden de Compra* espera a que la publicación del lote se programe para estar completa, compila los datos de publicación de esa orden, y continúa.

En la Figura 8-9, la colección de órdenes diarias es la misma, pero la información de la publicación retorna al proceso *Orden de Compra* en un mensaje. El proceso espera al mensaje y continúa tan pronto como llega el mensaje. Ya sea con la estructura de la Figura 8-8 o de la Figura 8-9, no es necesario mostrar la lógica del proceso *Publicar lote de órdenes* si el objetivo es modelar el proceso de la *Orden de Compra*, el cual se lo podría modelar como una piscina caja negra. Aquí lo clave es que no se puede modelar la publicación del lote como una actividad al interior del proceso de la *Orden de Compra*.

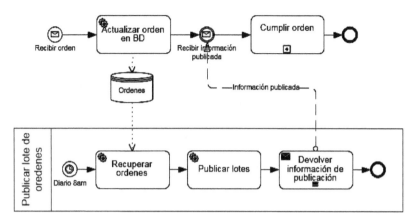

Figura 8-9. Dos piscinas interactuando vía almacenamiento de datos y mensaje

Alineación de las Instancias

La estructura multi-piscinas, además de con servidores centrales con programas de procesamiento por lotes, funciona en otros casos. Por ejemplo, en muchos de los ejemplos de este libro, se envía una factura al cliente con cada orden. Sin embargo, para clientes regulares, no es poco común enviar una cuenta cada mes, no con cada orden. En ese caso, *Enviar estado de cuenta mensual* no puede convertirse en una actividad en el proceso *Orden de Compra,* debe ser parte de un proceso separado de *Facturación* que corra cada mes (Figura 8-10).

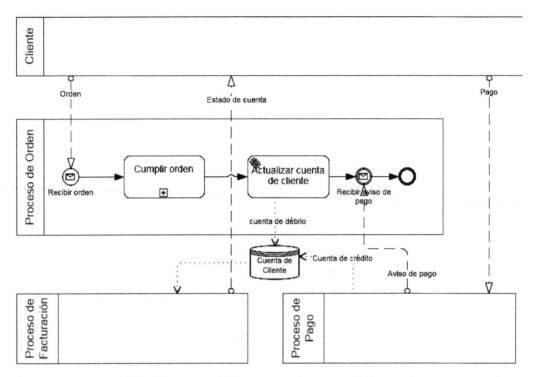

Figura 8-10. *Facturación* y *Pago* son piscinas separadas ya que la instancia no es una orden

Similarmente, los pagos no son uno por orden o incluso necesariamente uno al mes. Una instancia del proceso *Pagos,* es una vez por pago. Entonces, si el proceso *Orden de compra* no finaliza hasta que la orden sea pagada, se requieren múltiples piscinas que interactúen.

CAPITULO 9

División y Fusión de Procesos

Ya hemos cubierto en detalle los comportamientos más comunes de división y fusión en BPMN:

- División exclusiva basada en una condición de datos, utilizando la compuerta XOR.
- División exclusiva basada en el primer evento que ocurra, utilizando la compuerta de evento
- División paralela incondicional, utilizando ya sea una compuerta AND o múltiples flujos de secuencia afuera de una actividad o evento de inicio.
- Fusión de alternativas exclusivas por conexión directa (sin compuerta)
- Unión de caminos paralelos, utilizando una compuerta AND.

En este capítulo cubriremos algunos comportamientos de división y fusión adicionales.

Flujo Paralelo Condicional

La compuerta paralela (AND) representa una *división incondicional*, lo que significa que en todas las instancias el proceso se divide en dos o más caminos paralelos, uno por cada *gate*. ¿Pero qué pasa si se quiere decir que la división paralela es *condicional*, lo que significa que cada camino podrá o no podrá ser habilitado para una instancia particular del proceso? No ocurre frecuentemente, pero BPMN tiene una forma de decirlo...de hecho, ¡dos formas diferentes!

División de Compuerta OR

La *compuerta inclusiva*, también llamada *compuerta OR*, con el símbolo O adentro, representa la *división condicional*. Como en las compuertas exclusivas (XOR), cada *gate* tiene una condición Booleana, pero aquí las condiciones son *independientes*. Más de una podría ser verdadera, y cada *gate* con condición verdadera queda habilitada. Si dos o más están habilitadas, esos caminos corren paralelamente.

En la Figura 9-1, después de *Redactar contrato* siempre se lleva a cabo *Realizar revisión financiera*, pero sólo si *Realizar revisión financiera* es un contrato técnico. Si se hacen los dos, la revisión financiera y revisión técnica se llevan a cabo en paralelo. Una división de compuerta OR requiere una condición en cada uno de sus gates. Si el *gate* está siempre habilitado, utilice la etiqueta *Siempre*.

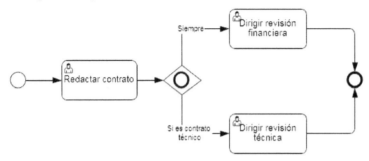

Figura 9-1. División condicional utilizando una compuerta OR

La Figura 9-2 es ligeramente diferente. Ahora sólo será *Realizar revisión financiera* si el costo está por encima de 10.000 $US, y sólo será *Realizar revisión técnica* si es un contrato técnico. Si se hacen los dos, ocurrirán en paralelo. El *gate* con la marca de verificación se llama el *flujo por defecto*. El Flujo por defecto en BPMN no significa siempre, ni siquiera usualmente, significa *de otra forma*. El flujo por defecto está habilitado si y sólo si otro *gate* no está habilitado para la instancia del proceso. En este ejemplo, *Realizar revisión rápida* sólo ocurre si el costo no está por encima de los 10.000 $US y si *no* es un contrato técnico. Una compuerta puede tener máximo un flujo por defecto.

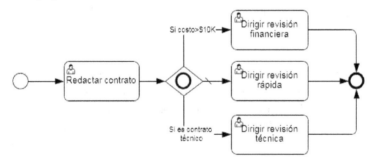

Figura 9-2. Flujo por defecto significa *de otra manera*

Flujo de Secuencia Condicional

La Figura 9-3 ilustra una segunda forma de mostrar al flujo paralelo condicional, llamado *flujo de secuencia condicional*. Acá no tenemos ninguna compuerta, pero dos de los flujos de secuencia tienen un pequeño diamante en la cola, indicando la habilitación sólo si su condición es verdadera. Esta notación del diamante en la cola está sólo permitida para flujos de secuencia fuera de una actividad. En XML, los flujos de secuencia afuera de una compuerta XOR o compuerta OR, también son condicionales, pero en la notación no hay diamantes en la cola de un flujo de secuencia afuera de una compuerta. (He visto herramientas BPMN que ponen los diamantes en la cola de un flujo de secuencia afuera de la compuerta, pero es incorrecto). El flujo por defecto, indicado por la marca de verificación, significa lo mismo que afuera de la compuerta: *de otra manera.* El flujo está habilitado por defecto sólo si ninguno de los otros flujos de secuencia salientes están habilitados.

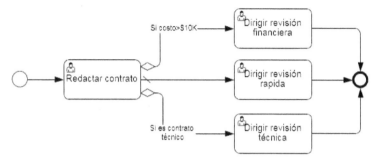

Figura 9-3. Flujo de secuencia condicional

Lo mejor es reservar el flujo de secuencia para el flujo paralelo condicional. Si se pretende una elección exclusiva, utilice una compuerta XOR en reemplazo. En la Figura 9-4, el diagrama implica que ambos, *Aprobado* y *Rechazado,* pueden ser verdaderos, lo cual es incorrecto. El diagrama del medio es técnicamente correcto, pero sólo funciona con dos flujos de secuencia salientes. Si hay dos flujos de secuencia condicionales además de un flujo por defecto, ¿pretendería el modelador una elección exclusiva? En mi experiencia, usualmente la respuesta es si… lo cual es correcto. Para eliminar la ambigüedad, utilice una compuerta XOR (Figura 9-4, derecha) cuando se pretenda una elección exclusiva.

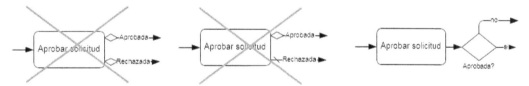

Figura 9-4. No utilice flujos de secuencia condicionales cuando se pretendan elecciones exclusivas.

Fusión de Flujos de Secuencia

El adecuado modelado de la fusión de múltiples flujos de secuencia en uno, depende de dos factores: 1) si los flujos son alternativas exclusivas, incondicionalmente paralelas, o condicionalmente paralelas, y 2) El comportamiento de fusión pretendido.

Fusión de Caminos Alternativos

Si los caminos a ser fusionados representan *alternativas exclusivas,* simplemente fusiónelos directamente (Figura 9-5, izquierda). Para poder darse cuenta de si son alternativas exclusivas, es necesario mirar hacia arriba para ver cómo fueron divididos al principio. Si fueron divididos por una compuerta XOR, compuerta de evento, o un evento en el límite de interrupción, son alternativas exclusivas.

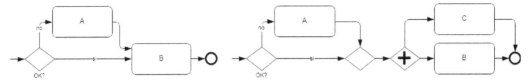

Figura 9-5. Fusione caminos alternativos directamente a una actividad. Puede utilizar una compuerta XOR para fusionar a otra compuerta.

Utilizar una compuerta XOR en una fusión, es lo mismo que directamente no utilizar una compuerta. Simplemente da paso a través de cada flujo de secuencia entrante en cuanto llegan, y en la fusión de caminos alternativos a una actividad, es completamente redundante, así que lo mejor es omitirlo. Sin embargo, puede que se desee utilizarlo para fusionar caminos alternativos en otra compuerta (Figura 9-5, derecha), ya que el comportamiento de una compuerta con múltiples insumos y múltiples resultados podría ser ambiguo desde el diagrama.

Unión de Compuerta AND

Si los caminos son *incondicionalmente paralelos*, es usual que se los quiera *unir* (Figura 9-6, derecha). Una *unión paralela* es modelada como una compuerta AND con múltiples flujos de secuencia adentro y una afuera y espera a que *todos* los flujos de secuencia entrantes lleguen antes de continuar. No se necesita utilizar una compuerta para unirlos en un Evento de fin básico, pero una unión paralela hacia una actividad siempre requiere de una.

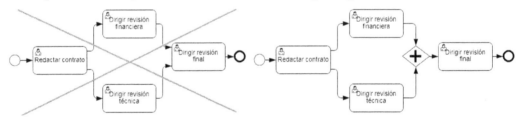

Figura 9-6. Para unir caminos paralelos hacia una actividad, utilice una compuerta AND.

Multi Fusión

A pesar de que la compuerta paralela es opcional para una división, no se debería omitir la compuerta para la unión (Figura 9-6, izquierda). La especificación técnicamente permite omitir a la compuerta –se llama *multi fusión*- pero significa que la actividad que sigue a la fusión (*Realizar revisión final*) es disparada múltiples veces, una por cada flujo de secuencia entrante, y lo mismo se aplica a todas las actividades hacia abajo. El utilizar una compuerta XOR como una fusión, da paso a través de cada flujo de secuencia a medida que llegan, de igual forma si no hubiera ninguna compuerta. *Así, con insumos paralelos, una compuerta XOR también significa una multi fusión, no una unión.* La multi fusión casi nunca es lo que se pretende, y recomiendo evitarla.

Unión de Compuerta OR

Si algunos de los caminos paralelos a ser unidos son *condicionales,* es decir que no están habilitados en cada instancia del proceso, todavía pueden ser unidos, pero se utiliza una *compuerta OR,* no una compuerta AND. Una unión de compuerta OR es como una unión de compuerta AND, excepto que ésta ignora los flujos de secuencia entrantes que no están habilitados para esta instancia del proceso.

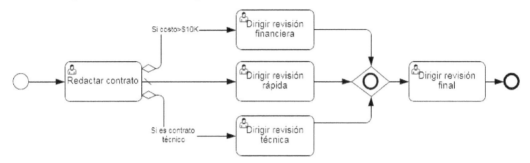

Figura 9-7. Unión de compuerta OR de flujos de secuencia condicionales

Por ejemplo, en la Figura 9-7 cualquiera o dos de los flujos pueden ser habilitados en cualquier instancia del proceso. La unión de compuerta OR ignora los flujos de secuencia que no están habilitados en esta instancia. Nótese que no hemos necesitado la compuerta OR en la Figura 9-3 porque una unión siempre está implícita en un Evento de fin básico.

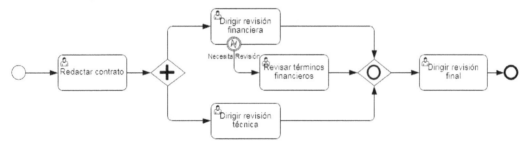

Figura 9-8. Otro caso de uso para una unión de compuerta OR

La Figura 9-8 brinda otro ejemplo. A pesar de que se tiene una división paralela incondicional, solamente dos de los tres flujos de secuencia hacia la unión puede llegar en cualquier instancia del proceso. Una unión de compuerta AND requiere a los tres; la unión de compuerta OR ignora el "camino de la muerte" en esta instancia del proceso.

Un tercer ejemplo es unir el camino del flujo de excepción, en el caso de un evento en el límite de no interrupción, con el camino de flujo normal. La salida normal del flujo siempre ocurre, pero el flujo de excepción ocurre sólo si el evento es disparado. Así, los flujos son condicionalmente paralelos y no pueden ser unidos por una compuerta AND; la compuerta debe ser OR.

Patrón Discriminador

Hay un comportamiento de fusión más que vale la pena discutir. Se llama el *Patrón discriminador*, y utiliza la *compuerta compleja*, con el símbolo del asterisco dentro el diamante. Una compuerta compleja no necesariamente significa Discriminador, significa algún comportamiento definido por el usuario además de aquel descrito por las compuertas AND, OR o XOR. Hay muy pocos de ellos, y el único que ocurre con algo frecuencia es el Discriminador.

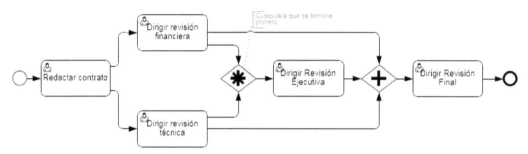

Figura 9-9. Patrón discriminador

El Patrón discriminador da paso al *primer* flujo de secuencia entrante que llega y bloquea al resto. Cuando múltiples actividades están en marcha paralelamente, el Discriminador permite iniciar otra cosa en cuanto cualquiera de ellas se completa. Por ejemplo (Figura 9-9), podemos iniciar la revisión ejecutiva con el resultado de cualquiera de las revisiones, financiera o técnica, la que ocurra primero; éso es el Discriminador. Si no tuviéramos ninguna compuerta que lleve a *Realizar revisión ejecutiva*, esa tarea sería disparada dos veces (multi fusión), que no es lo que se quiere.

Nótese que la compuerta compleja requiere una anotación de texto para explicar el comportamiento deseado. La compuerta compleja *no* es parte de la paleta Nivel 2, tal como fue definido por la subclase Analítica de BPMN 2.0.

CAPITULO 10

Transacciones

A pesar de ir más allá del alcance de la paleta Nivel 2, BPMN brinda soporte nativo a las transacciones. El término *transacción* se refiere a la ejecución coordinada de múltiples actividades de manera que *todas* ellas se completen exitosamente, o el sistema se restaure a un estado equivalente a *ninguna* de ellas se han completado. Un ejemplo familiar de la experiencia cotidiana son las transferencias electrónicas de fondos bancarios. La transacción debita de una cuenta en favor del crédito de otra, tal vez a otra institución financiera, un monto igual. Esto requiere la acción coordinada de dos bases de datos, posiblemente dos sistemas independientes. Si, por alguna razón ambas, el débito y el crédito no pueden ser ejecutadas simultáneamente, ninguna de ellas debería ser ejecutada. Lo que no debería pasar bajo ninguna circunstancia es que una cuenta sea debitada sin el correspondiente crédito en la otra (o viceversa).

Transacciones ACID

Este ejemplo y operaciones de bases de datos distribuidas similarmente son conocidos en informática como *Transacciones ACID*. En este caso, ACID significa:

- Atómico – indivisible, comportamiento todo o nada

- Consistente – evita un estado inconsistente del sistema, tal como un débito sin correspondiente crédito

- Aislado ("I" por su significado en inglés *isolated*) – los sistemas que gestionan cada cuenta están bloqueados durante la ejecución de la transacción

- Durable – el estado de los sistemas participantes es almacenado en una base de datos, no sólo en la memoria, de manera que puede ser restaurado en caso de un choque

En sistemas de TI, las transacciones ACID son típicamente implementadas utilizando un protocolo especial llamado *compromiso de dos fases*. En el compromiso de dos fases, una unidad de software llamada *gerente de transacción* primeramente se comunica con los numerosos recursos que realizan cada lado de la transacción, en este caso, el débito y el crédito, para asegurarse de que todos estén listos para ejecutarse. Sólo si todos los recursos informan que están listos, la transacción está *comprometida*. De lo contrario se los *retrocede* al estado antes de que la transacción se haya iniciado.

Transacciones de Negocios

BPMN implementa una idea similar para los procesos de negocios. En BPMN, un subproceso marcado como *transaccional* significa que sus actividades componentes deben completarse todas exitosamente, o que el subproceso debe ser restaurado a su estado coherente original. Pese a ello, usualmente las *transacciones de negocios* no son transacciones ACID coordinadas a través del compromiso de dos fases. La razón es que incumplen con el requisito I (*isolation)* o aislamiento. Para poder aislar, o bloquear los recursos que realizan las actividades componentes de la transacción, la transacción debe ser de *corta duración*, tomando milésimas de segundo para completarse. Para las transacciones de negocios, usualmente no se puede partir de ese supuesto. Las transacciones de negocios son de *larga duración*, y los recursos asociados con sus tareas componentes no están bloqueados mientras la transacción se está ejecutando. En lugar de éso, cada actividad de la transacción se ejecuta normalmente cuando le toca, pero si la transacción en su conjunto no se completa exitosamente, todas sus actividades que ya se hayan completado se *deshacen* al ejecutar su *actividad de compensación* definida.

Los ejemplos de recuperaciones de transacciones por compensación son familiares por la experiencia diaria. Suponga que compra algún artículo en línea con tarjeta de crédito, pero luego resulta que los proveedores de la empresa no tienen disponible el artículo. Verá en el estado de cuenta de su tarjeta de crédito un cargo por el artículo, y un posterior crédito equivalente con la cancelación del cobro. El crédito es la actividad compensatoria por el cobro. Esto no es lo mismo que una transacción ACID que reserva el artículo en el inventario antes de que lo cargue a la tarjeta de crédito. En ese caso, usted no vería ni el cobro ni el crédito en su estado de cuenta, porque la transacción nunca fue comprometida desde un inicio.

BPMN brinda soporte incorporado para transacciones de negocios. Un subproceso con un borde doble (Figura 10-1) lo expresa como una *transacción*. Las actividades dentro de la transacción que necesitan ser deshechas si la transacción fallara, están vinculadas con sus respectivas actividades compensatorias en el diagrama BPMN por los *Eventos en el límite de compensación*, y BPMN brinda otros eventos que señalan la falla en la transacción y el inicio de la compensación.

Figura 10-1. Subproceso transaccional

La compensación no incluye la gestión de la excepción que causó que la transacción falle, sólo significa la restauración al estado coherente original del sistema antes de que la transacción comenzara, al deshacer esas partes de la transacción que se completaron antes de llegar al punto en el que falló. Una vez que la compensación está completa, la gestión de la excepción continua de manera normal.

Evento en el Límite de Compensación y Actividad de Compensación

El *Evento en el límite de compensación* se utiliza para vincular una actividad con la actividad que la deshace o la compensa. No obstante, no es un evento en el límite normal; no tiene un flujo de secuencia saliente, en su lugar, tiene una *asociación* que la vincula a una sola *actividad compensatoria* (Figura 10-2). Ambos, el evento de compensación y la actividad compensatoria están identificados por el símbolo de rebobinado. El propósito del Evento en el límite de compensación es simplemente vincular una actividad con su actividad asociada de compensación.

Figura 10-2. Evento en el límite de compensación y la actividad compensatoria

A diferencia de un evento en el límite regular, un Evento en el límite de compensación sólo puede ser disparado *después* de que la actividad a la cual está adjunta se complete exitosamente. Si la actividad no se ha iniciado o si todavía se está ejecutando cuando la transacción falla, o si la misma actividad se completa sin éxito, su actividad compensatoria no se ejecuta cuando la transacción falla.

Alternativamente, un *Subproceso de evento de compensación* –un subproceso de evento con un Evento de inicio de compensación- se puede utilizar como actividad compensatoria.

Evento Cancelar

El *Evento cancelar*, con el ícono X, es una forma especial de Evento error que sólo puede utilizarse con subprocesos transaccionales (Figura 10-3). Se lo utiliza cuando la fuente de la falla de la transacción está *al interior* del subproceso de transacción, no después de su culminación. Como *Error*, *Cancelar* sustenta lanzamiento-captura de un evento de fin del subproceso transaccional, a un evento en el límite o subproceso de evento. Asimismo, como *Error* siempre interrumpe, no hay una variante de no interrupción de *Cancelar*. Su significado es idéntico a *Error* excepto por que antes de comenzar la gestión del error, representado por un flujo de excepción o subproceso de evento, *Cancelar* implícitamente ordena la compensación.

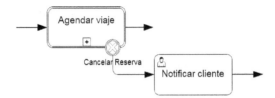

Figura 10-3. Evento en el límite Cancelar en un subproceso transaccional

Cuando la transacción es Cancelada, todas las actividades completadas exitosamente en su interior que tienen actividades compensatorias definidas, se deshacen al ejecutar esas actividades compensatorias. Una vez que la compensación está completa, arranca la gestión del error al ejecutar el flujo de excepción o subproceso de evento asociado con el Evento Cancelar.

Cualquier otro tipo de evento en el límite interrupción, como Error, en un subproceso transaccional, aborta la transacción *sin compensación*.

Lanzamiento-Captura de Compensación

Adicionalmente a Cancelar, BPMN brinda una forma alternativa de ordenar directamente la compensación al lanzar el *Evento intermedio de compensación* o *Evento de fin compensación*. A diferencia de Cancelar, el blanco del lanzamiento-captura no es un evento en el límite, sino la actividad a ser compensada. Este *Lanzamiento-captura de compensación* no requiere un subproceso transaccional.

Un caso de utilización del Lanzamiento-captura de compensación es cuando la necesidad de deshacer la transacción se haya determinado *después* de que la transacción se haya completado. Los siguientes ejemplos ilustran el uso de los eventos Cancelar y de Compensación.

Utilizar la Compensación

Para definir adecuadamente las actividades de compensación, es necesario pensar en los numerosos puntos, ya sea al interior del subproceso o después de su conclusión, donde la transacción posiblemente podría fallar y qué actividades posiblemente completadas necesitarían ser deshechas si éso ocurriera.

Considere un simple ejemplo de reserva de viaje en el cual la transacción consiste en dos actividades, reservar un asiento y cargar el pago a la tarjeta de crédito, siempre realizadas en ese orden (Figura 10-4). La única vez que esta transacción requerirá compensación es si el cargo a la tarjeta de crédito falla. En ese caso, la reserva de la aerolínea debe ser deshecha utilizando una actividad de compensación. Si la actividad de reserva del asiento falla (por ej., no hay asientos disponibles) no hay una actividad completada exitosamente a deshacer. A pesar de que se tiene definida una actividad de compensación, no se la ejecuta a menos de que la actividad original se complete exitosamente. Asimismo, no se necesita tener una actividad

---

de compensación definida para el cargo, ya que si se la completa exitosamente, la transacción en su conjunto se completa exitosamente.

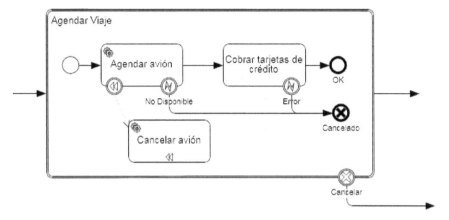

Figura 10-4. Compensación de la transacción, caso simple

Ahora consideremos un caso más complejo, en el cual se deben reservar múltiples vuelos y hoteles para completar el itinerario (Figura 10-5). El orden para reservar cada tramo, alojamiento y pasajes, no está determinado. Si algún tramo del itinerario no puede ser reservado exitosamente, la transacción falla. Si todos los tramos del itinerario se han podido reservar, entonces se hace el cargo a la tarjeta de crédito. Si la tarjeta de crédito falla, la transacción también falla.

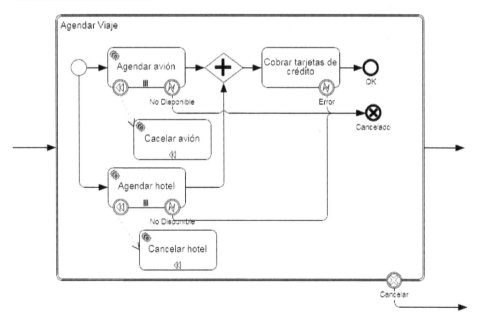

Figura 10-5. Compensación de la transacción, caso complejo

Acá pueden ver la conveniencia de la compensación, ya que hay muchos puntos potenciales de falla en esta transacción. El estado de cada una de las reservas de los tramos individuales en el punto de falla no puede conocerse de antemano. Si se tuvieran que considerar todas las combinaciones posibles y añadir rutas al diagrama que describan qué hacer si ocurre la falla en un estado o en otro, sería una pesadilla. Con las actividades compensatorias, BPMN sólo aplica una simple regla: si la actividad se ha completado exitosamente cuando se ha ordenado la compensación, entonces se ejecuta su actividad compensatoria; si no, no se ejecuta la actividad compensatoria.

En la Figura 10-5, si alguna de las actividades de reserva de tramos –es decir, cualquier *instancia* de las actividades multi-instancia Reservar Hotel y Reservar Pasajes- falla, el consecuente Lanzamiento-captura de Cancelar deshace sólo aquellas instancias que ya se han completado. Si todas las instancias de las reservas de tramos se completan, pero el cargo a la tarjeta de crédito falla, entonces Cancelar deshace todas las reservas.

Ahora, demos un paso más allá. Suponga que después de que la transacción esté completa y el cliente decide por alguna razón cancelar el viaje (esto probablemente no sería modelado como parte del mismo proceso, pero digamos en este caso que si lo fue). La transacción *Reservar viaje* está completa, pero queremos deshacerla después del hecho. Este es un buen caso de utilización del *Lanzamiento-captura de compensación directo*. No se puede utilizar Cancelar porque el lanzamiento de Cancelar debe provenir del interior del subproceso transaccional.

La Figura 10-6 es ilustrativa. Por poner un ejemplo, diremos que una vez que todas las reservas estén completas, la agencia de viajes solicita la confirmación final del cliente antes de cargar la tarjeta de crédito[15]. La agencia de viajes espera 24 horas antes de cargar el pago al cliente en caso de cancelación. Para esperar las 24 horas o sino el mensaje de cancelación, se utiliza una compuerta de evento. Si se recibe un mensaje de cancelación, todavía se puede deshacer las reservas utilizando las actividades definidas previamente, pero no se puede utilizar un evento Cancelar porque el subproceso transaccional ya está completo. Acá utilizamos un Evento de compensación de lanzamiento *Deshacer Reservar Viaje*, dirigido al subproceso transaccional, *Reservar Viaje*. Esto dispara todas las actividades compensatorias al interior de ese subproceso.

---

[15] Acá se utiliza una unión AND antes del Evento de fin Mensaje de confirmación porque se desea enviar la solicitud sólo una vez; conectar *Reservar Pasajes* y *Reservar Hotel* directamente con evento de fin lo enviaría dos veces.

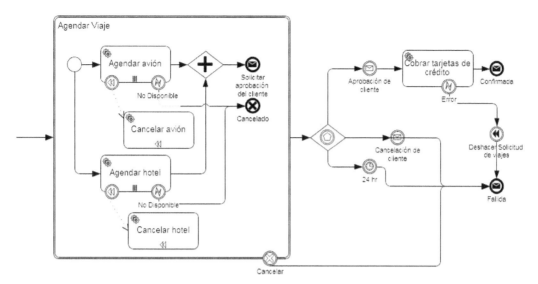

Figura 10-6. Evento de Compensación de lanzamiento

Nótese que la compensación no maneja la excepción, simplemente retrocede la transacción a su estado inicial. La gestión de la excepción que notifica al cliente, tal vez añadiendo una multa por la cancelación, debe ser añadida en el flujo de excepción.

CAPITULO 11

Las Reglas de BPMN

Antes de concluir el modelado Nivel 2, volvamos de nuevo al tema del estilo BPMN. A final de cuentas, todo es cuestión de seguir las reglas, tanto las reglas de la especificación BPMN como las reglas de estilo. La mayor parte del mal BPMN en el mundo –diagramas que llegan a ser confusos, ambiguos, o simplemente que no tienen ningún sentido- podría ser eliminado si el modelador simplificara el *seguir las reglas*. Es fácil decirlo, pero no lo es tanto en la práctica. Los modeladores dependen de las herramientas virtuales para *validar* sus modelos BPMN, las cuales les advierten sobre violaciones, y los vendedores de herramientas dependen de la especificación BPMN para definir las reglas de validación. Las dificultades comienzan con la especificación misma.

Fuentes de la Verdad BPMN

Es inexcusable, pero la especificación BPMN 2.0 –en todas sus 500+ páginas- nunca enumera sus reglas. Debería haber un apéndice donde las reglas estén enlistadas en algún lugar, pero no lo hay. Un miembro de la Fuerza de Tarea para la Finalización de BPMN 2.0 me admitió que quisieron entregar una lista así pero "se les acabó el tiempo". No lo sé, pero me parece que siete años es suficiente tiempo.

Por si fuera poco, la especificación no provee ni siquiera una fuente de la verdad! Provee, según mi cuenta, tres fuentes separadas, las cuales no concuerdan en todos los casos. La primera fuente es el *metamodelo*, expresado en diagramas de clase UML y su serialización en el formato *XML Metadata Interchange (XMI)* de OMG. La segunda fuente es el *esquema*, una formulación alternativa del metamodelo "normal" en XML, es decir, basado en el lenguaje de *Definición del Esquema (XSD)* de *XML*.

Ambos, el metamodelo y su equivalente XSD, definen los diferentes elementos BPMN, sus atributos y las relaciones entre ellos. Las serializaciones XSD y XMI del metamodelo normalmente son equivalentes, pero las diferencias entre los dos lenguajes impiden un acuerdo perfecto. Por ejemplo, el metamodelo dice que un flujo de secuencia sólo se puede conectar a un *nodo de flujos*, que significa una actividad, una compuerta o un evento, mientras que XSD permite la conexión a cualquier elemento BPMN. Esto supone una regla, de que un flujo de secuencia sólo se puede conectar a un nodo de flujos y no puede ser puesto a prueba por la validación del esquema…pero se mantiene como una regla pese a todo.

La Arquitectura Guiada por Modelos de OMG se enfatiza en XMI, pero XSD es mucho más utilizado por las herramientas de software y los ejecutantes, y es la base de los estándares XML, intercambio de modelos, SOA y los servicios web. De este modo, en la sección de la Guía del Implementador BPMN de este libro, la mayor parte de la discusión está basada en el XSD, no XMI.

En cualquier caso, tanto XMI como XSD sólo definen las reglas básicas para cada clase de elementos BPMN como un todo (por ejemplo, eventos en el límite), no todas las reglas específicas para elementos individuales (por ejemplo Eventos en el límite de Error). La mayoría de las reglas sobre tipos de elementos individuales están regadas a lo largo de la narrativa de la especificación, en 500 hojas de tablas y texto que refinan y anulan el metamodelo. La narrativa de la especificación constituye de esta manera la tercera fuente de la verdad, una que a veces es ambigua. Algunas reglas son planteadas claramente en el texto, mientras que otras tienen que ser deducidas.

Para enturbiar un poco más las aguas está el hecho de que la especificación hace referencia a los *elementos semánticos* BPMN, no a las figuras y los símbolos. Usualmente, esto no presenta problemas ya que, para la mayor parte, cada elemento semántico corresponde a una sola combinación figura/símbolo, pero algunas figuras no tienen un elemento semántico correspondiente. Por ejemplo, no hay un elemento semántico *Evento Múltiple*, a pesar de que hay una figura diferenciada para él en la notación. Una figura de evento Múltiple simplemente significa un evento con más de una definición de evento en el modelo semántico.

Finalmente, algunos de los "requisitos" planteados en la especificación BPMN son aplicables sólo para procesos ejecutables. Involucran detalles técnicos omitidos en la mayoría de los modelos BPMN y no representados en la notación.

Por todas estas razones, *cada herramienta BPMN está obligada a inventarse su propia lista de reglas de validación*. Incluso cuando las herramientas concuerdan en el contenido de la regla, van a diferir en el texto de la misma. Simplemente no existe una lista oficial de reglas BPMN.

Reglas BPMN para el Modelado de Procesos Nivel 2

Si OMG no va a proveer una lista, yo sí. Más adelante se encuentra mi lista de las reglas oficiales más importantes para el modelado de procesos (no ejecutables) Nivel 2. Algunos lectores puede que digan sobre una o dos de ellas, "No veo esa regla en la especificación BPMN". Tengo dos respuestas para ello: primero, muchas de las reglas de la especificación están implícitas en otras partes de la especificación, y segundo, si les hace sentir mejor sobre este aspecto, esos lectores pueden siempre considerarlo una regla de estilo. Un buen BPMN significa cumplir tanto con las reglas oficiales, como con las reglas de estilo.

Flujo de Secuencia

1. Un flujo de secuencia se debe conectar a un nodo de flujos (actividad, compuerta o evento) en ambos cabos. Ningún cabo puede quedar desconectado.

2. Todos los nodos de flujos que no sean eventos de inicio, eventos en el límite y eventos de vínculo capturadores, deben tener un flujo de secuencia entrante, si el nivel del proceso incluye algún evento de inicio o de fin. [Excepciones, no forman parte de la paleta Nivel 2: actividad compensatoria, subproceso de evento].

3. Todos los nodos de flujos que no sean eventos de fin y eventos Vínculo lanzadores deben tener un flujo de secuencia saliente, si el nivel del proceso incluye algún evento de inicio o de fin [Excepciones, no forman parte de la paleta Nivel 2: actividad compensatoria, subproceso de evento.]

4. Un flujo de secuencia no puede cruzar el borde (límite) de una piscina (proceso).

5. Un flujo de secuencia no puede cruzar el borde (límite) de un nivel de proceso (subproceso).

6. Un flujo de secuencia condicional no se puede utilizar si es el único flujo de secuencia saliente.

7. Un flujo de secuencia afuera de una compuerta paralela o compuerta evento no puede ser condicional. [Nótese: En flujos de secuencia afuera de las compuertas, *condicional* es un atributo invisible; el marcador en la cola *condicional* se suprime en flujos de secuencia afuera de las compuertas.]

8. Una actividad o compuerta puede tener máximo un flujo por defecto.

Flujo de Mensaje

9. Un flujo de mensaje no puede conectar nodos en el mismo proceso (piscina).

10. La fuente de un flujo de mensaje debe ser o un evento de fin Mensaje o Múltiple, o un evento intermedio lanzador, una actividad o una piscina de caja negra.

11. El blanco de un flujo de mensaje debe ser o un evento de inicio Mensaje o Múltiple, un evento intermedio capturador, o un evento en el límite, una actividad o una piscina de caja negra. [Excepciones, no forman parte de la paleta Nivel 2: Mensaje de subproceso de evento o evento de inicio Múltiple].

12. Ambos cabos de un flujo de mensaje requieren una conexión válida. Ningún cabo puede quedar desconectado.

Evento de Inicio

13. Un evento de inicio no puede tener un flujo de secuencia entrante.

14. Un evento de inicio no puede tener un flujo de mensaje saliente.

15. Un evento de inicio con un flujo de mensaje entrante debe tener un disparador de Mensaje o Múltiple.

16. Un evento de inicio no puede tener un disparador de Error. [Excepciones, no forman parte de la paleta Nivel 2: evento de inicio de subproceso de evento].

17. Un evento de inicio en un subproceso debe tener un disparador Básico. [Excepciones, no forman parte de la paleta Nivel 2: evento de inicio de subproceso de evento].

Evento de Fin

18. Un evento de fin no puede tener un flujo de secuencia saliente.

19. Un evento de fin no puede tener un flujo de secuencia entrante.

20. Un evento de fin con un flujo de mensaje saliente debe tener un resultado de Mensaje o Múltiple.

Evento en el Límite

21. Un evento en el límite debe tener exactamente un flujo de secuencia saliente. [Excepción, no forma parte de la paleta Nivel 2: Compensación.]

22. Un disparador de evento en el límite puede incluir solamente Mensaje, Temporizador, Señal, Error, Escalada, Condicional o Múltiple. [Excepciones, no forma parte de la paleta Nivel 2: Cancelar, Compensación, Múltiple-Paralelo.]

23. Un evento en el límite no puede tener un flujo de secuencia entrante.

24. Un evento en el límite Error en un subproceso, requiere un evento de lanzamiento Error con quien coincidir.

25. Un evento en el límite de Error no puede ser de no interrupción.

26. Un evento en el límite de Escalada en un subproceso, requiere un evento de lanzamiento Escalada con quien coincidir.

Evento Intermedio Lanzador o Capturador

27. Un evento intermedio con un flujo de mensaje entrante debe ser de tipo capturador con un disparador Mensaje o Múltiple.

28. Un evento intermedio con un flujo de mensaje saliente debe ser de tipo lanzador con un disparador Mensaje o Múltiple.

29. Un resultado de un evento intermedio lanzador puede incluir sólo Mensaje, Señal, Escalada, Vínculo o Múltiple [Excepciones, no forman parte de la paleta Nivel 2: Compensación.]

30. Un disparador de evento intermedio capturador puede incluir sólo Mensaje, Señal, Temporizador, Vínculo, Condicional o Múltiple.

31. Un evento Vínculo lanzador no puede tener flujo de secuencia saliente.

32. Un evento Vínculo capturador no puede tener flujo de secuencia entrante.

Compuerta

33. Una compuerta no puede tener flujo de mensaje entrante.

34. Una compuerta no puede tener flujo de mensaje saliente.

35. Una compuerta de división debe tener más de un *gate*.

36. Los *gates* de una compuerta evento pueden incluir sólo un evento intermedio capturador o tarea de Recibo.

Proceso (Piscina)

37. Un proceso debe contener por lo menos una actividad.

38. Una sola piscina puede contener como máximo los elementos de un proceso

39. Una piscina no puede contener a otra piscina. Si una expansión de subproceso a nivel hijo está encerrada en una piscina, esa piscina debe referirse al mismo participante y a su proceso asociado como el nivel padre.

Reglas de Estilo para el Modelado de Procesos Nivel 2

Las reglas oficiales de la especificación permiten que un diagrama sea "válido", pero ambiguo en su significado. Las reglas de estilo son *convencionalismos* de Método y Estilo, consistentes con las reglas oficiales, con el propósito de hacer que la lógica del proceso sea clara sólo gracias al diagrama. Las reglas más importantes de estilo están listadas abajo.

Etiquetado

La etiqueta de una figura de diagrama corresponde al atributo del *nombre* del elemento semántico.

1. Una actividad debería estar etiquetada, idealmente VERBO-SUSTANTIVO.

2. Dos actividades en el mismo proceso no deberían tener el mismo nombre, a menos de que ambas sean actividades de llamado.

3. Un evento de inicio disparado debería estar etiquetado para indicar la condición del disparador:

   a. Un evento de inicio Mensaje debería estar etiquetado "Recibir [nombre del mensaje]".

   b. Un evento de inicio Temporizador debería estar etiquetado para indicar la programación del proceso.

      c.   Un evento de inicio Señal debería estar etiquetado para indicar el nombre de la Señal.

      d.   Un evento de inicio Condicional debería estar etiquetado para indicar la condición del disparador.

4.   Un evento en el límite debería estar etiquetado.

5.   La etiqueta de un evento en el límite Error en un subproceso debería coincidir con la etiqueta de un evento de fin Error a nivel hijo.

6.   La etiqueta de un evento en el límite Escalada en un subproceso debería coincidir con la etiqueta de un evento Escalada de lanzamiento a nivel hijo.

7.   Un evento intermedio lanzador debería estar etiquetado.

8.   Un evento intermedio capturador debería estar etiquetado.

9.   Los eventos Vínculo en Pares deberían tener etiquetas coincidentes.

10.   Los eventos de lanzamiento y captura que corresponden a la misma definición del evento Señal deberían tener etiquetas coincidentes, si ocurren en el mismo modelo BPMN.

11.   Un evento de fin debería estar etiquetado con el nombre del estado final.

12.   Una compuerta de división XOR debería tener máximo un *gate* sin etiqueta.

13.   Una compuerta de división XOR o una inclusiva deberían estar etiquetadas si alguno de sus *gates* no están etiquetados.

14.   La etiqueta de un diagrama a nivel hijo (la página) debería coincidir con el nombre del subproceso.

Evento de Fin

15.   Dos eventos de fin en un nivel del proceso no deberían tener el mismo nombre. Si significan el mismo estado final, combínelos, sino, asígneles nombres distintos.

16.   Si un subproceso está seguido por una compuerta si/no, por lo menos un evento de fin del subproceso debería estar etiquetado para coincidir con la etiqueta de la compuerta.

Expansión del Subproceso

17.   Sólo un evento de inicio debería utilizarse en un subproceso, a menos de que sea una caja paralela.

18.   Una expansión a nivel hijo no debería estar encerrada en una figura de subproceso expandida si los niveles padre e hijo están representadas por diagramas separados.

Flujo de Mensaje

19. Un flujo de mensaje debería estar etiquetado directamente con el nombre del mensaje.

20. Una tarea de Envío debería tener un flujo de mensaje saliente.

21. Una tarea de Recibo debería tener un flujo de mensaje entrante.

22. Un evento de inicio Mensaje debería tener un flujo de mensaje entrante.

23. Un evento Mensaje capturador debería tener un flujo de mensaje entrante.

24. Un evento Mensaje lanzador debería tener un flujo de mensaje saliente.

25. Un flujo de mensaje de un subproceso colapsado debería replicarse en el diagrama a nivel hijo.

26. Un flujo de mensaje hacia un subproceso colapsado debería replicarse en el diagrama a nivel hijo.

27. Un flujo de mensaje entrante en un diagrama a nivel hijo debería replicarse en el nivel padre.

28. Un flujo de mensaje saliente en un diagrama a nivel hijo debería replicarse en el nivel padre.

Validación de Modelos

Es mucho más fácil cumplir con las reglas de BPMN cuando la herramienta puede validar modelos de acuerdo a estas reglas y enumerar todas las violaciones. Muchas herramientas BPMN cuentan con alguna forma de revisión de modelos de acuerdo a las reglas oficiales BPMN. Sólo existe una, que yo conozca, que ha implementado las reglas de estilo: *Process Modeler* para Visio, de *ITP Commerce.*

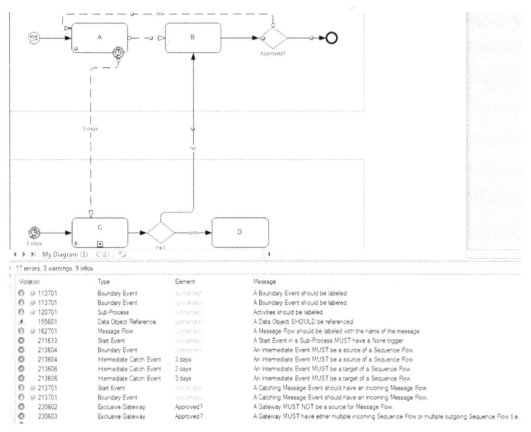

Violation		Type	Element	Message
⚠	113701	Boundary Event	*unnamed*	A Boundary Event should be labeled.
⚠	113701	Boundary Event	*unnamed*	A Boundary Event should be labeled.
⚠	120701	Sub-Process	*unnamed*	Activities should be labeled.
ℹ	155601	Data Object Reference	*unnamed*	A Data Object SHOULD be referenced.
⚠	162701	Message Flow	*unnamed*	A Message Flow should be labeled with the name of the message.
✗	211613	Start Event	*unnamed*	A Start Event in a Sub-Process MUST have a None trigger.
✗	213604	Boundary Event	*unnamed*	An Intermediate Event MUST be a source of a Sequence Flow.
✗	213604	Intermediate Catch Event	3 days	An Intermediate Event MUST be a source of a Sequence Flow.
✗	213606	Intermediate Catch Event	3 days	An Intermediate Event MUST be a target of a Sequence Flow.
✗	213606	Intermediate Catch Event	3 days	An Intermediate Event MUST be a target of a Sequence Flow.
⚠	213701	Start Event	*unnamed*	A Catching Message Event should have an incoming Message Flow.
⚠	213701	Boundary Event	*unnamed*	A Catching Message Event should have an incoming Message Flow.
✗	230602	Exclusive Gateway	Approved?	A Gateway MUST NOT be a source for Message Flow.
✗	230603	Exclusive Gateway	Approved?	A Gateway MUST have either multiple incoming Sequence Flow or multiple outgoing Sequence Flow (i.e.

Figura 11-1. Validación de acuerdo a las reglas oficiales y de estilo en la herramienta de *ITP Commerce*

La Figura 11-1 ilustra la validación de un modelo particularmente lleno de errores en la herramienta de *ITP Commerce*. Los elementos con violaciones se etiquetan con íconos en el diagrama –*x* para violaciones de la especificación, *i* para violaciones de reglas de estilo- y se puede navegar en la herramienta fácilmente entre una figura seleccionada y sus violaciones asociadas, o de una violación en la lista a su figura.

Relaciono la validación del modelo con la revisión de ortografía y gramática en un programa de procesamiento de texto. Muchas de las violaciones equivalen a los "errores tipográficos", involuntarios o por descuido. No se necesita validar continuamente mientras se modela, pero es una buena idea validar antes de declarar al modelo listo para ser lanzado a los otros… y, por supuesto, se deben arreglar todos los errores encontrados.

Si su herramienta puede exportar un modelo en el formato de intercambio XML de BPMN 2.0, he creado una herramienta en internet que lo validará con relación a ambas, las reglas de especificación y de estilo; se sube el XML a la página web y ésta crea el informe de validación. Para mayor detalles, vea la página web para este libro, www.bpmnstyle.com.

PARTE IV:
GUÍA DEL IMPLEMENTADOR BPMN–
BPMN NO EJECUTABLE

CAPITULO 12

Metamodelo y Esquema BPMN 2.0

El mundo por lo general entiende que BPMN significa Notación para el Modelado de Procesos de Negocios, y ése era su significado para BPMN 1.2, pero en realidad, OMG cambió la sigla para la versión 2.0 para significar Modelado *y* Notación de Procesos de Negocios. De hecho, la mayor parte del trabajo que se hizo en la especificación BPMN 2.0 no tenía nada que ver con la notación, las figuras y los símbolos, la mayoría de los cuales se mantuvo invariable desde BPMN 1.2. Todo esto estaba relacionado con definir un *metamodelo* para BPMN, una especificación formal de los elementos semánticos que comprende un modelo BPMN y sus relaciones entre ellos. Todos los modelos BPMN válidos deben adecuarse a las especificaciones del metamodelo.

Los elementos del metamodelo están definidos como *clases de objeto* con *atributos* exigidos y opcionales. Algunas clases son subtipos de otras clases y heredan sus atributos, añadiendo al mismo tiempo otros propios. Un elemento del modelo puede ser un subtipo de más de una clase y hereda los atributos de todos ellos. Algunas clases, como *RootElement* (*Elemento de Raíz*) o *BaseElement* (*Elemento Base*), son puramente abstractas, no utilizadas directamente en modelos BPMN. Su propósito es meramente para proveer un solo punto de definición de atributos compartidos entre sus subclases.

En el documento de especificación BPMN[16], el metamodelo está representado por *diagramas clase UML*, aumentado por tablas y texto en la narrativa. Por ejemplo, en la Figura 12-1 se muestra la clase de *Definiciones*. Las clases están organizadas en conjuntos llamados *paquetes*. Los paquetes están por capas para extensibilidad, cada capa construye sobre capas inferiores y se extiende sobre ellas. Muchos elementos de los cuatro paquetes Base están compartidos

---

[16] El documento de la especificación puede ser encontrado en http://www.omg.org/spec/BPMN/2.0/PDF.

por los tres tipos de modelos de BPMN: Proceso, Colaboración y Coreografía. En este libro nos ocupamos de modelos de Proceso y Colaboración.

El metamodelo también está publicado en dos formatos XML alternativos, *XML Metamodel Interchange (XMI)* de OMG y *XML Schema Definition (XSD)* de W3C[17]. Nominalmente son representaciones equivalentes del metamodelo BPMN, a pesar de que XSD no puede representar ciertas relaciones del UML, como herencia múltiple. XSD es el lenguaje del XML "normal" utilizado por la Web, SOA y software de aplicaciones. También es el lenguaje que la mayoría de los vendedores de herramientas BPMN utilizarían para intercambiar modelos. Por esa razón, en este libro nos enfocaremos en la representación XSD del metamodelo BPMN.

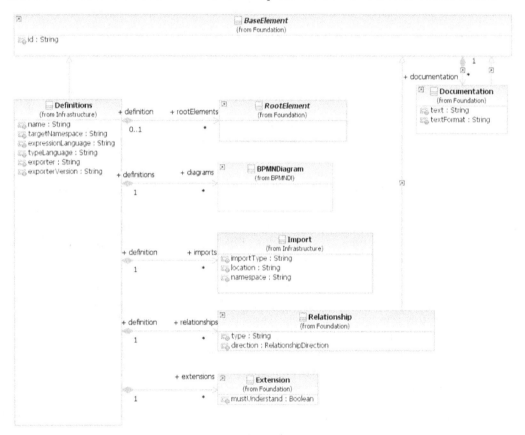

Figura 12-1. Diagrama de clases de definiciones. Fuente: OMG

---

[17] XSD y XMI pueden bajarse de http://www.omg.org/spec/BPMN/20100501.

XSD: Lo Básico

Una explicación completa del lenguaje XSD[18] está fuera del alcance de este libro, pero para aquellos que no están familiarizados con él, algo de lo básico aquí será de ayuda para entender la discusión sobre la serialización del modelo BPMN.

Un esquema XML es un documento XML en sí mismo; se lo puede ver o editar como un texto etiquetado, pero varias herramientas XML también brindan una vista gráfica que es más útil para entender la estructura del esquema. La Figura 12-2 ilustra, por ejemplo, un fragmento de ambos, del texto, y de las representaciones gráficas del elemento raíz de *definitions* (*definiciones*) de BPMN en XML *Spy*[19], de Altova, la herramienta que yo utilizo.

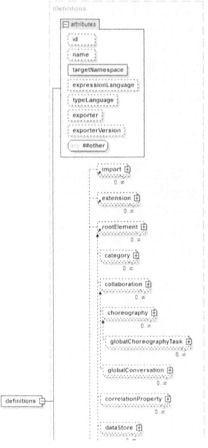

Figura 12-2. Vistas del Texto y Gráficos del esquema BPMN en XML *Spy*.

---

[18] Una Buena referencia es Priscilla Walmsley, *Definitive XML Schema*, Prentice Hall PTR, 2002

[19] http://www.altova.com/xmlspy.html

XSD define los nombres del elemento y tipos de datos, sus atributos y elementos hijo. Un modelo BPMN 2 .0 es, por definición, incorrecto a menos de que sea una instancia *válida* del esquema. La mayoría de los editores XML contienen un *procesador de esquema* que permite validar modelos de procesos de acuerdo al esquema BPMN con un solo clic del mouse. Algunas herramientas permitirán grabar modelos BPMN incluso si no son válidos según el esquema, pero otras probablemente no, y las herramientas que manipulan XML, como editores XSLT, tal vez requieran el insumo de que son válidos según el esquema para poder incluso funcionar. Así, crear un BPMN válido según el esquema es un requisito absoluto para cualquier implementador. No todas las reglas de BPMN se aplican con la validación del esquema, pero pasar la validación del esquema es un requisito mínimo absoluto para la exactitud del modelo BPMN.

Nótese que en la representación de texto de la Figura 12-2 cada nombre de etiqueta tiene dos partes, un *prefijo* separado por un punto y coma del *nombre local*. El prefijo es una abreviatura para el *espacio de nombre*, típicamente especificado como un URL. Usualmente todos los espacios de nombre utilizados en el esquema están declarados utilizando atributos *xmlns* del elemento raíz *xsd:schema*. El prefijo *XSD*, por ejemplo, representa el espacio de nombre *http://w3.org/2001/XMLSchema,* que es el espacio de nombre para el lenguaje XSD en sí. A veces se puede ver el prefijo *xs* declarado para ese espacio de nombre, o ambos, *xsd* y *XS* en el mismo documento del esquema. No importaría si el prefijo fuera *qwp*, lo que importa es el espacio de nombre URL declarado que corresponda al prefijo.

El atributo *targetNamespace* del elemento raíz *xsd:schema* identifica el espacio de nombre asociado con este esquema en particular. Aquí, por ejemplo, el espacio de nombre *http://www.omg.org/spec/BPMN20100524/MODEL* significa el *namespace* de *BPMN 2.0*. Todos los modelos BPMN 2.0 deben hacer referencia a este *namespace*.

Otro aspecto a notar en la Figura 12-2 es que ciertos elementos en la representación gráfica como *categoría* o *colaboración*, aparentemente están ausentes en la representación del texto; en realidad están definidas en otros archivos XSD que están *incluidas* o *importadas*. La vista del texto a la izquierda representa sólo al archivo *BPMN2.0.xsd*, pero nótese que *incluye* otro archivo, *Semantic.xsd*, e *importa* un tercero, *BPMNDI.xsd*. Incluye significa que el otro XSD tiene el mismo *targetNamespace* que BPMN20.xsd; *importa* significa que tiene uno diferente, en este caso *http://www.omg.org/spec/BPMN20100524/DI.* La vista gráfica a la derecha automáticamente combina el archivo original con sus elementos incluidos e importados, mientras que la vista del texto no.

El elemento *xsd:sequence* que encierra una lista de elementos hijo, especifica el *orden* exigido de esos elementos en un documento de la instancia. El atributo *minOccurs* especifica si el elemento es exigido o no. En la vista gráfica *XML Spy*, los elementos *opcionales* (*minOccurs ="0"*) tienen un límite (borde) punteado, los elementos exigidos un límite (borde) sólido. El atributo *maxOccurs* especifica si el elemento puede repetirse. Si una instancia XML omite un elemento exigido o los pone en orden equivocado, sería una violación del esquema.

Los *atributos* de un elemento pueden ocurrir en cualquier orden. Pueden ser exigidos u opcionales, pero no pueden repetirse. Si un atributo tiene un valor *predeterminado* definido, la omisión del atributo significa exactamente lo mismo que la presencia del atributo con un valor igual al predeterminado.

Cada elemento y atributo en el esquema tiene un tipo de datos, o *tipo*. El lenguaje XSD define un gran número de tipos básicos y tipos adicionales, simples y complejos, pueden definirse al interior del mismo esquema. De la vista del texto de la Figura 12-2, nótese que el elemento *definitions* está asignado al tipo *tDefinitions*, definido justo debajo de él en el esquema.

Finalmente, en la vista gráfica de la Figura 12-2, nótese la flecha vertical punteada desde *category (categoría), collaboration (colaboración), dataStore*, y otros a *rootElement*. Ello significa que estos elementos son subtipos de *rootElement*, que en XSD se conoce como un *substitutionGroup*. Los grupos de sustitución están tan cerca como XSD puede estarlo de las subclases UML. En XSD, un elemento puede tener sólo un *substitutionGroup,* mientras que en UML un elemento puede ser una subclase de muchas clases diferentes.

Lo Fundamental del Esquema BPMN

Archivos XSD

El esquema BPMN 2.0 está distribuido como un conjunto de cinco archivos XSD: *BPMN20.xsd, Semantic.xsd, BPMNDI.xsd, DI.xsd* y *DC.xsd*. Los implementadores deberían almacenarlos localmente en la misma carpeta. *BPMNDI.xsd* es el nivel más alto, incluye *Semantic.xsd* e importa *BPMNDI.xsd*, que a cambio importa *DI.xsd* y *DC.xsd*

Por sí mismo, *BPMN20.xsd* representa al paquete de *Infraestructura* del núcleo BPMN. Contiene sólo dos elementos, *definitions* e *import*. Un único elemento *definitions* está siempre en la raíz de cualquier documento de instancia BPMN XML. El elemento *import* permite a un solo *modelo BPMN* que se componga de múltiples *documentos* (archivos) BPMN XML, sustentando la reutilización de tareas globales y procesos que son mantenidos independientemente.

Modelos Semánticos y Gráficos

En el XSD de BPMN, el *modelo gráfico* – la información concerniente al diseño gráfico de las figuras, tal como posición, tamaño y puntos de conexión – está enteramente separado del modelo semántico. Ambos, los modelos semántico y gráfico están encerrados en un solo elemento de *definitions*. El modelo gráfico, llamado *BPMNDI*, no especifica ningún tipo de información semántica, solamente dice qué figuras con caja circundante de un tamaño en particular existen en alguna ubicación de la página. No se puede saber por BPMNDI si la figura es una actividad o evento, excepto si se rastrea su atributo *bpmnElement*, un señalador hacia la *identificación (id)* de un elemento en el modelo semántico. Un modelo BPMN válido puede que omita BPMNDI del todo, pero no se puede omitir al modelo semántico. BPMNDI sin información del modelo semántico no tiene sentido.

Identificaciones (ID) y Referencias de Identificación

La mayoría de los elementos en el XSD de BPMN 2.0, tienen un atributo de *id* de tipo *xsd:ID*, un tipo definido por el lenguaje XSD para utilizar sólo en atributos. Los tipos de ID tienen exigencias especiales. Sus valores deben iniciar o con una letra o con barra baja, y pueden contener sólo letras, dígitos, barras bajas, guiones y puntos. Más importante aún, sus valores deben ser *únicos dentro de una instancia XML*, independientemente del nombre del atributo. En otras palabras, puede haber máximo un elemento en un modelo BPMN con un valor de *id* de _12345.

La singularidad es crítica porque las relaciones entre los elementos del modelo se mantienen por *señaladores* hacia otros elementos vía su valor *id*. Por ejemplo, un atributo *sourceRef* de un flujo de secuencia coincide con la *id* del nodo de flujo conectado a la cola del flujo de secuencia. Los elementos y atributos con "Ref" en sus nombres son típicamente del tipo IDREF, un señalador hacia un atributo de tipo ID. Un documento de la instancia XML no pasaría la validación del esquema si alguno de los elementos o atributos IDREF señalan hacia un valor *id* que esté faltando en el documento, o si existen valores *id* duplicados en alguna parte del documento.

Import, targetNamespace y Referencias a IDs Remotas

Recuerde que un documento de instancia BPMN puede *importar* otros documentos de instancia BPMN. No es lo mismo que un archivo XSD que importa otro archivo XSD, pero funciona de manera similar. Uno de los documentos representa el nivel más alto o raíz del modelo BPMN, pero todos los documentos juntos constituyen un solo modelo BPMN. Esta característica de *importar* es la clave para la modularidad y reutilización de BPMN.

Un *subproceso reutilizable*, por ejemplo, está definido como un *proceso al más alto nivel* en su propio documento BPMN. Llamémoslo *Facturación*. El proceso de *Facturación* puede ser invocado como un subproceso reutilizable utilizando *Actividad Llamada* desde otro documento de instancia BPMN. El documento BPMN que contiene Actividad Llamada debe *importar* el documento definiendo el proceso de *Facturación*. Esto permite la *Facturación*, que es llamada por múltiples procesos de principio a fin, a ser mantenidos independientemente de sus diferentes definiciones de proceso de llamado. En un entorno BPM maduro, tal modularidad es la regla más que la excepción, pero pocos vendedores de herramientas BPMN han considerado aún sus implicaciones para la serialización del modelo.

Cuando un documento BPMN importa otro, algunos elementos o atributos "Ref" señalarían a una *id* en otro archivo, y ya que el archivo importado, digamos un proceso llamado, estuviera definido sin conocimiento de otros documentos BPMN que podrían algún día importarlo, hay la posibilidad de que un valor *id* sea duplicado entre los documentos importados e importadores. No está claro si éso sería una violación al esquema o no, ya que los tipos de ID deben ser únicos sólo al interior de un documento de la instancia, pero definitivamente existiría una ambigüedad para cualquier IDREF señalando hacia la *id*: a qué elementos está señalando?

Aquí es donde la especificación BPMN hace algo inusual. Para evitar el potencial problema de que los señaladores dupliquen *ids*, el XSD BPMN define muchos elementos y atributos "Ref" no como tipos IDREF, sino como tipos *QName*. En XSD, *QName* normalmente significa un *nombre* de prefijo calificado para el espacio de nombre, pero BPMN lo utiliza para un valor de *id* de prefijo calificado para el espacio de nombre. El espacio de nombre aquí es el *targetNamespace* declarado por el elemento de *definitions* del modelo.

Esto es muy extraño realmente. En el XSD de BPMN 2.0, el *targetNamespace* es un atributo exigido por las *definitions* del elemento raíz. Normalmente en XML, un targetNamespace está definido para un *esquema*, pero aquí estamos hablando acerca de un targetNamespace para un *documento de la instancia*, un modelo BPMN en particular. No es lo mismo para nada, su único propósito aquí es sustentar referencias *id* a elementos en documentos importados, utilizando el prefijo del *targetNamespace* para identificar inequívocamente al elemento referenciado. A diferencia de IDREF, un procesador de esquema no puede validar la presencia del valor *id* referenciado por *QName*.

Y aquí un ejemplo: el atributo *sourceRef* de un flujo de mensaje es posiblemente una referencia a un elemento en un archivo BPMN importado, así que se lo define en el XSD como un *QName*. Digamos que la fuente del flujo de mensaje es una tarea en el modelo importado de *Facturación* con un valor *id Tarea001*, y el *targetNamespace* del modelo de *Facturación* está trazado hacia el prefijo *facturar*. En ese caso, el valor de *sourceRef* no debería ser simplemente *tarea001* sino *facturar:Tarea001*. Esto resuelve cualquier posible ambigüedad entre *tarea001* en *Facturar* y *Tarea001* en el modelo del llamado de proceso de llamado.

En un modelo donde no hay importación o donde los documentos importadores e importados tienen el mismo TargetNamespace, es perfectamente aceptable omitir el prefijo en las referencias *QName*, que es la situación más común.

Hoy, la mayoría de los vendedores de herramientas que sustentan la exportación BPMN 2.0 pueblan el targetNamespace con un valor fijo para todos los modelos BPMN, algo que identifica al vendedor o herramienta, no al modelo en particular, *pero éso podría ir en contra de su propósito original*. La especificación pretende que los vendedores de herramientas pueblen el TargetNamespace con un valor que únicamente identifique al modelo BPMN en particular.

Utilizar un valor fijo para targetNamespace está bien si la herramienta garantiza la singularidad de valores *id* a nivel global, en todos los documentos, no sólo al interior de una instancia del documento. Las herramientas que utilizan *hashing* o técnicas similares para generar *IDs globalmente únicas* pueden lograr su cometido con un valor fijo para el TargetNamespace. Son herramientas donde el valor del *id* es algo largo, aparentemente una cadena aleatoria de caracteres. Empero, las herramientas que utilizan *ids simples* como *Tarea001* deben definir valores únicos de Espacios de nombre objetivo para cada documento BPMN si quieren evitar referencias remotas ambiguas (actualmente, la mayoría de los vendedores evitan este problema porque todavía no sustentan *import*, pero es un artefacto temporal de un mercado BPMN 2.0 inmaduro; por último, cualquier herramienta BPMN seria debe sustentar *importar* y referencias remotas de *id*, porque son necesarias para la reutilización de tareas o procesos).

CAPÍTULO 13

Subclases de Conformidad del Modelado de Procesos

A continuación lo que dice la especificación de BPMN 2.0 sobre la conformidad[20]:

> "El software puede alegar cumplimiento o conformidad con BPMN 2.0 si y sólo si el software coincide del todo con los puntos de cumplimiento aplicables tal y como están establecidos en la especificación. El software que haya sido desarrollado coincidiendo sólo parcialmente con los puntos de cumplimiento aplicables, sólo pueden alegar que el software se basó en esta especificación, pero no pueden alegar cumplimiento o conformidad con esta especificación. Esta especificación define cuatro tipos de conformidad, a saber, Conformidad del Modelado de Procesos, Conformidad de la Ejecución de Procesos, Conformidad de la Ejecución de Procesos BPEL y Conformidad del Modelado del Coreografías...
>
> Las implementaciones que aleguen Conformidad del Modelado de Procesos DEBEN sustentar los siguientes paquetes BPMN:
>
> - Los elementos centrales BPMN, que incluyen a aquellos definidos en los paquetes de Infraestructura, de Base, Común y de Servicio.
> - Los diagramas de proceso, que incluyen a los elementos definidos en los paquetes de Procesos, de Actividades, de Datos y de Interacción Humana.
> - Los diagramas de colaboración, que incluyen Piscinas y Flujo de Mensaje.
> - Los diagramas de conversación, que incluyen Piscinas, Conversaciones y Vínculos de Conversación".

Como alternativa a la Conformidad *total* del Modelado de Procesos, hay tres *subclases de Conformidad del Modelado de Procesos* definidas:

---

[20] http://www.omg.org/spec/BPMN/2.0/PDF, página 1.

- Descriptiva
- Analítica
- Ejecutable Común

Sin la adición de estas subclases de Conformidad del Modelado de Procesos en la fase de Finalización de BPMN 2.0, es dudoso que alguna vez veamos software que pueda alegar cumplimiento o conformidad bajo los términos establecidos. Algunos de los paquetes mencionados para conformidad total contienen elementos utilizados solamente en modelos ejecutables, y todos contienen elementos oscuros y rara vez utilizados. No puedo imaginar a un vendedor de herramientas que los sustente a todos.

Empero, el sentido común finalmente prevaleció. Las subclases de conformidad Descriptiva y Analítica son explícitamente para *modelos no ejecutables* e incluyen *solamente la información visible en el mismo diagrama*. Suena familiar? Debería, porque estas subclases estaban basadas en las paletas Nivel 1 y Nivel 2 de Método y Estilo de BPMN!

Subclase Descriptiva

La subclase Descriptiva corresponde a la paleta Nivel 1. Los elementos y atributos en la tabla a continuación son referenciados por sus nombres XML en el XSD. Algunos "atributos" en la Figura 13-1 en realidad son *elementos* en el XSD.

Elemento	Atributos
participant (pool)	id, name, processRef
laneSet	id, lane with name, childLaneSet, flowElementRef
sequenceFlow	id, name, sourceRef, targetRef
messageFlow	id, name, sourceRef, targetRef
exclusiveGateway	id, name
parallelGateway	id, name
task (None)	id, name
userTask	id, name
serviceTask	id, name
subProcess	id, name, flowElement
callActivity	id, name, calledElement
dataObject	id, name
textAnnotation	id, text
association	id, name, sourceRef, targetRef, associationDirection
dataAssociation	id, name, sourceRef, targetRef
dataStoreReference	id, name, dataStoreRef
startEvent (None)	id, name
endEvent (None)	id, name
messageStartEvent	id, name, messageEventDefinition
messageEndEvent	id, name, messageEventDefinition
timerStartEvent	id, name, timerEventDefinition
terminateEndEvent	id, name, terminateEventDefinition
documentation	Text
Group	id, categoryValueRef

Figura 13-1. Elementos y atributos de la Subclase Descriptiva

Nótese que los elementos de la columna de la izquierda coinciden exactamente con la paleta Nivel 1 del Capítulo 4 de este libro. De mayor importancia es la columna a la derecha, que especifica los detalles de cada elemento y que una herramienta debe sustentar para poder dar conformidad a la subclase Descriptiva. Sólo es el *nombre* (la etiqueta en el diagrama), la *id* y las *referencias* de id, y algunos elementos que determinan el ícono o marcador, como *messageEventDefinition* – en otras palabras, solamente la información que es visible en el diagrama!

Ello es sólo una pequeña fracción de los elementos y atributos definidos en el XSD. La Figura 13-2 es una visión condensada del esquema para un solo elemento, *userTask*; está condensada porque cada una de las casillas con el marcador [+] –que es la mayoría de ellas- pueden ser expandirse más para revelar elementos y atributos hijos adicionales.

Ahora puede ver porqué las subclases Descriptiva y Analítica son tan importantes para la interoperabilidad entre las herramientas. La conformidad total, de acuerdo a la especificación, exigiría que una herramienta deba "sustentar" todos estos elementos, es decir, ser capaz de exportarlos e importarlos y entender su significado, lo cual simplemente no es realista. La conformidad con la subclase Descriptiva, sin embargo, exige a una herramienta solamente que sustente *documentation* y los atributos *id* y *name*. En realidad, hay un par más, relacionadas con las conexiones del flujo de datos, pero todavía es una pequeña fracción del esquema completo.

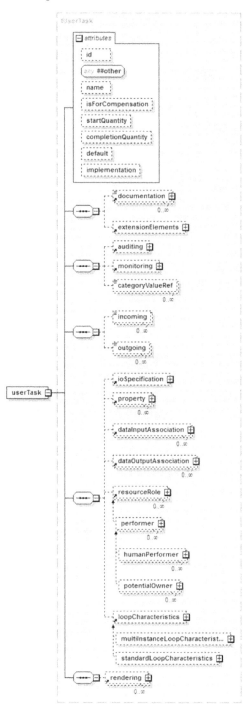

Figura 13-2. Esquema de Tarea del Usuario

Subclase Analítica

La subclase Analítica corresponde a la paleta Nivel 2. Como la subclase Descriptiva, la Analítica también refleja solamente la información visible en el diagrama, no los detalles relacionados con la ejecución debajo de cada figura y símbolo. La subclase incluye todo de la subclase Descriptiva más los elementos y atributos mostrados en la Figura 13-3.

Elemento	Atributo
sequenceFlow	conditionExpression, default
sendTask	id, name
receiveTask	id, name
Looping activity	standardLoopCharacteristics
Multi-instance activity	multiinstanceLoopCharacteristics
exclusiveGateway	Default
inclusiveGateway	id, name, default
eventBasedGateway	id, name, eventGatewayType
Link event pair	id, name, linkEventDefinition/@name
Signal start/end event	id, name, signalEventDefinition
Signal throw/catch intermediate event	id, name, signalEventDefinition
Signal boundary event	id, name, signalEventDefinition, attachedToRef, cancelActivity
Message throw/catch intermediate event	id, name, messageEventDefinition
Message boundary event	id, name, messageEventDefinition, attachedToRef, cancelActivity
Timer catching event	id, name, timerEventDefinition
Timer boundary event	id, name, timerEventDefinition, attachedToRef, cancelActivity
Error boundary event	id, name, errorEventDefinition, attachedToRef
Error end event	id, name, errorEventDefinition
Escalation throw intermediate event	id, name, escalationEventDefinition
Escalation end event	id, name, escalationEventDefinition
Escalation boundary event	id, name, escalationEventDefinition, attachedToRef, cancelActivity (false only)
Conditional start event	id, name, conditionalEventDefinition
Conditional catch intermediate event	id, name, conditionalEventDefinition
Conditional boundary event	id, name, conditionalEventDefinition, attachedToRef, cancelActivity
Message	id, name
Message flow	messageRef

Figura 13-3. Elementos y atributos de la Subclase Analítica

Subclase Ejecutable Común

La especificación define una tercera subclase de conformidad del modelado de procesos llamada Ejecutable Común. La paleta está entre Descriptiva y Analítica, pero contiene atributos adicionales relacionados con los detalles ejecutables. Lo discutiremos más a cabalidad en el Capítulo 19.

CAPITULO 14

Serialización BPMN: Lo Básico

definitions

El elemento al más alto nivel en cualquier documento de instancia del modelo BPMN es *definitions*. En este libro utilizo los términos *documento* BPMN y *archivo* BPMN indistintamente. Debido a que un documento BPMN puede *importar* otro, un solo *modelo* BPMN puede estar compuesto por múltiples documentos BPMN. En ese caso, uno de los documentos es el nivel más alto de la jerarquía; las referencias de importación no pueden ser circulares. Cada documento debe estar encerrado en un elemento de *definitions*.

```
<xsd:element name="definitions" type="tDefinitions"/>
<xsd:complexType name="tDefinitions">
    <xsd:sequence>
        <xsd:element ref="import" minOccurs="0" maxOccurs="unbounded"/>
        <xsd:element ref="extension" minOccurs="0" maxOccurs="unbounded"/>
        <xsd:element ref="rootElement" minOccurs="0" maxOccurs="unbounded"/>
        <xsd:element ref="bpmndi:BPMNDiagram" minOccurs="0" maxOccurs="unbounded"/>
        <xsd:element ref="relationship" minOccurs="0" maxOccurs="unbounded"/>
    </xsd:sequence>
    <xsd:attribute name="id" type="xsd:ID" use="optional"/>
    <xsd:attribute name="name" type="xsd:string"/>
    <xsd:attribute name="targetNamespace" type="xsd:anyURI" use="required"/>
    <xsd:attribute name="expressionLanguage" type="xsd:anyURI" use="optional"
default="http://www.w3.org/1999/XPath"/>
    <xsd:attribute name="typeLanguage" type="xsd:anyURI" use="optional"
default="http://www.w3.org/2001/XMLSchema"/>
    <xsd:attribute name="exporter" type="xsd:string"/>
    <xsd:attribute name="exporterVersion" type="xsd:string"/>
    <xsd:anyAttribute namespace="##other" processContents="lax"/>
</xsd:complexType>
```

Figura 14-1. Esquema de *definitions*

La Figura 14-1 muestra el esquema para las *definitions*. Los atributos *id* y *name (nombre)* son opcionales y rara vez utilizados. Este último representaría el nombre del modelo BPMN.

targetNamespace

Se requiere al atributo *targetNamespace*, discutido anteriormente. El tipodedatos es *anyURI*, que usualmente es un URL. No se requiere un archivo o página web para existir en el URL; simplemente se identifica un espacio-para-el-nombre. La mayoría de las herramientas hoy en día utilizan el mismo URL para todos los modelos BPMN, algo que identifica a la herramienta o al vendedor de la herramienta. Sin embargo, como se discutió anteriormente, esto sólo funciona cuando se asignan valores *id* globalmente únicos a los elementos del modelo, ya que existe el riesgo de referencias remotas ambiguas debido a las *ids* duplicadas en documentos BPMN importados. En general, es mejor generar un valor de *targetNamespace* específico para el modelo, tal vez relacionado al *name* del modelo.

expressionLanguage and typeLanguage

Los atributos *expressionLanguage* y *typeLanguage* son opcionales. El primero identifica al lenguaje utilizado en expresiones de datos, como condiciones de la compuerta. Si se omite el atributo, el XPath 1.0 predeterminado (*http://www.w3.org/1999/XPath*) está implícito. El valor global *expressionLanguage* provisto aquí puede ser reemplazado en elementos de expresión individuales. *typeLanguage* identifica el lenguaje utilizado para especificar tiposdedatos de los elementos del modelo. El valor predeterminado es el lenguaje XSD. El valor global puede ser reemplazado en elementos de datos individuales.

Estos atributos no son parte de la clase Analítica, que asume los valores predeterminados.

Exporter and exporterVersion

Los atributos en cadena *exporter* y *exporterVersion* identifican la herramienta y la versión de la herramienta utilizadas para serializar el modelo. Los atributos son opcionales en el XSD pero se las recomienda si se supone que la exportación sea interoperable con otras herramientas.

Declaraciones Globales del Namespace

Debido a que *definitions* es el elemento raíz en el documento BPMN, debería brindar declaraciones para espacios-para-el-nombre para todos los espacios-para-el-nombre utilizados en el documento. Los namespaces pueden ser declarados localmente en elementos donde son utilizados, pero en general, es mejor declararlos en *definitions*. Las declaraciones de namespaces son atributos de la forma *xmlns[:prefix]="[namespace URI]"*. El *default namespace* – implícito para elementos sin prefijo- usualmente está configurado para el namespace BPMN 2.0, es decir, *xmlns=http://www.omg.org/spec/BPMN/20100524/MODEL*. Adicionalmente, los namespaces XSD y BPMNDI deben ser declarados, igual que aquellos de documentos importados.

schemaLocation

El atributo *xsi:schemaLocation* se utiliza por herramientas XML para validar modelos con respecto al XSD BPMN 2.0. El valor de este atributo se construye al concatenar el espacio-

---

para-el-nombre con una ruta de acceso de archivo o URL, señalando al archivo BPMN20.xsd y separado por un espacio. El prefijo *xsi:* del atributo indica el *XML Schema Instance namespace,* el cual es utilizado para ubicaciones del esquema (si se tiene la schemaLocation, el namespace también necesita ser declarado, como se describe arriba).

Por ejemplo,

*xsi:schemaLocation="http://www.omg.org/spec/BPMN/20100524/MODEL schemas/BPMN20.xsd"*dice que el esquema para el espacio-para-el-nombre BPMN 2.0 está ubicado en la ruta *schemas/BPMN20.xsd* (relativo al archivo BPMN). En vez de una ruta de acceso de archivo local, se puede señalar a la ubicación oficial del esquema en la red, *http://www.omg.org/spec/BPMN/20100501/BPMN20.xsd*.

import

El elemento *import* identifica otro documento XML importado en el modelo. El elemento es opcional e ilimitado, lo que quiere decir que cualquier cantidad de elementos de importación está permitida. A pesar de que muy pocas herramientas lo hacen hoy en día, la especificación dice que se requiere sustento para *import* para la conformidad. BPMN específicamente identifica tres tipos de importaciones que DEBEN ser sustentadas –documentos BPMN, archivos XSD y archivos WSDL– pero adicionalmente permite otros. Cada importación está definida por tres atributos *requeridos:*

- *importType.* El valor (un URI absoluto) DEBE ajustarse a *http://www.w3.org/2001/XMLSchema* cuando se importen documentos de Esquema XML 1.0, a *http://www.w3.org/TR/wsdl20/* cuando se importen documentos XSDL 2.0 y cuando se importen documentos WSDL 2.0, y *http://www.omg.org/especificación/BPMN/20100524/MODEL* cuando se importen documentos BPMN 2.0. Otro tipo de documentos PUEDEN ser sustentados.

- *location.* El valor (la cadena de) es la ubicación del archivo o URL del documento importado.

- *namespace.* El valor (un URI absoluto) debe coincidir con el *targetNamesp*ace del archivo importado.

extension

La *extension* del elemento hijo (opcional, ilimitado), de acuerdo a la especificación, "permite a los adoptantes adjuntar atributos y elementos adicionales a elementos BPMN estándar y existentes". Adicionalmente a un elemento hijo *documentation*, cada *extension* incluye dos atributos:

- *definition.* Una referencia NombreQ a un elemento en un XSD importado.

- *mustUnderstand.* Un Booleano.

El elemento de *extension (extensión)* en *definitions* enlaza globalmente la definición de los datos importados al modelo; nunca he visto que se utilice esta construcción. En la práctica, las extensiones de los vendedores propietarios de herramientas utilizan más frecuentemente *extensionElements (Elementosdeextensión)* dentro de elementos específicos del modelo.

rootElement

Los *rootElement* hijos de *definitions* representan elementos reutilizables del *modelo semántico* BPMN. Ellos incluyen a los tipos de modelos básicos *proceso, colaboración* y *coreografía,* además de otros elementos generalmente reutilizables, tales como tareas globales, definiciones de eventos, almacenamiento de datos y mensaje. En el XSD, el elemento raíz se designa como *abstracto* –es decir que nunca se debería ver un elemento denominado *rootElement* en una instancia BPMN. Los elementos raíz concretos que designan *rootElement* como su *substitutionGroup,* heredan automáticamente las propiedades de la clase de elemento raíz en el metamodelo. Por ejemplo, sólo los elementos raíz de un documento BPMN pueden ser referenciados por otro documento BPMN que *importa* al primero. Por ejemplo, un *calledElement* de actividad llamada puede señalar a un *process* importado (elemento raíz), pero no a un *subproceso* importado (no es un elemento raíz). No hay un orden prescrito de elementos raíz. Los elementos raíz específicos están definidos en *Semantic.xsd.*

BPMNDiagram

Los hijos *bpmndi:BPMNDiagram* de *definitions* comprenden al *modelo gráfico* BPMN, especificando la ubicación, tamaño y organización de páginas de las figuras en el diagrama. Cada elemento BPMNDiagrama representa una página o *diagrama* diferente en el modelo. El elemento tiene prefijo porque es un espacio-para-el-nombre separado. Discutiremos el modelo gráfico en más detalle en el Capítulo 17.

relationship

El elemento hijo *relationship* brinda otro mecanismo de extensión BPMN que especifica las relaciones definidas por el usuario entre elementos del modelo *fuente* y *objetivo,* tales como modelos de proceso *como están* y *por ser.* Nunca he visto esto utilizado en la práctica.

documentation y extensionElements

La mayoría de los elementos de modelos BPMN contienen a los elementos hijos *documentation* y *extensionElements.*

- *documentation* es parte de las subclases Descriptiva y Analítica. No tiene representación gráfica en el diagrama. Permite integrar cualquier contenido de documentación en el modelo de proceso XML.

- *extensionElements* no es parte de la subclase Analítica, pero es la forma normal en la que las herramientas BPMN insertan información propietaria utilizada por la herramienta misma, incluyendo información más allá del alcance del estándar

BPMN, como parámetros de simulación. Los hijos de *extensionElements* deberían tener como prefijos al espacio-para-el-nombre de la herramienta o al vendedor de la herramienta.

collaboration

Lo que en BPMN 1.2 se conocía como *Diagrama del Proceso de Negocios*, en BPMN 2.0 se conoce como un *modelo de colaboración*; en el diagrama contiene uno o más procesos interactuando vía flujos de mensajes. En el modelo semántico, el elemento raíz *collaboration* simplemente define a los participantes, flujos de mensaje y artefactos. Cada *process* referenciado por un *participant* es un elemento raíz separado (técnicamente, la colaboración también contiene un número de elementos relacionados con modelos de Coreografía y Conversación, pero ellos están fuera del alcance de este libro).

participant

Una *pool (piscina)* en el diagrama es una figura que hace referencia a un *participant* en el modelo semántico. En la sección sobre Método y Estilo de este libro dije que una piscina es principalmente un contenedor para un *proceso*, como lo era oficialmente en BPMN 1.2, y sólo secundariamente un rol de socio o entidad involucrada en una interacción negocio-a-negocio, que es cómo el término *participante* se describe en la narrativa de la especificación BPMN 2.0. Al equiparar la piscina al participante, la especificación BPMN 2.0 enturbia las aguas pero efectivamente cambia muy poco. La razón es simple: un elemento participante puede referenciar a *ningún proceso*, en cuyo caso le llamamos una piscina caja negra, o a un *proceso simple*. Dentro de cualquier modelo BPMN, un solo participante no puede estar asociado con más de un proceso. Así, en la realidad, excepto para piscinas caja negra, los términos *participant* y *process* significan lo mismo.

También está el tema de compatibilidad con los modelos BPMN existentes. En BPMN 1.2, era común dibujar una piscina que encierre a un solo proceso BPMN, incluso cuando no había dibujos de ninguna otra piscina o flujos de mensaje. Si una piscina significa un rol o entidad de negocios comprometida en una colaboración, ¿sería siquiera legal un diagrama con una sola piscina en BPMN 2.0? De hecho, en los primeros borradores de BPMN 2.0, no lo era; el XSD requería un mínimo de *dos* participantes. Afortunadamente ese requerimiento fue posteriormente abandonado.

El elemento *participant* tiene tres atributos en la subclase Analítica:

- *id*. Se necesita especificarlo si lo que se quiere es dibujar una figura de piscina en el diagrama. Es el único valor al que señala el atributo *bpmnElement* de una figura de piscina en el modelo gráfico.

- *name*. Ésta es la etiqueta que se muestra en la figura de la piscina. En la sección sobre Método y Estilo de este libro aconsejo etiquetar una piscina de proceso con el nombre del *proceso*. En el XML de BPMN, ese valor se convierte en el *nombre del participante*. En el modelo gráfico de BPMN 2.0, no hay figura asociada con el elemento semántico *process*. Una piscina, que representa a un participante, es lo más cercano que se tiene. Por esa razón, recomiendo aplicar el valor de la etiqueta de la piscina a ambos atributos de *name,* del participante y del proceso.

- *processRef*. Es un señalador de QName hacia un elemento del *process*. Es QName porque los elementos del *process* y *collaboration* podrían estar en archivos BPMN diferentes. La omisión de este atributo indica una *piscina caja negra*, es decir, sin proceso, y si estuviera presente, puede haber máximo *uno* de ellos.

El elemento hijo *participantMultiplicity*, si está presente, se visualiza a través del *marcador de participante multi-instancia* discutido en el Capítulo 8.

messageFlow

El elemento semántico *messageFlow* tiene cinco atributos importantes:

- *id*. Opcional si no se brinda un modelo gráfico, pero necesario como referencia *bpmnElement* para el conector gráfico.

- *name*. Es la etiqueta conectora, que identifica al mensaje.

- *sourceRef* y *targetRef.* Son señaladores QName *requeridos* para los elementos semánticos en la cola y cabeza del flujo de mensaje, respectivamente. Deben ser fuentes y objetivos válidos para mensajes, como se discutió en el Capítulo 7.

- *messageRef*. Yo trato de no utilizarlo, pero está incluido en la subclase Analítica. Si se va a mostrar la figura del Mensaje en un flujo de mensaje, *messageRef* es un señalador QName hacia elemento raíz *message* que especifica la etiqueta de la figura y (en modelos ejecutables) los detalles técnicos del mensaje.

La ubicación y puntos de flexión del conector del flujo de mensaje están definidos en el modelo gráfico, no en el elemento semántico *messageFlow*.

process

El elemento raíz *process* describe un proceso BPMN, es decir, una *orquestación*, como se discutió en detalle en el Capítulo 2. Los atributos de este elemento incluyen:

- *id*. Requerido como objetivo para el atributo *processRef* del *participant*, indicando una piscina caja blanca.

- *name*. En realidad, el *name* del proceso no aparece en ninguna etiqueta de la figura, a menos de que se esté siguiendo el convencionalismo de Método y Estilo de hacer que los nombres del participante y el proceso sean idénticos. Una buena razón para seguir este convencionalismo es para sustentar la reutilización del proceso vía *callActivity*. A pesar de que la referencia *calledElement* de actividad llamar en el XML es la *id* del proceso, en una herramienta BPMN es más probable que el modelador explore y seleccione el proceso llamado por su *name*.

- *processType* (no en la subclase Analítica). El atributo opcional en cadena enumerado *processType* especifica si un proceso es Público o Privado. Un *proceso Público,* denominado *proceso abstracto* en BPMN 1.2, contiene solamente nodos que interactúan con entidades externas vía mensajes. Un *proceso Privado,* por el contrario, contiene la lógica completa del flujo de la actividad. *Básico,* el valor predeterminado de *processType* significa indefinido.

- *isExecutable* (no en la subclase Analítica). Atributo opcional booleano para procesos Privados. Si este atributo se omite, el proceso es *implícitamente no ejecutable.* Ciertas reglas en la narrativa de la especificación se aplican sólo a procesos ejecutables.

Ejemplo: Modelo de Proceso Simple

El modelo simple mostrado en la Figura 14-2 está serializado en la Figura 14-3.

Figura 14-2. Un modelo de proceso simple

```
<definitions targetNamespace="http://www.itp-commerce.com"
    xmlns="http://www.omg.org/spec/BPMN/20100524/MODEL"
    xmlns:itp="http://www.itp-commerce.com/BPMN2.0"
    xmlns:xsi="http://www.w3.org/2001/XMLSchema-instance"
    xsi:schemaLocation="http://www.omg.org/spec/BPMN/20100524/MODEL  schemas/BPMN20.xsd"
    exporter="Process Modeler 5 for Microsoft Visio" exporterVersion="5.2742.13663 SR6"
    itp:name="My Diagram" itp:version="1.0" itp:author="bruce" itp:creationDate="8/3/2011 2:42:47 PM"
    itp:modificationDate="8/3/2011 3:07:20 PM"
    id="_4adb855a-76f3-4539-8a1d-60102f3b12e7">
    <process id="_4188bfa1-cb2f-4f72-a84f-9f4f70b41a6b" name="My Process" processType="None">
        <startEvent id="_3f808752-02dd-42d5-b4aa-2015031c7cc7"/>
        <task id="_0532502d-31db-4fa5-920b-65c173652055" name="My task"/>
        <endEvent id="_7986530a-fb47-4918-83fb-ad6c4f7d7656" name="Process complete"/>
        <sequenceFlow id="_6e913629-e553-47bf-875a-ce53cc167bdc" sourceRef="_3f808752-02dd-42d5-
            b4aa-2015031c7cc7" targetRef="_0532502d-31db-4fa5-920b-65c173652055"/>
        <sequenceFlow id="_bfcb1cad-0c47-40df-9bd3-0e744bfe5bd2" sourceRef="_0532502d-31db-4fa5-
            920b-65c173652055" targetRef="_7986530a-fb47-4918-83fb-ad6c4f7d7656"/>
    </process>
</definitions>
```

Figura 14-3. Serialización de un modelo de proceso simple

Vale la pena notar varias cosas sobre la serialización, generada por *Process Modeler* para *Visio* de *ITP Commerce ltd.*

- *id*s para todos los elementos son valores globalmente únicos generados por las herramientas.

- La declaración *targetNamespace* no es específica para el modelo, pero sí es la misma para todos los modelos serializados por esta herramienta, que es aceptable ya que la herramienta genera *ids* de elementos globalmente únicas.

- El default namespace (sin prefijo) se declara para que sea el espacio-para-el-nombre de BPMN 2.0, *http://www.omg.org/spec/BPMN/20100524/MODEL*. Algunas herramientas utilizan un prefijo para este espacio-para-el-nombre.

- Dos otros espacios-para-el-nombre se declaran en el elemento *definitions*, el prefijo *xsi* para referenciar el atributo *schemaLocation*, y el prefijo *itp* para referenciar los elementos y atributos propietarios del vendedor de herramientas.

- El atributo *xsi:schemaLocation* indica que este documento de la instancia está listo para ser validado respecto al esquema BPMN 2.0 encontrado en la ubicación relativa del archivo. *schemas/BPMN20.xsd*.

- El *exporter* y *exporterVersion* identifican la herramienta y versión utilizada para crear la serialización.

- Los atributos de propiedad del vendedor con el prefijo *itp* son utilizados para mantener información no estándar acerca del modelo, como el nombre, versión, autor, fecha de creación y fecha de modificación del modelo.

- El elemento del *proceso* tiene un valor *processType* de *None*. Ya que ello es el valor predeterminado, este atributo pudo haber sido omitido.

- El atributo *name* de los elementos *task* y *endEvent* coinciden sus etiquetas en el diagrama.

- Los valores de Flujodesecuencia *sourceRef* y *targetRef* coinciden con los valores *id* de los nodos de fuente y objetivo.

Ejemplo: Modelo de Colaboración Simple

La Figura 14-4 ilustra un modelo de colaboración simple, serializado en la Figura 14-5.

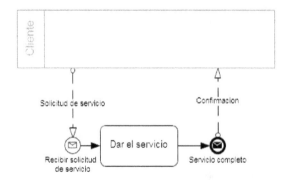

Figura 14-4. Modelo de colaboración simple

```xml
<definitions targetNamespace="http://www.itp-commerce.com"
    xmlns="http://www.omg.org/spec/BPMN/20100524/MODEL"
    xmlns:itp="http://www.itp-commerce.com/BPMN2.0"
    xmlns:xsi="http://www.w3.org/2001/XMLSchema-instance"
    xsi:schemaLocation="http://www.omg.org/spec/BPMN/20100524/MODEL schemas/BPMN20.xsd"
    exporter="Process Modeler 5 for Microsoft Visio" exporterVersion="5.2742.13663 SR6"
    itp:name="My Diagram" itp:version="1.0" itp:author="bruce" itp:creationDate="8/3/2011 3:41:57 PM"
    itp:modificationDate="8/3/2011 3:47:47 PM" itp:createdWithVersion="5.2742.13663 SR6"
    id="_1f2848e9-2fd8-49ab-96ae-1411838c1e70">
    <process id="_98663b88-a518-493a-96f4-e1b2b7c3aace" name="Main Process" processType="None">
        <startEvent id="_d028c241-0061-4c86-99a4-b8e9ab4e3a54" name="Receive service request">
            <messageEventDefinition />
        </startEvent>
        <task id="_94aa77d8-a54d-4000-aaf0-b00cfbbb652d" name="Perform service">
        <endEvent id="_94f1e4b4-d44e-4fc8-8d02-fd9320c4ace0" name="Service complete">
            <messageEventDefinition />
        </endEvent>
        <sequenceFlow id="_006c73de-346f-4111-8824-e687db8210c6" sourceRef="_94aa77d8-a54d-4000-
            b00cfbbb652d " targetRef="_94f1e4b4-d44e-4fc8-8d02-fd9320c4ace0"/>
        <sequenceFlow id="_3d9765f0-4006-4998-a5ec-438ffa29aa3a" sourceRef="_d028c241-0061-4c86-99a4-
            b8e9ab4e3a54" targetRef="_94aa77d8-a54d-4000-aaf0-b00cfbbb652d "/>
    </process>
    <collaboration id="_fd9acbee-264b-44dc-bae0-d3d33e74f751">
        <participant id="_8eea715d-f551-4487-9a64-6226dea487cd" name="Customer"/>
        <participant id="p_98663b88-a518-493a-96f4-e1b2b7c3aace " name="Main Process"
            processRef="_98663b88-a518-493a-96f4-e1b2b7c3aace"/>
        <messageFlow id="_e817a1b2-f0dd-4a49-b33d-25da322872ae" name="Service request"
            sourceRef="_8eea715d-f551-4487-9a64-6226dea487cd" targetRef="_d028c241-0061-4c86-99a4-
            b8e9ab4e3a54"/>
        <messageFlow id="_566cf079-8ac8-4ca4-9b01-a0dac679962d" name="Confirmation"
            sourceRef="_94f1e4b4-d44e-4fc8-8d02-fd9320c4ace0" targetRef="_8eea715d-f551-4487-9a64-
            6226dea487cd"/>
    </collaboration>
</definitions>
```

Figura 14-5. Serialización de un modelo de colaboración simple

Las diferencias dignas de notar de la Figura 14-3 incluyen:

- Adicionalmente al elemento *process*, hay un elemento *collaboration*. El *process* no está contenido en la *collaboration*, pero es otro elemento raíz.

- La *collaboration* identifica dos *participantes*. Uno, denominado *Cliente,* no tiene atributo *processRef*, indicando que es una piscina caja negra. El *nombre del participante* se lo toma de la etiqueta de la piscina. El segundo *participant* no tiene figura de la piscina disponible para denominar, así que por defecto toma el *name* del *process*. En este caso, ya que no asigné un nombre de proceso, la herramienta le dio el nombre predeterminado *Proceso Principal*. El participante toma el mismo nombre. El *processRef* del *participant* señala a la *id* del *process*.

- El elemento hijo vacío *messageEventDefinition* identifica los eventos de inicio y de fin como eventos Mensaje.

- Los valores de *sourceRef* y *targetRef* de *messageFlow* señalan a un evento Mensaje en un extremo y al *Cliente participante* en el otro extremo.

Ejemplo: Importación y Actividad Llamada Simples

La Figura 14-6 ilustra un proceso que llama *Mi Proceso* como un *subproceso reutilizable* utilizando una *callActivity*. El proceso llamado es el mismo que el mostrado en la Figura 14-2 y serializado en la Figura 14-3. Para poder referenciar *Mi Proceso*, el proceso de llamado debe primero *importar* el archivo BPMN que define el proceso llamado.

Figura 14-6. Proceso simple con actividad llamada

```
<definitions targetNamespace="http://www.itp-commerce.com"
    xmlns="http://www.omg.org/spec/BPMN/20100524/MODEL"
    xmlns:itp="http://www.itp-commerce.com/BPMN2.0"
    xmlns:xsi="http://www.w3.org/2001/XMLSchema-instance"
    xsi:schemaLocation=http://www.omg.org/spec/BPMN/20100524/MODEL schemas/BPMN20.xsd
    exporter="Process Modeler 5 for Microsoft Visio" exporterVersion="5.2742.13663 SR6"
    itp:name="My Diagram" itp:version="1.0" itp:author="bruce" itp:creationDate="8/4/2011 11:02:21 AM"
    itp:modificationDate="8/4/2011 11:07:18 AM" itp:createdWithVersion="5.2742.13663 SR6"
    itp:conformanceSubClass="Full"
    id="_c66bdce7-22fb-4b94-ac58-c28d0fc76c16">
    <import namespace="http://www.itp-commerce.com" location="C:\Users\Bruce\Documents\book\draft\14-
        2.bpmn" importType="http://www.omg.org/spec/BPMN/20100524/MODEL"/>
    <process id="_c7781df5-3926-40fc-81fd-1bb409bc5c91" name="Main Process" processType="None">
        <startEvent id="_708b45b8-bd58-4a33-b629-ee96e4a785f0"/>
        <callActivity id="_0c280062-dd03-4f62-ae45-db61a2b5cb93" name="Call 'My Process'"
            calledElement="_4188bfa1-cb2f-4f72-a84f-9f4f70b41a6b" itp:isCollapsed="true"/>
        <sequenceFlow id="_8843eef9-faeb-4bbe-aba0-214831acc38b" sourceRef="_708b45b8-bd58-4a33-b629-
            ee96e4a785f0" targetRef="_0c280062-dd03-4f62-ae45-db61a2b5cb93"/>
        <endEvent id="_800e79a2-ed8e-4f69-8fab-c4cc4d38b53c"/>
        <sequenceFlow id="_33364eeb-f363-40f5-b543-8335095abca0" sourceRef="_0c280062-dd03-4f62-ae45-
            db61a2b5cb93" targetRef="_800e79a2-ed8e-4f69-8fab-c4cc4d38b53c"/>
    </process>
</definitions>
```

Figura 14-7. Serialización de importación y actividad llamada

Hay varios aspectos a notar sobre la Figura 14-7:

- El archivo importado no está contenido en la serialización. *Import* no copia los contenidos del proceso importado, sino simplemente señala hacia él.

- El atributo *import namespace* es el *targetNamespace* del archivo BPMN importado. Recuerde que la herramienta de *ITP Commerce* utiliza un *targetNamespace* para todos sus modelos, lo cual puede hacer porque utiliza *ids* de elementos globalmente únicos.

- El atributo *location* de *import* es la ruta de acceso al archivo relativo al archivo .bpmn (XML) importado.

- El atributo *importType* de *import* identifica la importación como un archivo BPMN 2.0.

- El atributo *callActivity* de *calledelement* coincide con la *id* del elemento de *process* del archivo importado, el cual se puede verificar en la Figura 14-3. Si el archivo importado hubiera tenido un *targetNamespace* diferente, el valor del *calledElement* tendría prefijo.

Ahora que vimos la estructura XML básica del modelo semántico BPMN, el siguiente capítulo explica cómo serializar los elementos de flujo de un proceso.

CAPITULO 15

Elementos del Proceso de Serialización

flowElement (elementoDeFlujo) y flowNode (nodoDeFlujo)

flowElement, un hijo opcional y no amarrado de *process*, representa la clase abstracta (llamada *substitutionGroup (grupoDeSustitución)* en XSD) de elementos que pertenecen a un *process*. Estos incluyen *sequenceFlow (flujoDeSecuencia)*, *dataObject (objetoDeDatos)*, *dataObjectReference (objetoDeDatosReferencia)*, *dataStoreReference (alamacenamientoDeDatosReferencia)*, y los elementos de *flowNode (nodoDeFlujo)*, que quiere decir aquellos que pueden conectarse a flujos de secuencia, a saber, *activity (actividad)*, *gateway (compuerta)*, y *event (evento)*.

Todos los miembros de la clase *flowElement (elementoDeFlujo)* tienen un atributo de *name (nombre)* opcional que aparece como la etiqueta de la figura correspondiente y tres elementos hijo rara vez utilizados: *auditing (auditoría)*, *monitoring (monitoreo)*, y *categoryValueRef (valorDeCategoríaRef)*. Los primeros dos de ellos, que no están en la subclase Analítica, son marcadores de posición indefinidos para algún futuro estándar; no está claro el porqué son parte de la especificación en absoluto. *categoryValueRef (valorDeCategoríaRef)* es un puntero hacia un elemento de *categoryValue (valorDeCategoría)*, un hijo de un elemento raíz *category (categoría)*. En la subclase Analítica, su único propósito es asociar una figura de *group (grupo)* con elementos de un valor de categoría en particular. Nunca lo he visto utilizado.

La clase *flowNode (nodoDeFlujo)* añade dos elementos hijo adicionales no amarrados, *incoming (entrante)* y *outgoing (saliente)*. Son punteros QName hacia flujos de secuencia entrantes y salientes, respectivamente. En ese sentido, son completamente redundantes a los atributos *sourceRef (fuenteRef)* y *targetRef (objetivoRef)* de los flujos de secuencia en sí mismos, los cuales son *necesarios* en el XSD. Creo que es incorrecto hacerlos QName, ya que un flujo de secuencia no puede conectarse a un Nododeflujo en otro documento BPMN, y *sourceRef* y *targetRef* de un flujo de secuencia son IDREF's locales, no QName. De esta manera, ya que no tienen un propósito aparente, recomiendo omitir *entrante* y *saliente*.

Cada distinto tipo de actividad, compuerta y evento, están representados por un elemento XSD separado en el modelo semántico. Los elementos *activity, Gateway,* y *event* son clases *abstractas* en sí mismos, no utilizados directamente en el XML, pero de los cuales los subtipos específicos heredan varios atributos y elementos hijo. En el XML de BPMN se deben utilizar los elementos de subtipo concretos, como *userTask (tareaDelUsuario)* o *exclusiveGateway (compuertaExclusiva).*

actividad

La clase abstracta *activity (actividad)* añade varios atributos y elementos hijo a *flowNode (nodoDeFlujo):*

- El atributo opcional IDREF *default* identifica un *flujo de secuencia predeterminado* saliendo de la actividad. Se encuentra en la subclase Analítica.

- El atributo opcional Booleano *isForCompensation (esParaCompensación)* (valor predeterminado *falso*) identifica a una actividad de compensación. No se encuentra en la subclase Analítica.

- Los atributos integrales opcionales *startQuantity (cantidadDeInicio)* y *completionQuantity (cantidadDeCulminación),* ambos valor predeterminado *1*, son utilizados únicamente en procesos ejecutables. No se encuentran en la subclase Analítica.

- Los elementos opcionales hijo de *property (propiedad), ioSpecification (especificaciónIo), dataInputAssociation (asociaciónDeInsumosDeDatos),* y *dataOutputAssociation (asociaciónDeResultadosDeDatos)* están relacionados con el flujo de datos. Los últimos tres efectivamente son parte de las subclases Descriptiva y Analítica, ya que son necesarios para serializar el flujo de datos en los diagramas Nivel 1 o Nivel 2. Discutiremos el modelado de flujo de datos en más detalle en el Capítulo 16.

- El elemento opcional hijo *resourceRole (rolDelRecurso)* y sus subtipos *humanPerformer (realizadorHumano)* y *potentialOwner (dueñoPotencial)* están relacionados con asignaciones de tareas humanas en procesos ejecutables, discutidos en más detalle en el Capítulo 22. No se encuentran en la subclase Analítica.

- El elemento opcional hijo *multiInstanceLoopCharacteristics (característicasDeBucleMultiInstancia)* representa una *actividad multiinstancia.* El atributo Booleano *isSequential (esSecuencial)* indica si las barras en el marcador deberían ser horizontales (secuencial) o verticales (paralelo). El valor predeterminado es *falso*, así que si se omite, el comportamiento MI es paralelo. Este es el único detalle de *multiInstanceLoopCharacteristics* en la subclase Analítica; hay muchos más elementos y atributos utilizados para describir comportamientos MI complejos en el BPMN ejecutable.

- El elemento hijo opcional *standardLoopCharacteristics* (*característicasDeBucleEstándar)* representa una *actividad de bucle*, parte de la subclase Analítica. Los siguientes detalles no son parte de la subclase. El atributo Booleano opcional *testBefore* (*probarAntes)*, valor predeterminado *falso*, determina si la condición de bucle está evaluada antes o después de ejecutar la actividad. El atributo integral opcional *loopMaximum* (*máximoDeBucle)* permite un límite superior en las iteraciones. La *loopCondition* (*condiciónDeBucle)* hijo opcional es una expresión condicional utilizada en procesos ejecutables.

El elemento *activity* es una clase abstracta y no debería utilizarse directamente. En su lugar, se debe utilizar un elemento concreto que represente una tarea particular o tipo de subproceso. Los siguientes elementos de tipo de actividad están incluidos en la subclase Analítica:

- *task (Tarea)* (llamada tarea Abstracta en la narrativa de la especificación)
- *userTask (TareaDelUsuario)*
- *serviceTask (TareaDeServicio)*
- *sendTask (TareaEnviar)*
- *receiveTask (TareaRecibir)*
- *callActivity (ActividadLlamada)*
- *subProcess (SubProceso)* (que significa subproceso "alojado" en vez de una transacción o un subproceso ad hoc)

Los siguientes elementos de actividad están afuera de la subclase Analítica:

- *scriptTask (tareaDeScript)*
- *businessRuleTask (tareaDeReglasDeNegocio)*
- *manualTask (tareaManual)*
- *adHocSubProcess (tubtrocesoAdHoc)*
- *transaction (transacción)*

Las definiciones de tareas reutilizables, llamadas *tareas globales*, no están definidas en un proceso, pero son elementos raíz (llamables) como el mismo *proceso*. El XSD define los siguientes tipos de tareas globales:

- *globalTask (tareaglobal)* (tarea abstracta)
- *globalUserTask (tareadelUsuarioglobal)*
- *globalScriptTask (tareadeScriptglobal)*
- *globalManualTask (tareaManualglobal)*
- *globalBusinessRuleTask (tareadeReglasdeNegocioglobal)*

serviceTask (tareadeservicio), *sendTask (tareaEnviar)*, y *receiveTask (tareaRecibir)* son implícitamente reutilizables así como están, así que no tienen tipos de *tareaGlobal* correspondientes. A pesar de que la especificación no lo dice, vamos a asumir que si un tipo de tarea está en la subclase Descriptiva o Analítica, su tipo global correspondiente es un miembro de esa subclase también.

Además de ellos, como documentación y características bucle/multi-instancia, heredados de la clase de *activity* de base, los atributos y elementos hijo de tipos de actividad específicos están afuera de la subclase Analítica. Están para sustentar procesos ejecutables y discutidos más a detalle en la Parte V:

- *userTask* tiene un atributo *implementation*, con valores permitidos ##unspecified (los predeterminados), ##WebService, o un URL para indicar una implementación definida como WS-HumanTask (*http://docs.oasis-open.org/ns/bpel4people/ws-humantask/protocol/200803*). También tiene *remderomg* hija opcional que puede ser utilizada para especificar los detalles de la interface del usuario bajo *extensionElements (elementosDeExtensión)*.

- *serviceTask* tiene al atributo *implementación* con los mismos valores permitidos como *userTask*, excepto ##WebService, que es el predeterminado. El atributo *operationRef (operaciónRef)* es una referencia remota (QName) a una operación de servicio web, típicamente desde un archivo WSDL importado.

- *sendTask* tiene los mismos atributos de *implementation* y *operationRef* y predeterminados que *serviceTask*. Adicionalmente, el atributo *messageRef (mensajeRef)* es un puntero QName hacia un elemento *message*, típicamente en un XSD o WSDL importado.

- *receiveTask* tiene los mismos atributos que *sendTask*, con la adición del atributo Booleano opcional *crear instancia*, valor predeterminado *falso*. Inmediatamente siguiendo a un evento de inicio Básico, un *receiveTask* con un valor de *crear instancia* que es de *verdadero*, significa lo mismo que un evento de inicio Mensaje, es decir, la recepción del mensaje crea la instanciación del proceso. Ya que el valor de *crear instancia* no es visible en el diagrama, esta construcción es visualmente ambigua, así que Método y Estilo desvaloriza su uso en favor del evento de inicio Mensaje.

- *callActivity* tiene al atributo opcional QName *calledElement*, un puntero hacia un *process* o *globalTask*. El *calledElement* está típicamente definido en un archivo BPMN importado, pero puede ser en el mismo archivo que *callActivity*.

subProcess

El *subProcess* tiene dos diferencias con la *activity* estándar. El atributo Booleando opcional *triggeredByEvent (disparadoPorEvento)*, si es *verdadero*, significa un *subproceso de evento*. El valor predeterminado *falso* significa un subproceso regular. El subproceso de evento no está en la subclase Analítica.

En el XML, un elemento *subProcess* encierra a todos los *flowElements* (*elementosDeFlujo*) en su *nivel de proceso hijo*. Un elemento *subprocess* en el nivel hijo encierra a sus hijos también, y esta anidación puede extenderse sin límites. Simplemente para replantear este aspecto, la contención del nivel del proceso no está modelada por punteros hacia elementos *ids;* los elementos mismos están encerrados dentro de las etiquetas *subProcess.* Debido a que todos los elementos en un nivel del proceso están físicamente contenidos en su elemento *subProcess* padre (o, en el nivel más alto, *proceso*), BPMN es *inherentemente jerárquico.*

Es importante notar que no hay *nada* en el elemento semántico del *subProcess* que indique si el flujo a nivel hijo está dibujado *en línea*, adentro de una figura de *subProcess expandido* en la misma página (diagrama) como el nivel padre, o *jerárquicamente,* en un diagrama separado enlazado a una figura *colapsada de subProcess* en el nivel padre. Las nociones de subprocesos expandidos Vs. colapsados, o estilos de modelado en línea vs. jerárquico son puramente aspectos del *modelo gráfico*. La serialización del elemento del *subProcess* en el modelo semántico es exactamente lo mismo, sin importar cómo esté dibujado en el diagrama! En BPMN 1.2, algunas personas (incluyendo vendedores de herramientas) pensaron erróneamente que los subprocesos alojado y expandidos eran lo mismo, o por lo menos que iban de la mano. El esquema BPMN 2.0 debería finalmente poner esta idea a descansar.

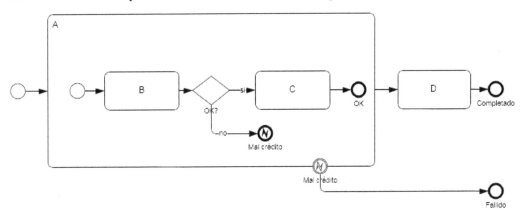

Figura 15-1. Modelo del proceso con dos niveles de proceso

La Figura 15-1 ilustra un modelo de proceso con dos niveles de procesos. La serialización en la Figura 15-2 muestra el anidado de elementos a nivel hijo debajo del elemento del *subProcess*.

```
<definitions targetNamespace="http://www.itp-commerce.com"
xmlns="http://www.omg.org/spec/BPMN/20100524/MODEL" xmlns:itp="http://www.itp-
commerce.com/BPMN2.0" xmlns:xsi="http://www.w3.org/2001/XMLSchema-instance"
xsi:schemaLocation="http://www.omg.org/spec/BPMN/20100524/MODEL schemas/BPMN20.xsd"
exporter="Process Modeler 5 for Microsoft Visio" exporterVersion="5.2742.13663 SR6" itp:name="My Diagram"
itp:version="1.0" itp:author="bruce" itp:creationDate="8/4/2011 12:17:24 PM" itp:modificationDate="8/4/2011
1:57:52 PM" itp:createdWithVersion="5.2742.13663 SR6" itp:conformanceSubClass="Full" id="_1ae6a483-77a8-
4eed-be89-f1e343bf9bf6">
    <process id="_2fc66c01-1839-44ed-af36-5e67811891e1" name="Main Process" processType="None">
        <startEvent id="_3fbcb343-3a7c-4023-805f-d12f747fdeeb"/>
        <subProcess id="_e7df3b40-d626-4920-bc92-d006dad77502" name="A" itp:isCollapsed="false">
```

```
            <startEvent id="_89aa9447-1739-46d4-87eb-c7b459e6f06e"/>
            <task id="_3bc7dc56-15b0-4581-87d8-832427474fcb" name="B"/>
            <task id="_ca47d153-84f6-4f12-98a2-6bbc3269e3ae" name="C"/>
            <exclusiveGateway id="_b7941c03-aaa0-4afc-9c32-4d689aa440a8" name="OK?"
gatewayDirection="Diverging"/>
            <endEvent id="_efd84c60-db46-404d-822a-b08451799db0" name="OK"/>
            <endEvent id="_06abf31e-4092-43e3-af27-5a419d7b79ab" name="Bad credit">
                <errorEventDefinition/>
            </endEvent>
            <sequenceFlow id="_ad57bdee-f5a2-4221-a9a6-be6f6692879c" sourceRef="_89aa9447-1739-
46d4-87eb-c7b459e6f06e" targetRef="_3bc7dc56-15b0-4581-87d8-832427474fcb"/>
            <sequenceFlow id="_2151821f-1c15-4143-8999-425c4a39876d" sourceRef="_3bc7dc56 15b0-
4581-87d8-832427474fcb" targetRef="_b7941c03-aaa0-4afc-9c32-4d689aa440a8"/>
            <sequenceFlow id="_677cc983-f5c5-47d6-98ff-221b56599a98" name="yes"
sourceRef="_b7941c03-aaa0-4afc-9c32-4d689aa440a8" targetRef="_ca47d153-84f6-4f12-98a2-6bbc3269e3ae">
                <conditionExpression>test='yes'</conditionExpression>
            </sequenceFlow>
            <sequenceFlow id="_56128bff-1d44-4c19-a95b-3eba6ecfdaf3" sourceRef="_ca47d153-84f6-4f12-
98a2-6bbc3269e3ae" targetRef="_efd84c60-db46-404d-822a-b08451799db0"/>
            <sequenceFlow id="_db96d25e-ab43-407a-a0c6-de2a76fe4ffe" name="no"
sourceRef="_b7941c03-aaa0-4afc-9c32-4d689aa440a8" targetRef="_06abf31e-4092-43e3-af27-5a419d7b79ab">
                <conditionExpression>test='no'</conditionExpression>
            </sequenceFlow>
        </subProcess>
        <boundaryEvent id="_2a05521f-e21f-4609-bc73-51e458f2f1a2" name="Bad credit"
cancelActivity="true" attachedToRef="_e7df3b40-d626-4920-bc92-d006dad77502">
            <errorEventDefinition/>
        </boundaryEvent>
        <endEvent id="_c81b1121-93e1-430a-a07d-8edc3c756301" name="Complete"/>
        <task id="_ac76b036-81f3-4adb-ad81-0be41e226d92" name="D"/>
        <endEvent id="_742c449d-0e13-41bc-83b4-dd29c633132d" name="Fail"/>
        <sequenceFlow id="_1814f042-9656-4987-bcad-cd326fa07b33" sourceRef="_3fbcb343-3a7c-4023-
805f-d12f747fdeeb" targetRef="_e7df3b40-d626-4920-bc92-d006dad77502"/>
        <sequenceFlow id="_4cbe984e-5584-4ac2-8d86-c9f31a0141f2" sourceRef="_2a05521f-e21f-4609-bc73-
51e458f2f1a2" targetRef="_742c449d-0e13-41bc-83b4-dd29c633132d"/>
        <sequenceFlow id="_e88e9485-01d4-4256-bcb6-49188bf40e9b" sourceRef="_e7df3b40-d626-4920-
bc92-d006dad77502" targetRef="_ac76b036-81f3-4adb-ad81-0be41e226d92"/>
        <sequenceFlow id="_37590ff4-87b7-4625-a30c-ac79852561a4" sourceRef="_ac76b036-81f3-4adb-
ad81-0be41e226d92" targetRef="_c81b1121-93e1-430a-a07d-8edc3c756301"/>
    </process>
</definitions>
```

Figura 15-2. Serialización del modelo de procesos con dos niveles del proceso

Nótese que el elemento XML *subProcess* físicamente encierra a sus elementos de *task* a nivel hijo. También nótese que el *boundaryEvent* (*EventoenelLímite*) *Mal crédito* está en el nivel padre y el *endEvent* (*Eventodefin*) *Mal crédito* está en el nivel hijo.

compuerta

La clase de *gateway* abstracta añade el atributo opcional *gatewayDirection* (*direcciónDeLaCompuerta*) a los atributos y elementos estándar *flowNode* (*nodoDeFlujo*). Este atributo, con los valores enumerados *No especificados, Juntando, Desviando,* y *Mixto,* es utilizado solamente en procesos ejecutables y no es parte de la subclase Analítica. Parece redundante, ya que la semántica de división versus fusión, son evidentes por los flujos de secuencia conectados a la compuerta.

Las *condiciones* de la compuerta no están definidas bajo el elemento de la *gateway*, sino en los elementos del *sequenceFlow* que representan los *gates*.

Como los otros elementos abstractos, la *gateway* no es utilizada en el modelo de procesos XML, en su lugar, hay un elemento XML separado para cada tipo de compuerta. Los atributos y elementos hijo de los elementos de tipo compuerta siguen a la clase de compuerta de base, con las siguientes excepciones:

- *exclusiveGateway (compuertaExclusiva)* y *inclusiveGateway (compuertaInclusiva)* añaden el atributo Booleano opcional *default*, un puntero IDREF hacia un flujo de secuencia saliente que representa al flujo predeterminado, el flujo de secuencia habilitado si ninguna otra condición de *gate* es verdadera.

- *parallelGateway (compuertaParalela)* no tiene diferencias respecto al esquema de la compuerta base.

- *complexGateway (compuertaCompleja)* tiene *default* y añade un elemento hijo *activationCondition (condiciónDeActivación)*, una expresión de datos.

- *eventBasedGateway (compuertaBasadaEnEventos)* no tiene *default* pero añade dos otros atributos.

  El atributo Booleano opcional *instantiate (crear instancia)*, valor predeterminado *falso*, indica que el disparador de cualquiera de los *gates* inicia la instanciación del proceso. Cuando este atributo es *verdadero*, el símbolo adentro de la figura de diamante es un *evento de inicio*, no un evento intermedio. En ese caso, este elemento debe ser el primer nodo de un proceso al más alto nivel, o seguir inmediatamente un evento de inicio Básico. Ya que la semántica es la misma que múltiples eventos de inicio disparados, y que pocas herramientas sustentan la figura de compuerta que crea la instanciación, Método y Estilo desvaloriza *crear instancia* a favor de múltiples eventos de inicio disparados.

  El atributo opcional *eventGatewayType (eventoDeTipoCompuerta)*, con valores enumerados *Exclusivo* y *Paralelo*, indica si el flujo continúa cuando el *primer* evento de *gate* ocurre (*Exclusivo*, el predeterminado) o cuando *todos* ellos ocurren (Paralelo). Un valor de *Paralelo* es equivalente a un *evento intermedio capturador Múltiple-Paralelo*, el cual no está en la subclase Analítica. El omitir este elemento significa el comportamiento normal de la compuerta de eventos, que es lo recomendable.

evento

La clase de *event* abstracta añade sólo el elemento hijo *property* a la clase *flowNode* de base. Discutiremos *property* en el Capítulo 16**Error! Reference source not found.**. Como con las otras clases abstractas, *event* no es utilizado directamente en el modelo de procesos XML; en su lugar, cada tipo de evento está representado por un elemento separado.

startEvent

El elemento *startEvent* (*eventoDeInicio*) representa al evento de inicio de un proceso, subproceso, o subproceso de evento.

- El atributo Booleano opcional *isInterrupting* (*estáInterrumpiendo*), valor predeterminado *verdadero*, tiene significado sólo en un subproceso de evento, y de otra manera, debería ser omitido. Determina si el disparador del subproceso de evento es de interrupción o de no interrupción. Los subprocesos de evento no están en la subclase Analítica.

- El atributo Booleano opcional *parallelMultiple* (*paraleloMúltiple*), valor predeterminado *falso*, significa un *evento de inicio Paralelo-Múltiple*. Eso significa que *todos* los disparadores deben ocurrir para poder iniciar la instanciación del proceso, o disparar el subproceso de evento. El inicio paralelo-múltiple no está en la subclase Analítica, así que este atributo normalmente debería ser omitido.

- Los elementos hijo *property* (*propiedad*), *dataOutput* (*salidaDeDatos*), *dataOutputAssociation* (*asociaciónDeSalidaDeDatos*), y *outputSet* (*setDeResultados*) se relacionan con flujo de datos y están discutidos en el Capítulo 16.

- La clase abstracta *eventDefinition* (*definiciónDeEvento*) define el *disparador* del evento de inicio. En el XML, se debe utilizar uno de los subtipos concretos de *eventDefinition* como un hijo de un *Eventodeinicio* disparado. Ellos incluyen *timerEventDefinition* (*definiciónDeEventoTemporizador*), *messageEventDefinition* (*definiciónDeEventoMensaje*), *signalEventDefinition* (*definiciónDeEventoSeñal*), y *conditionalEventDefinition* (*definiciónDeEventoCondicional*). El esquema permite definiciones adicionales de eventos válidas sólo para subprocesos de evento, incluyendo errorEventDefinition (*definiciónDeEventoDeError*), *escalationEventDefinition* (*definicióndeEventodeescalada*), *compensateEventDefinition* (*definiciónDeEventoCompensación*), y *cancelEventDefinition* (*definiciónDeEventoCancelar*). Otras como *linkEventDefinition* (*definiciónDeEventoDeVínculo*) y *terminateEventDefinition* (*definiciónDeEventoTerminador*) son técnicamente válidos según el esquema, pero en realidad no están permitidos para eventos de inicio. Un *evento de inicio Básico* está representado por omisión del elemento *eventDefinition*. Un *evento de inicio Múltiple* está representado por más de un elemento *eventDefinition*; si el atributo *parallelMultiple* es verdadero, representa un *evento de inicio parallelMultiple*. Cada elemento de *eventDefinition* tiene atributos de disparo específicos y elementos hijo, pero ellos están creados para BPMN ejecutable y están afuera de la subclase Analítica. Para modelos no ejecutables, un elemento vacío del tipo *eventDefinition* (*definiciónDeEvento*) es todo lo que se necesita para especificar al disparador.

- Como una alternativa para alojar una *eventDefinition* como hijo directo de un *startEvent*, es posible apuntar hacia un elemento raíz *eventDefinition* reutilizable, utilizando *eventDefinitionRef* (QName).

intermediateCatchEvent (eventoIntermedioCapturador)

El elemento *intermediateCatchEvent* representa un evento intermedio capturador con flujo de secuencia adentro y afuera; no es utilizado para un evento en el límite. Los atributos e hijos de *intermediateCatchEvent* son los mismos que los de *startEvent* (*eventoDeInicio*), con las siguientes excepciones:

- No hay atributo *isInterrupting* (*estáInterrumpiendo*).
- El mismo conjunto de elementos de *eventDefinition* está permitido por el XSD, pero los únicos válidos son aquellos permitidos en la Figura 7-1: *messageEventDefinition*, *timerEventDefinition*, *conditionalEventDefinition*, *linkEventDefinition*, y *signalEventDefinition*. Ya que no hay evento intermedio capturador Básico, se requiere por lo menos uno de los elementos *eventDefinition* mencionados arriba.

intermediateThrowEvent (eventoIntermedioLanzador)

El elemento *intermediateThrowEvent* representa un evento intermedio lanzador. Sus atributos y elementos hijos son los mismos que aquellos del *intermediateCatchEvent*, con las siguientes excepciones:

- No hay atributo *parallelMultiple*.
- Los elementos hijo relacionados con el flujo de datos son *property* (*propiedad*), *dataInput* (inputDeDatos), *dataInputAssociation* (*asociaciónDeInsumosDeDatos*) y *inputSet* (*setDeInsumos*). Estos serán discutidos en el Capítul 16.
- El mismo set de elementos *eventDefinition* está permitido por el XSD, pero los únicos válidos (por la Figura 7-1) son *messageEventDefinition*, *signalEventDefinition*, *compensateEventDefinition*, *linkEventDefinition*, y *escalationEventDefinition*. Más de una *eventDefinition* significa un *evento Múltiple lanzador*. La omisión de *eventDefinition* significa un *evento Básico lanzador*, que está permitido; puede ser utilizado en el diagrama para indicar un estado particular de la instancia.

Defecto del Evento de Vínculo

Los eventos de vínculo fueron discutidos en el Capítulo 7. La especificación BPMN 2.0 contiene un defecto respecto a su serialización. Un evento de Vínculo tiene a los elementos hijo *opcionales fuente* y *objetivo,* cada uno es un puntero QName hacia la otra mitad del par del evento de Vínculo. La tabla 10.98 de la especificación dice que *name, source,* y *target* son todas *necesarias*. Esto está claramente incorrecto, como *source* y *target* deberían ser mutuamente exclusivos para los eventos de Vínculo; un solo evento de Vínculo no puede tener a ambos. Sin embargo, la XSD dice que se *requiere* el atributo en cadena *name*, lo que significa un elemento *linkEventDefinition* sin el *name* del atributo (tipo *cadena*) no es válido según el esquema.

Es una mala práctica utilizar un tipo de cadena como *name* para vincular elementos modelo juntos. Creo que la intención original era utilizar *source* y *target* para este propósito, pero algo se enredó en el camino. Mi recomendación –y que es lo que la herramienta de *ITP Commerce* hace también- es ingresar datos al atributo del *name* de una *linkEventDefinition* con la *id* de su evento de Vínculo par. En ese caso, los *names* de los elementos pares de la *linkEventDefinition* no coincidirían uno con otro; en su lugar, cada uno apunta a la *id* del elemento par del evento de Vínculo. Esto conecta inequívocamente al Vínculo par, pero significa que la *etiqueta* de los eventos de Vínculo en el diagrama, las cuales deberían coincidir, debe ser otra cosa en vez del *nombre*. Este aspecto es inconsistente con el resto de BPMN.

boundaryEvent (eventoEnElLímite)

El elemento *boundaryEvent* indica un evento en el límite de interrupción o sin interrupción. Sus atributos y elementos hijo son los mismos que aquellos de *intermediateCatchEvent*, con las siguientes excepciones:

- El atributo requerido *attachedToRef* (*adjuntoARef)* apunta a la actividad a la cual el evento está adjunto. Este atributo es QName, a pesar de que no creo que sea posible que la actividad referenciada sea definida en otro archivo.

- El atributo Booleano opcional *cancelActivity* determina si el evento es de interrupción (*verdadero)* o sin interrupción (*falso)*. El valor predeterminado es *verdadero*, así que la omisión del atributo significa *con* interrupción.

- Nuevamente, el XSD permite a todos los elementos *eventDefinition*, pero los únicos válidos, por la Figura 7-1, son *messageEventDefinition*, *timerEventDefinition*, *errorEventDefinition* (sólo de interrupción), *escalationEventDefinition*, *cancelEventDefinition* (sólo de interrupción), *compensateEventDefinition*, *conditionalEventDefinition*, y *signalEventDefinition*. Ya que no hay evento en el límite Básico, se requiere por lo menos una *eventDefinition*. Más de una significa un evento en el límite Múltiple o Múltiple-Paralelo.

endEvent

El elemento *endEvent* indica un evento de fin. Sus atributos y elementos hijo son los mismos que aquellos de *intermediateThrowEvent*, con las siguientes excepciones:

- EL XSD permite a todos los elementos *eventDefinition*, pero los únicos válidos, por la Figura 7-1, son *messageEventDefinition*, *errorEventDefinition*, *escalationEventDefinition*, *cancelEventDefinition*, *compensateEventDefinition*, *terminateEventDefinition*, y *signalEventDefinition*. La omisión de una *eventDefinition* significa un evento de fin Básico. Más de uno significa un evento de fin Múltiple.

sequenceFlow

El elemento *sequenceFlow* es un miembro de la clase *flowElement* y hereda sus atributos estándares y elementos hijo. Adicionalmente, tiene los siguientes atributos y elementos hijo:

- *sourceRef (fuenteRef)*, un atributo IDREF que apunta al *flowNode* en la cola del flujo de secuencia.

- *targetRef (objetivoRef)*, un atributo IDREF requerido que apunta al *flowNode* en la cabeza del flujo de secuencia.

- *isImmediate (esInmediato)*, un atributo Booleano opcional que indica si la transición del flujo de secuencia ocurre inmediatamente con la culminación del nodo *sourceRef* o no. Es información útil, pero ya que es invisible en el diagrama, Método y Estilo recomienda omitirlo. No tiene valor predeterminado.

- *conditionExpression*, un elemento hijo opcional del tipo *expressionT (tExpresión)*, discutido más abajo. La presencia de este elemento indica que un flujo de secuencia es *conditional*. Esto se permite sólo si la *sourceRef* apunta a una actividad o a una compuerta exclusiva, inclusiva o compleja. Si el atributo *default* del nodo de *sourceRef* apunta a este flujo de secuencia, *conditionExpression* debe ser omitido.

Expresiones

Las expresiones condicionales en los *gates* de una compuerta exclusiva o inclusiva o flujo de secuencia condicional representan el uso más común del tipo de datos *tExpression*, resultando en un valor Booleano. Este tipo de datos es también utilizado para ciertas condiciones de uniones de compuerta, condiciones de bucle, condiciones de culminación de actividad multi-instancia, y eventos condicionales.

La especificación dice que en procesos no ejecutables, *tExpression (tExpresión)* está pensado para definir una condición u otra expresión en "lenguaje natural", y es considerado "subespecificado". Para procesos ejecutables, se supone que los modeladores deben utilizar una subclase de *tExpression* llamada *tFormalExpression (tExpresiónFormal)*, definiendo una expresión computable en un lenguaje de expresión especificado. La indicación de que el elemento es *tFormalExpression* está expresada por el atributo *xsi:tipo="tFormalExpression"* (ver Figura 15-3).

En terminología XSD, *tExpression* es un tipo complejo con *contenido mixto*. Eso significa que tiene ambos, contenido de texto directo y atributos y elementos hijo (la mayoría de los tipos de datos XML tienen o un contenido directo o atributos y elementos hijo, pero no ambos). Presumiblemente, el contenido directo de *tExpression* está pensado para retener el texto de lenguaje natural de la expresión. Sin embargo, el contenido directo de un elemento de tipo *tExpression* no es lo que está mostrado en el diagrama. Lo que está mostrado en el diagrama es el *name* del flujo de secuencia, evento condicional, u otro objeto al cual se aplica la expresión. Por esa razón, en modelos no ejecutables, Método y Estilo recomienda *no* utilizar el contenido de *conditionExpression* para definir las condiciones del flujo de secuencia de lenguaje natural, más bien en su lugar utilizar el *name* (etiqueta) del flujo de secuencia, posiblemente en combinación con el *name* de la compuerta.

Expresiones Formales

Todos los ejemplos en la especificación utilizan *tFormalExpression*, que extiende *tExpression* con dos atributos opcionales adicionales:

- *language (lenguaje),* un URL que indica el lenguaje de expresión, si se lo necesita para sobrepasar el lenguaje de tipo predeterminado declarado en *definiciones.*

- *evaluatesToTypeRef (evalúaATipoRef),* un QName indicando el tipo de datos de un resultado de la expresión, como xsd:booleano.

La utilización de expresiones formales no está claramente definida en la especificación. El ejemplo de proceso ejecutable mostrado abajo está extraído del documento no normativo *BPMN 2.0 por Ejemplos v1.0*[21] de OMG, y modificado ligeramente:

```
<exclusiveGateway name="Result?" gatewayDirection="Diverging" id="_1-128" />
<sequenceFlow sourceRef="_1-128" targetRef="_1-252" name="2nd level issue" id="_1-402">
        <conditionExpression  xsi:type="tFormalExpression"
language="http://www.jcp.org/en/jsr/detail?id=245"  evaluatesToTypeRef="xsd:boolean">
                ${getDataObject("TicketDataObject").status == "Open"}
        </conditionExpression>
</sequenceFlow>
<sequenceFlow sourceRef="_1-128" targetRef="_1-150" name="Issue resolved" id="_1-396">
        <conditionExpression  xsi:type="tFormalExpression"
language="http://www.jcp.org/en/jsr/detail?id=245"  evaluatesToTypeRef="xsd:boolean">
                ${getDataObject("TicketDataObject").status == "Resolved"}
        </conditionExpression>
</sequenceFlow>
```

Figura 15-3. Serialización de condiciones de compuerta utilizando expresiones formales

El fragmento ilustra expresiones formales que definen las condiciones de los *gates* en una compuerta exclusiva etiquetada *Resultado?* El atributo *language* apunta al URL para el *Lenguaje Unificado de Expresión (UEL por sus siglas en inglés: "Unified Expression Language")* de Java, sobrepasando el valor global *expressionLanguage (lenguajeDeExpresión)* en *definitions.* El *evaluatesToTypeRef (evalúaParaTipoRef)* indica un tipo Booleano en el lenguaje de tipo XSD predeterminado. El contenido directo, con el formato *${ },* es la expresión formal en sí misma. La función de extensión de CaminoX BPMN llamada *getDataObject* es probablemente innecesaria para lenguajes de expresión que no son CaminoX.

En la forma no ejecutable de este modelo de proceso, la lógica del proceso sería completamente especificada por la etiqueta de compuerta *Resultado?* en combinación con las etiquetas de *gates, Tema de 2do nivel* y *Tema resuelto.* Sin embargo, técnicamente una *conditionExpression (expresiónDeCondición)* debería estar presente en cada *gate,* ya sea vacío

---

[21] http://www.omg.org/cgi-bin/doc?dtc/10-06-02.pdf

como en la Figura 15-4 o con un hilo de lenguaje natural generado desde las etiquetas de la compuerta y *gate*, como en la Figura 15-2.

```
<exclusiveGateway name="Result?" gatewayDirection="Diverging" id="_1-128" />
<sequenceFlow sourceRef="_1-128" targetRef="_1-252" name="2nd level issue" id="_1-402">
        <conditionExpression />
</sequenceFlow>
<sequenceFlow sourceRef="_1-128" targetRef="_1-150" name="Issue resolved" id="_1-396">
        <conditionExpression/>
</sequenceFlow>
```

Figura 15-4. Serialización de condiciones de compuerta no ejecutables

laneSet (Setdecarriles) y lane (carril)

Ambos, los elementos del *process* y del *subprocess* pueden contener *lanes (carriles)*. Los carriles no son puramente construcciones gráficas, sino elementos semánticos de pleno derecho. En flujogramas tradicionales, los carriles representan al realizador o al dueño de las actividades – principalmente tareas humanas- que contienen. BPMN 2.0 generaliza el concepto para sustentar *cualquier* clasificación definida por el usuario de nodos de flujo. De hecho, un modelo singular BPMN puede definir múltiples clasificaciones, llamadas *laneSets (setsDeCarriles)*, para el mismo set de nodos de flujo. Es muy raro ver múltiples *laneSets* –hasta ahora no me los he topado en la práctica- pero la especificación lo permite. Incluso si hay sólo uno, todos los elementos del *carril* deben estar encerrados en un elemento de *laneSets*.

En BPMN 2.0, los *laneSets* y *lanes* están especificados de forma independiente en cada nivel del proceso. Cada elemento del *lane* en un nivel del proceso contiene una lista de *flowNodeRefs* – punteros hacia *flowNodeRefs* contenidos en el carril. Los flujos de secuencia, objetos de datos y cualquier otra figura que no sean *flowNodeRef* no deberían estar referenciados por *flowNodeRef*.

BPMN 1.2 tenía una regla de que los carriles no podrían estar dibujados adentro de una figura expandida de subproceso, pero no hay tal regla en BPMN 2.0. En BPMN 2.0, *lane* y *subProcess* son elementos semánticos, independientemente de su representación gráfica. Podría ser difícil para una *herramienta BPMN* dibujar carriles adentro de una figura expandida de subproceso, pero ése es un tema de la herramienta, no un tema de BPMN.

En un solo nivel del proceso, es posible tener carriles dentro de carriles. Más exactamente, un elemento de *lane* puede él mismo contener un *childLaneSet (setDeCarrilesHijo)*. El *childLaneSet* tiene el mismo tipodedatos que un *laneSets*. Contiene *carriles*, cada uno con *flowNodeRef* y posiblemente más *childLaneSets* en una estructura anidada recursivamente. Si se dibujan carriles anidados en el diagrama del proceso, la serialización debe utilizar *childLaneSets*.

Artifacts

Artifact (artefacto) es el término de BPMN para los elementos que proveen anotación visual del diagrama pero no directamente especifican el comportamiento del flujo de secuencia o flujo de mensaje. Hay dos tipos de artefactos, ambos en la subclase Analítica: *textAnnotation (anotaciónDeTexto)*, texto definido por el usuario vinculado a un elemento con un conector de *association (asociación);* y *group (grupo).* Los artefactos pueden pertenecer a una *collaboration* o a un *process,* como se discute a continuación.

textAnnotation (anotaciónDeTexto)

El contenido de un elemento de *textAnnotation* está definido por su elemento hijo *texto.* La asignación de un elemento *textAnnotation* a un *process* o *collaboration* está determinada por la *association* que lo vincula a un nodo de modelo.

La *association* es no direccional, así que su atributo *associationDirection (direcciónDeAsociación)* o tiene un valor de *None (Básico)* (el predeterminado) o se lo omite. Los atributos *sourceRef* y *targetRef* de asociación son referencias remotas (QName). Uno de ellos apunta a la *textAnnotation.* Si otro apunta a un *flowElement,* ambos, la *textAnnotation* y *association,* pertenecen al *process* del *flowElement.* De otra manera, pertenecen a la *collaboration.*

group (grupo)

Normalmente un elemento *group* sólo tiene una *id,* que es referenciada por una figura en el modelo gráfico. La subclase Analítica también incluye el atributo opcional *categoryValueRef (valorDeCategoríaRef),* un apuntador QName hacia un elemento raíz *category/categoryValueRef.* Sin embargo, *category* no está en la subclase Analítica y es invisible en el diagrama, así que creo que *categoryValueRef* no debería estar en la subclase Analítica tampoco.

CAPITULO 16

Serialización del Flujo de Datos

Datos y flujo de datos son preocupaciones más que todo de BPMN ejecutable, pero *dataObject*, *dataStore*, y *dataAssociation* son miembros de la subclase Analítica y a veces son utilizados en diagramas de procesos no ejecutables. Serializar apropiadamente estos elementos del proceso en BPMN no ejecutable requiere crear *dataInput* (*insumoDeDatos*), *dataOutput (salidaDeDatos)* y otros elementos relacionados no enlistados en la Figura 13-1. En este capítulo discutiremos la serialización del flujo de datos en BPMN Nivel 2 no ejecutable. Discutiremos el flujo de datos en BPMN ejecutable en el Capítulo 20.

Flujo de Datos No Ejecutable

La Figura 16-1 ilustra el flujo de datos en un modelo no ejecutable. El objeto de datos *Contrato [no firmado]* representa el flujo de datos desde el evento de inicio hasta la tarea *A*. La tarea *B* actualiza el almacenamiento de datos *basededatos de Contratos*. Los conectores de línea punteada son *asociaciones de datos direccionales*. En el diagrama, las asociaciones de datos aparecen para conectarse al evento de inicio y elementos de la tarea directamente, pero en el XML, en realidad se conectan a insumos o salidas de datos de aquellos elementos.

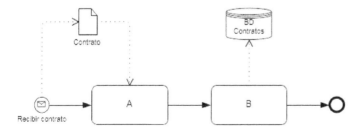

Figura 16-1. Flujo de datos no ejecutable

dataObject (objetoDeDatos)

Un objeto de datos en BPMN representa una *variable de instancia local*. Es visible sólo dentro del nivel del proceso en el cual está definido y sus niveles hijo, y la variable desparece cuando la instancia del nivel del proceso está completa. En el metamodelo de BPMN 2.0, *dataObject* es tanto un *flowElement*, es decir que tiene *id* y *nombre* y pertenece a un *proceso*, y un *item-aware element (elemento consciente-del-ítem)*, o sea que apunta a una *itemDefinition (definiciónDeItem)*. BPMN 2.0 utiliza el término *ítem* para permitir a los elementos conscientes-del-ítem describir no solamente los datos, es decir, ítems de información, sino ítems físicos también. Debido a que su tiempo de vida está limitado a aquel de la instancia del nivel del proceso, no es probable que un *dataObject* represente un ítem físico, pero es teóricamente posible.

La *itemDefinition (definicióndelItem)*, un elemento raíz en la estructura BPMN, es típicamente utilizada sólo en modelos ejecutables. En ese caso, el atributo *itemSubjectRef (sujetoDelItemRef)* del *dataObject* apunta a una *itemDefinition*, que a su vez apunta a un tipodedatos, típicamente importado de un archivo XSD externo. El atributo opcional *isCollection (esColección)* (valor predeterminado falso) indica que el *dataObject* representa una gama de elementos de datos. Si *isCollection* es *verdadero*, la figura del objeto de datos lleva el marcador multi-instancia de tres barras.

Un elemento consciente-del-ítem también tiene *dataState (estadoDeDatos)* opcional con el atributo en cadena *name*. En la Figura 16-1, *Contrato* es el nombre del *dataObject*, y *nofirmado* es el nombre del dataState *(estadoDeDatos)*. La etiqueta en el diagrama se supone que los concatena, encerrando el nombre de *dataState*, si hubiese, entre corchetes. Muchas herramientas simplemente hacen que *"Contrato [no firmado]"* sea el nombre del *dataState*, sin *dataStates*; en BPMN no ejecutable, éso probablemente esté bien.

dataInput (insumoDeDatos) y dataOutput (salidaDeDatos)

Durante la elaboración de BPMN 2.0, el comité técnico discutió por un tiempo si sería aceptable que una asociación de datos se conecte directamente con una actividad o elemento de evento, pero al final decidieron no permitirlo. El metamodelo BPMN dice que la fuente y objetivo de una asociación de datos deben ser un *elemento consiente-del-ítem*. Un elemento Nododeflujo *no es consciente-del-ítem*, pero sus *dataInputs* y *dataOutputs* sí. Eso significa que estos elementos hijos deben estar presentes en el XML para poder crear una conexión de asociación de datos válida a una actividad o evento, lo cual es desafortunado ya que *dataInputs* y *dataOutputs* normalmente no se muestran en el diagrama y son importantes sólo en modelos ejecutables. Requerirlos hace que la serialización sea más ampulosa, pero es bastante sencillo para el implementador.

Las tareas y procesos tienen al elemento hijo *ioSpecification (especificaciónIo)*, que define sus requisitos de datos de insumo y salida. La *ioSpecification* contiene una lista de elementos de *dataInputs* y *dataOutputs*, además de al menos un *inputSet* apuntando hacia los *Insumosdedatos* necesarios y al menos un *outputSet* apuntando hacia las *Salidasdedatos* necesarias. La *ioSpecification* es opcional, pero si están incluidas, debe contener tanto *inputSet* y *outputSet*.

Los eventos no tienen *ioSpecification*, pero sí tienen *inputSet* o *outputSet*. Si un diagrama de proceso ejecutable muestra flujo de datos hacia o desde el evento, la serialización debe incluir estos elementos conscientes-del-ítem.

dataInputAssociation (asociaciónDeInsumoDeDatos y dataOutputAssociation (asociaciónDeSalidaDeDatos)

Un conector de *dataAssociation* (*asociación de datos*) se ve tal como el conector de *association* regular utilizado con *textAnnotation* (*anotaciónDeTexto*), excepto en que la asociación de datos es predeterminadamente *direccional*, dibujada con una punta de flecha. En el XML ambos, su *sourceRef* y *targetRef* deben apuntar hacia un elemento consciente-del-ítem. Eso significa que no apuntan hacia un elemento de *task* o *event* directamente, sino hacia uno de sus elementos de *dataInputs* o *dataOutputs*. En realidad, en el XSD hay elementos separados para *dataInputAssociation* y *dataOutputAssociation*. El primero se conecta desde un elemento consciente del ítem, tal como *dataObject*, hacia un *dataInput*, y el segundo desde una *dataOuput* hacia un elemento consciente-del-ítem. En modelos ejecutables, la *dataAssociation* puede incluir un *trazado*.

dataStore (almacenamientoDeDatos) y dataStoreReference (almacenamientoDeDatosReferencia)

Un *dataStore* es también un elemento consciente-del-ítem, pero, a diferencia de *dataObject*, es persistente y accesible desde cualquier elemento del proceso. En el XSD está definido como un *elemento raíz*, así que no pertenece a un *process* o *subProcess* en particular. Sin embargo, las *interacciones* del almacenamiento de datos con un elemento del proceso vía asociación de datos son parte de un proceso particular y deben utilizar el elemento *dataStoreReference*. El *dataStoreReference* es un *flowElement*, es decir, parte de un *proceso*, que apunta hacia el elemento global de *dataStore*. En modelos ejecutables, el elemento *dataStore* apunta por su lado hacia la itemDefinition (*definiciónDelItem*).

Ejemplo: Flujo de Datos No Ejecutables

En este punto debería ser obvio que serializar el flujo de datos, incluso en BPMN no ejecutable, es ampuloso, involucrando múltiples niveles de sesgo, y requiere elementos que no están visibles en el diagrama. Por ejemplo, la serialización del flujo simple mostrado en la Figura 16-1 se muestra abajo.

```
<definitions targetNamespace="http://www.itp-commerce.com"
xmlns="http://www.omg.org/spec/BPMN/20100524/MODEL" xmlns:itp="http://www.itp-commerce.com/BPMN2.0" xmlns:xsi="http://www.w3.org/2001/XMLSchema-instance"
xsi:schemaLocation="http://www.omg.org/spec/BPMN/20100524/MODEL schemas/BPMN20.xsd"
exporter="Process Modeler 5 for Microsoft Visio" exporterVersion="5.2742.13663 SR6" itp:name="My Diagram"
itp:version="1.0" itp:author="bruce" itp:creationDate="8/5/2011 8:43:11 AM" itp:modificationDate="8/5/2011
10:17:52 AM" itp:createdWithVersion="5.2742.13663 SR6" itp:conformanceSubClass="Full" id="_a26428bb-9287-
4346-b659-1d89f5d41217">
    <process id="_5c311ebc-4ae3-41aa-a2f5-a7802720c773" name="Main Process" processType="None">
```

```xml
<startEvent id="_c529a130-7805-4b9e-90b7-8d923e4813ca" name="Receive contract">
    <dataOutput id="do_c529a130-7805-4b9e-90b7-8d923e4813ca"/>
    <dataOutputAssociation id="_5f837dfc-d686-4e1c-bb9e-67123e59cadf">
        <sourceRef>do_c529a130-7805-4b9e-90b7-8d923e4813ca</sourceRef>
        <targetRef>_37bff1e7-a72c-434a-81b9-2873d11b8845</targetRef>
    </dataOutputAssociation>
    <messageEventDefinition/>
</startEvent>
<task id="_f2509706-84ef-4f59-8fdb-5f25b3102686" name="A">
    <ioSpecification>
        <dataInput id="di_f2509706-84ef-4f59-8fdb-5f25b3102686"/>
        <inputSet>
            <dataInputRefs>di_f2509706-84ef-4f59-8fdb-5f25b3102686</dataInputRefs>
        </inputSet>
        <outputSet/>
    </ioSpecification>
    <dataInputAssociation id="_985c2eb0-3265-4f13-a295-e29778b1c973">
        <sourceRef>_37bff1e7-a72c-434a-81b9-2873d11b8845</sourceRef>
        <targetRef>di_f2509706-84ef-4f59-8fdb-5f25b3102686</targetRef>
    </dataInputAssociation>
</task>
<task id="_63b74f88-2f16-4808-a953-4a082d28bdb3" name="B">
    <ioSpecification>
        <dataOutput id="do_63b74f88-2f16-4808-a953-4a082d28bdb3"/>
        <inputSet/>
        <outputSet>
            <dataOutputRefs>do_63b74f88-2f16-4808-a953-4a082d28bdb3</dataOutputRefs>
        </outputSet>
    </ioSpecification>
    <dataOutputAssociation id="_a9afd7e2-fe6e-41b7-9a7b-6ba39d2f63c8">
        <sourceRef>do_63b74f88-2f16-4808-a953-4a082d28bdb3</sourceRef>
        <targetRef>_474935d1-d1bf-4244-b5b2-3a3bffa9a4d5</targetRef>
    </dataOutputAssociation>
</task>
<endEvent id="_846d6306-9380-4e56-aee7-532d1ef96fc5"/>
<dataObject id="_37bff1e7-a72c-434a-81b9-2873d11b8845" name="Contract [unsigned]"/>
<sequenceFlow id="_88c3ac5d-877d-465e-9669-c7f6b2443105" sourceRef="_c529a130-7805-4b9e-90b7-8d923e4813ca" targetRef="_f2509706-84ef-4f59-8fdb-5f25b3102686"/>
<sequenceFlow id="_689e46f9-5213-49fd-8050-4649e6368cf1" sourceRef="_f2509706-84ef-4f59-8fdb-5f25b3102686" targetRef="_63b74f88-2f16-4808-a953-4a082d28bdb3"/>
<sequenceFlow id="_f2d060d3-2725-436b-99e3-6a2169b96365" sourceRef="_63b74f88-2f16-4808-a953-4a082d28bdb3" targetRef="_846d6306-9380-4e56-aee7-532d1ef96fc5"/>
<dataStoreReference id="_474935d1-d1bf-4244-b5b2-3a3bffa9a4d5" name="Contracts database" dataStoreRef="_a3b16297-1657-497d-ab57-0f64e38f27a3"/>
</process>
<dataStore id="_a3b16297-1657-497d-ab57-0f64e38f27a3" name="Contracts database"/>
</definitions>
```

Figura 16-2. Serialización de flujo de datos no ejecutable

Nótese las siguientes cosas de la Figura 16-2:

- Afuera del evento de inicio, la *sourceRef* de la *dataOutputAssociation* no es el *startEvent* en sí mismo sino su elemento *dataOutput*. Este elemento tiene que ser generado por la herramienta.

- En la Tarea A, el *targetRef* de la *dataOutputAssociation* no es la *tarea* en sí misma, sino su elemento *dataInput*, hijo de *ioSpecification*. A pesar de que sólo hay un *dataInput* definido por la tarea, el XSD requiere que *inputSet* referencie el *dataInput*. A pesar de que no hay *dataOutput*, el XSD requiere un elemento *outputSet* vacío. Consideraciones similares se aplican a la Tarea B.

- El *targetRef* de la *dataOutputAssociation* de la Tarea B es el *dataStoreReference*, definido dentro del *proceso*, no el *dataStore*, el cual es un elemento raíz. La figura del almacenamiento de datos en el diagrama tiene que generar ambos elementos, *dataStore* y *dataStoreReference* en la serialización.

- En el modelo ejecutable, los elementos *dataStore* y *dataObject* tendrían apuntadores hacia los elementos raíz *itemDefinition*, que a su vez apuntarían a su definición de tipodedatos. Revisitaremos esto en el Capítulo 20.

Más sobre Insumos de Datos y Salidas de Datos

Existe todavía algo de desacuerdo dentro de la comunidad de expertos BPMN –yo diría dentro del comité técnico BPMN 2.0 en sí- acerca de ciertos aspectos de *dataInput* y *dataOutput*. La especificación es ambigua respecto al tema. Hubo un frenesí de debates sobre ello por un tiempo, y al final lo único sobre lo que todos estuvieron de acuerdo fue que la especificación había hecho un desastre de esto que necesitaría arreglo en algún futuro BPMN 2.1. Lo siguiente es mi visión sobre ello.

La especificación claramente dice que *dataInput* y *dataOutput* describen los *requisitos de datos*, o *interface*, de una tarea o un proceso. Esto está en contraste con un *dataObject*, que representa un *valor de almacenamiento de datos*, o variable. El valor de un *dataObject* está almacenado y puede ser trazado y comunicado vía *dataInputAssociation* a cualquier elemento del proceso, tal como tarea, en el mismo nivel del proceso (o uno de sus niveles hijo). Por otro lado, un valor *dataInput* poblado, cuando se recibe, es utilizado *inmediatamente* por el elemento en el cual está definido; no está almacenado para trazado y comunicación a otros elementos en este nivel del proceso.

En el modelo semántico la especificación dice, "Insumos de datos PUEDEN tener Asociaciones de Datos *entrantes*" [cursivas en original]. Ya hemos visto en la Figura 16-2 ejemplos de *dataInputAssociations* focalizando un *dataInput*. La especificación *no* dice que un insumo de datos puede tener asociaciones de datos *salientes* pero no lo descarta explícitamente. Esto está en el centro de la controversia sobre el significado y uso de un *dataInput* de un *proceso*. Algunas personas se mantienen diciendo que un *dataInput* de un *proceso* no es simplemente una interface sino también una variable de insumo almacenada, igual que un *dataObject*. Su justificación es que el metamodelo y XSD permiten a una asociación de datos vincular *cualquier* par de elementos conscientes-del-ítem, y se pueden ver ejemplos de esta serialización en el documento no normativo *BPMN 2.0 por ejemplo* en la página web de OMG[22].

Empero, no estoy de acuerdo con esa visión. De hecho, la especificación está llena de casos donde la narrativa desaprueba construcciones que son válidas de acuerdo al esquema. Mi visión es que un *dataInput* es solamente una interface, no un valor almacenado, y *sólo* puede tener asociaciones de datos entrantes, no asociaciones de datos salientes. Mayor evidencia de esto para un *dataInput de proceso* es el hecho de puede que sus asociaciones de datos entrantes no provengan de adentro del proceso, sino desde afuera.

dataInput y *dataOuput* de *subProcess* también son confusos. De acuerdo con la narrativa de la especificación, un *subProceso* puede que no tenga *dataInput* o *dataOuput*, a pesar de que el XSD lo permite. Sin embargo, esto no tiene mucho sentido, ya que no hay diferencia aparente entre los requisitos de insumo de datos de un subproceso y una tarea, y si *Tarea A* en la Figura 16-1 en cambio fuera *Subproceso A*, no habría forma para serializar el flujo de datos! Sugiero ignorar este enunciado de la narrativa de la especificación.

dataInput y *dataOutput* pueden ser representados visualmente en el diagrama. La figura se ve como un objeto de datos con un ícono de flecha adentro, de flecha blanca (*dataInput*) o flecha negra (*dataOutput*) (Figura 16-3). Sin embargo, la especificación aparece para limitar esta representación gráfica a un *dataInput* o *dataOutput* de un *proceso*, ya sea un proceso al más alto nivel o un proceso llamado, es decir, una *callActivity* hacia un proceso reutilizable. El *dataInput* de una tarea no se supone que se muestre gráficamente.

Figura 16-3. Insumo de datos y salida de datos

También, la especificación sugiere que la única vez en que una *dataInputAssociation* a un *dataInput de proceso* se mostraría gráficamente es en un proceso llamado representado como una figura *actividad llamada expandida*. E incluso en ese caso, el elemento semántico que contiene el *dataInput* debería ser la *callActivity*, no el *proceso* llamado.

En pocas palabras, la especificación es un desastre cuando se trata de *dataInput* y *dataOutput* de un *proceso*. Afortunadamente, para serializar el flujo de datos mostrado en el diagrama, los implementadores sólo necesitan ocuparse de los insumos y salidas de actividades y eventos, donde las reglas son más claras.

---

[22] http://www.omg.org/cgi-bin/doc?dtc/10-06-02.pdf

CAPITULO 17

El Modelo Gráfico BPMNDI

Hasta ahora, hemos cubierto únicamente la serialización del *modelo semántico* BPMN. BPMN 2.0 también proporciona un esquema XML para el *modelo gráfico*, llamado *Diagrama de Intercambio BPMN*, o *BPMNDI*, que describe la ubicación y tamaño de las figuras y los conectores, así como la estructura de página vinculada de los diagramas de modelo.

No existía un esquema XML apropiado para BPMNDI hasta la fase de Finalización de BPMN 2.0. En la especificación beta, la presión de OMG para un solo metamodelo que apoye *cualquier* tipo de diagrama, incluyendo a UML y BPMN, impidió la definición de un XSD apropiado para el modelo gráfico de BPMN. Sin embargo, el metamodelo gráfico universal, que puede todavía hallarse en el Apéndice B de la especificación BPMN 2.0, hizo que el intercambio XML de los diagramas BPMN entre herramientas de modelado sea impracticable, si no imposible. BPMNDI, como se definió en la versión final de la especificación, no sólo hace que el intercambio de modelos BPMN sea posible, sino que permitió a los modelos individuales BPMN que especifiquen su estructura de página de una manera utilizable.

En BPMN, el modelo gráfico no puede nunca sostenerse por sí mismo, *debe* estar acompañado por información del modelo semántico. Por ejemplo, la única forma en que BPMNDI distingue una figura de tarea de un evento en el límite Temporizador, o a un flujo de secuencia de una asociación de datos, es por medio del atributo *bpmnElement (elementoBpmn)* de la figura, un puntero hacia el correspondiente elemento semántico. La información no está duplicada en BPMNDI y el modelo semántico, sino dividida entre ellos. Por ejemplo, el *texto* de una etiqueta de figura está en el modelo semántico; la *posición* e información sobre la *fuente* está en BPMNDI.

Es raro que una herramienta BPMN pueda reproducir con *exactitud* el diseño creado y serializado por otra herramienta. La mayoría de las herramientas tienen sus propias bibliotecas de gráficos que constriñen el tamaño, su relación de aspecto y posición de la etiqueta de cada figura. En importación, una de estas herramientas no puede arbitrariamente poner a escala las figuras para hacerlas coincidir exactamente con el diagrama original, pero BPMNDI por lo menos les permite aproximarse al diseño. Asimismo, BPMNDI revela la estructura de la página del modelo original –por ejemplo, si un nivel del proceso hijo está dibujado adentro de una figura de un subproceso expandido o en un diagrama hipervinculado separado.

Lo Básico de BPMNDI

BPMNDI no utiliza el namespace (espacioparaelnombre) BPMN 2.0. Tiene su propio espacioparaelnombre, o más bien sus propios tres espacioparaelnombre. El principal, *http://www.omg.org/spec/BPMN/20100524/DI* (usualmente se le asigna el prefijo *bpmndi*) es utilizado para la mayoría de los elementos BPMNDI, incluyendo el elemento de más alto nivel *BPMNDiagrama*. Pero el elemento *dc:Bounds (Límites)* que describe la ubicación y tamaño de una figura, utiliza un segundo espacioparaelnombre, *http://www.omg.org/spec/DD/20100524/DC* (prefijado *dc*), y el elemento *di:waypoint (puntosintermedios)* que describe los puntos de inflexión de un conector que utiliza un tercero, *http://www.omg.org/spec/DD/20100524/DI* (prefijado *di*).

El modelo gráfico engloba múltiples páginas, o diagramas, cada una serializada en BPMNDI con un *BPMNDiagram (BPMNDiagram)* y su elemento hijo *BPMNPlane (BPMNPlane)*. (El propósito de utilizar ambos elementos, *BPMNDiagram* y *BPMNPlane* no está claro, ya que cada elemento *BPMNDiagram* DEBE tener exactamente un *BPMNPlane* hijo). A diferencia de una página en Visio, un diagrama en BPMNDI no tiene *tamaño de página;* es semi infinito en extensión. El origen del sistema de coordenadas es la esquina superior izquierda, y la página se extiende al infinito en las direcciones X y Y. No se permiten coordenadas negativas.

La *location* de la figura está definida como las coordenadas X,Y de la esquina superior izquierda de un recuadro rectangular que encierra a la figura. El *tamaño* de la figura es igual en ancho y altura de aquel recuadro. Las herramientas no necesariamente emplean internamente al sistema de coordenadas BPMN. Por ejemplo, el sistema de coordenadas originario de Visio tiene el origen en la esquina inferior izquierda de la página y define las ubicaciones de la figura como el centro del recuadro rectangular. El implementador debe convertir las coordenadas originarias de la herramienta y las coordenadas BPMN al exportar o importar.

Cada página contiene una lista de dos figuras bidimensionales (*BPMNShape*) y conectores (*BPMNEdge,* i.e. *BordeBPMN*), con información sobre ubicación y tamaño para cada una. La figura específica o conector que está representado se define por el atributo *bpmnElement (elementoBpmn)*, un puntero remoto (QName) hacia la id de un elemento semántico BPMN. Este atributo se lo *requiere* efectivamente para todas las figuras y conectores, a pesar de que XSD no obliga ese requisito.

Niveles y Páginas del Proceso

Un modelo BPMN puede incluir múltiples elementos del *process*. Cada uno representa un *proceso BPMN al más alto nivel*, que se puede sustentar por sí mismo o ser invocado por una *callActivity* como un subproceso reutilizable. Cada *process* es una estructura jerárquica que comprende múltiples *niveles de proceso*. Cada nivel de proceso está encerrado en la estructura XML por un *elemento de tipo subproceso*, ya sea un *subProcess, adHocSubProcess (adhocSubprocess), transaction (transacción)*, o *callActivity*. El nivel de proceso que incluye al elemento de tipo subproceso en sí es el *padre* del nivel del proceso que incluye su flujo de actividad expandido.

El flujo a nivel hijo puede ser representado gráficamente ya sea en la *misma página* como el nivel padre, encerrado en una *figura de subproceso expandida*, o en una *página vinculada por separado*, utilizando una *figura de subproceso colapsada* en la página a nivel padre y sin figura de subproceso en la página a nivel hijo. En la sección de Método y Estilo de este libro, llamamos al primero el *estilo de modelado en línea* y al segundo el *estilo de modelado jerárquico*, e indicamos una preferencia por el estilo jerárquico. Una vez más necesitamos enfatizar que esta elección de representación gráfica está especificada solamente en *BPMNDI*; no es parte del modelo semántico.

Aquí encontramos cómo BPMNDI hace esa distinción. De crítica importancia es el atributo *bpmnElement* de *BPMNPlane*, es decir, el elemento semántico referenciado por la *página* en el modelo gráfico. Se trata de un puntero QName *requerido* que apunta hacia un *process*, una *collaboration*, o elemento de tipo subproceso (*subProcess, callActivity, transaction*, o *adhocSubprocess*). Estos punteros para cada *BPMNPlane* describen la *estructura de la página* del modelo gráfico. Un *BPMNPlane* que apunta hacia un elemento semántico de tipo subproceso es, por definición, una *página a nivel hijo*. Cualquier otra página es, por definición, *una página al más alto nivel*.

La consistencia interna exige que una *página a nivel hijo* pueda contener sólo elementos de flujo que pertenezcan al elemento de tipo subproceso referenciado. No puede, por ejemplo, incluir también elementos de un *proceso* separado del más alto nivel ("Proceso2") encerrado en una figura de piscina en la página. Si pudiera, no habría vínculo entre esa página en BPMNDI y Proceso2 en el modelo semántico.

Por otro lado, una *página al más alto nivel* puede contener elementos que pertenezcan a más de un *proceso*, siempre y cuando las figuras que pertenecen a al menos un *proceso* no estén encerradas en una figura de piscina. Si una página al más alto nivel contiene elementos de flujo de más de un *process*, el atributo *bpmnElement* de este *BPMNPlane* debería apuntar a una *collaboration*. Si sólo contiene elementos de un solo *proceso*, el *bpmnElement* debería apuntar o a *process* o a *collaboration*.

BPMNDiagram (BPMNDiagram)

El elemento de más alto nivel en BPMNDI es *BPMNDiagram*, que representa una página. Un modelo puede tener cualquier cantidad de elementos *BPMNDiagram*. Un modelo BPMN sólo semántico, por definición, es uno sin elementos *BPMNDiagram*. Cada *BPMNDiagram* tiene un elemento hijo necesario *BPMNPlane*, que sirve como el contenedor para las figuras y conectores en la página. Un *BPMNPlane* no es como una capa en Visio o Autocad; un *BPMNDiagram* no puede tener más de una. Así, no hay razón aparente porqué un elemento separado *BPMNPlane* sea necesario; simplemente es la forma en que el XSD funciona.

Ambos, *BPMNDiagram* y *BPMNPlane* efectivamente representan la página en su conjunto. Ambos elementos tienen una *id*, pero sólo *BPMNDiagram* tiene un *name*.

- El atributo *name* (*nombre*) de *BPMNDiagram* debería contener el nombre de la página en la herramienta BPMN.

- El atributo *resolution* (*resolución*) de *BPMNDiagram* es un número que define la escala en *pixels por pulgada*. Este atributo es necesario para convertir los valores de ubicación y tamaño de BPMNDI en pixels a longitudes en la página. Por alguna extraña razón, no hay nada en BPMNDI que permita una unidad de escala alternativa como pixels por cm.

- A diferencia de *documentación* en el modelo semántico, que es un elemento, *documentación* en *BPMNDiagram* es un atributo.

Adicionalmente al elemento hijo *BPMNPlane* requerido, *BPMNDiagram* tiene *BPMNLabelStyle* (*EstilodeEtiquetaBPMN*) hijo (opcional, ilimitado), que especifica estilos de fuente utilizados en etiquetas en la página.

BPMNPlane

BPMNPlane contiene una lista ordenada de elementos hijo *BPMNShape* y *BPMNEdge* que representan las figuras y conectores en la página. El órden de las figuras y bordes adentro de un *BPMNPlane* determina su *orden Z*, desde atrás hacia adelante.

El atributo *bpmnElement* de un *BPMNPlane* define la página como o de más alto nivel o nivel hijo, como se discutió previamente. Si apunta hacia un elemento de tipo subproceso, es una página a nivel hijo. De otra forma, es una página de más alto nivel.

BPMNShape

El elemento *BPMNShape* representa la visualización de un solo elemento semántico BPMN además del conector.

- El atributo *bpmnElement* es un puntero QName hacia un elemento semántico BPMN. Es la única indicación del tipo de figura representada. La narrativa de la especificación dice que este atributo es *requerido,* a pesar de que XSD no lo obliga.

- El atributo Booleano opcional *isHorizontal* se aplica sólo a las figuras *piscina* y *carril.* No hay valor predeterminado. Una figura de piscina es aquella para la cual el *bpmnElement* apunta hacia un *participant* en el modelo semántico.

- El atributo Booleano opcional *isExpanded* se aplica sólo a elementos de tipo subproceso (*subProcess, transaction, AdhocSubprocess,* o *callActivity*). No hay valor predeterminado. Un elemento *BPMNShape* con el atributo *bpmnElement* apuntando hacia un elemento de tipo subproceso representa una *figura de subproceso colapsada* si el atributo *esExpandido* es igual a *falso,* y una *figura de subproceso expandida* si el atributo *esExpandido* es verdadero.

- El atributo Booleano opcional *isMarkerVisible* se aplica sólo a elementos *exclusiveGateway*. No hay valor predeterminado. Un valor *verdadero* indica que el símbolo X se muestra adentro del diamante de compuerta.

- *dc:Bounds* es un elemento hijo *requerido* que define las coordenadas de ubicación y tamaño de un recuadro rectangular que rodea a la figura. Para convertirlo a pulgadas, se debe dividir los valores de coordenadas *dc:Bounds* entre el atributo *resolution* de *BPMNDiagram*. Las coordenadas de ubicación X y Y son *necesarias*, tipo *xsd:doble*, y ubicar la esquina superior izquierda del recuadro. Las coordenadas de tamaño *ancho* y *altura* también son *requeridas*, tipo *xsd:doble*.

- El elemento hijo opcional *BPMNLabel* es utilizado para definir la ubicación y estilo de fuente de las etiquetas del diagrama. El texto de la etiqueta está definido por el elemento semántico correspondiente. El atributo *labelStyle* es un puntero QName hacia *BPMNLabelStyle* hijo de *BPMNDiagram*. El elemento hijo *dc:Bounds* define la ubicación y tamaño de la etiqueta.

En el modelo gráfico, un elemento *BPMNShape* no puede contener a otro elemento *BPMNShape*, incluso si una figura está dibujada adentro de la otra. Por ejemplo, una figura de tarea puede ser dibujada adentro de una figura de piscina, pero sus elementos de *BPMNShape* son hermanos, hijos del mismo elemento *BPMNPlane*.

BPMNEdge

Un elemento *BPMNPlane* es la representación gráfica de un solo *conector* BPMN.

- El atributo *bpmnElement* es un puntero QName hacia un elemento conector semántico. Es la única indicación del tipo de conector representado. La narrativa de la especificación dice que es *requerido*, a pesar de que no es obligatorio según el XSD.

- Los atributos QName opcionales *sourceElement* y *targetElement* son punteros hacia elementos BPMNDI. La especificación dice que ellos sólo se utilizan cuando esas figuras NO son lo mismo que aquellas cuyas referencias de *bpmnElement* apuntan hacia los elementos *sourceRef* y *targetRef* del conector semántico. Un ejemplo podría ser el "atajo visual" que vincula un objeto de datos con un flujo de secuencia en el diagrama.

- El atributo opcional *messageVisibleKind* (valores enumerados con *iniciación, sin iniciación*) se aplica sólo a flujos de mensaje que referencian un mensaje. Debería ser utilizado sólo si el símbolo de *mensaje* se muestra en el flujo de mensaje. Un valor con *iniciación* debería ser mostrado con el sobre blanco, *sin iniciación* con el sobre sombreado.

- El elemento hijo requerido *di:waypoint* es una lista ordenada de coordenadas x,y desde la fuente hacia el objetivo del conector. Por lo menos dos elementos *di:waypoint* son necesarios para cada *BPMNEdge*. Los puntos intermedios entre el primero y el segundo son puntosdeinflexión del conector. Cada *di:waypoint* tiene elementos hijo requeridos *x* y *y*, tipo *xsd:doble*.

- El elemento hijo opcional *BPMNLabel* es lo mismo que en la BPMNShape.

Ejemplos de BPMNDI

La Figura 17-1 ilustra un proceso BPMN simple. La serialización, incluyendo BPMNDI, se muestra en la Figura 17-2.

Figura 17-1. Un modelo de proceso simple

```
<definitions targetNamespace="http://www.itp-commerce.com"
xmlns="http://www.omg.org/spec/BPMN/20100524/MODEL" xmlns:itp="http://www.itp-
commerce.com/BPMN2.0" xmlns:xsi="http://www.w3.org/2001/XMLSchema-instance"
xsi:schemaLocation="http://www.omg.org/spec/BPMN/20100524/MODEL schemas/BPMN20.xsd"
exporter="Process Modeler 5 for Microsoft Visio" exporterVersion="5.2742.13663 SR6" itp:name="My
Diagram" itp:version="1.0" itp:author="bruce" itp:creationDate="8/11/2011 3:26:19 PM"
itp:modificationDate="8/11/2011 3:27:51 PM" itp:createdWithVersion="5.2742.13663 SR6"
itp:conformanceSubClass="Full" id="_a84f7a92-b55d-4de1-a18f-901ae69cfce7">
    <process id="_9c6890e1-cb48-4996-bbcc-93f7932018d8" name="Main Process" processType="None">
        <startEvent id="_3d4ea3bc-62fe-4db2-af78-565fff63f442"/>
        <task id="_a904e6fa-2864-4c6f-9bf3-806387908aaf" name="A"/>
        <endEvent id="_cbd876c6-f3a7-4ed5-a27d-48e75d5ced83" name="Process complete"/>
        <sequenceFlow id="_6ef08698-2d78-4357-a843-08eebc32b64d" sourceRef="_3d4ea3bc-62fe-
4db2-af78-565fff63f442" targetRef="_a904e6fa-2864-4c6f-9bf3-806387908aaf"/>
        <sequenceFlow id="_413a3714-a3dd-4cc2-8bbe-1f6c9448b7ec" sourceRef="_a904e6fa-2864-
4c6f-9bf3-806387908aaf" targetRef="_cbd876c6-f3a7-4ed5-a27d-48e75d5ced83"/>
    </process>
    <bpmndi:BPMNDiagram name="My Diagram (1)" resolution="72"
xmlns:bpmndi="http://www.omg.org/spec/BPMN/20100524/DI">
        <bpmndi:BPMNPlane id="_1" bpmnElement="_9c6890e1-cb48-4996-bbcc-93f7932018d8">
            <bpmndi:BPMNShape id="_8A224598-E150-4114-8679-BB572A629081"
bpmnElement="_3d4ea3bc-62fe-4db2-af78-565fff63f442" itp:label="(unnamed)"
itp:elementType="startEvent">
                <dc:Bounds x="209.763779527559" y="232.44094488189" width="17.007874015748"
height="17.007874015748" xmlns:dc="http://www.omg.org/spec/DD/20100524/DC"/>
            </bpmndi:BPMNShape>
            <bpmndi:BPMNShape id="_2A8B7F30-0E05-44B0-A282-B93B71A197AF"
bpmnElement="_a904e6fa-2864-4c6f-9bf3-806387908aaf" itp:label="A" itp:elementType="task">
                <dc:Bounds x="263.622047244095" y="219.685039370079" width="85.0393700787402"
height="42.5196850393701" xmlns:dc="http://www.omg.org/spec/DD/20100524/DC"/>
            </bpmndi:BPMNShape>
            <bpmndi:BPMNShape id="_D37840EE-7D36-4296-98D7-14A30BE6E5AE"
bpmnElement="_cbd876c6-f3a7-4ed5-a27d-48e75d5ced83" itp:label="Process complete"
```

```
itp:elementType="endEvent">
                <dc:Bounds x="396.850393700787" y="232.44094488189" width="17.007874015748"
height="17.007874015748" xmlns:dc="http://www.omg.org/spec/DD/20100524/DC"/>
            </bpmndi:BPMNShape>
            <bpmndi:BPMNEdge id="_AE5164CB-05B3-428F-94B6-BA3B272D7F75"
bpmnElement="_6ef08698-2d78-4357-a843-08eebc32b64d" itp:label="(unnamed)"
itp:elementType="sequenceFlow" >
                <di:waypoint x="226.771653543307" y="233.858267716535"
xmlns:di="http://www.omg.org/spec/DD/20100524/DI"/>
                <di:waypoint x="263.622047244095" y="233.858267716535"
xmlns:di="http://www.omg.org/spec/DD/20100524/DI"/>
            </bpmndi:BPMNEdge>
            <bpmndi:BPMNEdge id="_894F23B9-22F7-40B7-B767-96B01D48C677"
bpmnElement="_413a3714-a3dd-4cc2-8bbe-1f6c9448b7ec" itp:label="(unnamed)"
itp:elementType="sequenceFlow" >
                <di:waypoint x="348.661417322835" y="233.858267716535"
xmlns:di="http://www.omg.org/spec/DD/20100524/DI"/>
                <di:waypoint x="396.850393700787" y="233.858267716535"
xmlns:di="http://www.omg.org/spec/DD/20100524/DI"/>
            </bpmndi:BPMNEdge>
        </bpmndi:BPMNPlane>
    </bpmndi:BPMNDiagram>
</definitions>
```

Figura 17-2. Serialización de modelo de proceso simple, incluyendo BPMNDI

Nótese lo siguiente sobre la Figura 17-2:

- El atributo *name* de *BPMNDiagram* corresponde al nombre de la página en Visio.

- El atributo *bpmnElement* de *BPMNPlane* apunta hacia el proceso, indicando una página al más alto nivel.

- Los espaciosparaelnombre *di* y *dc* no fueron declarados en definiciones, sino en cada elemento BPMNDI donde fueron utilizados. Esto se permite pero deriva en XML ampuloso.

- Los atributos privados en el espacioparaelnombre *itp* que identifican el tipo de figura y etiqueta están disponibles para el uso propio de la herramienta. Tales extensiones están permitidas por el XSD pero no son necesarias para el intercambio de modelos.

La Figura 17-3 muestra el diagrama al más alto nivel de un modelo jerárquico; la Figura 17-4 muestra la expansión a nivel hijo de *Procesar orden*. La serialización, incluyendo BPMNDI, se muestra en la Figura 17-5.

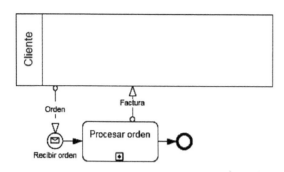

Figura 17-3. Modelo jerárquico simple, nivel más alto

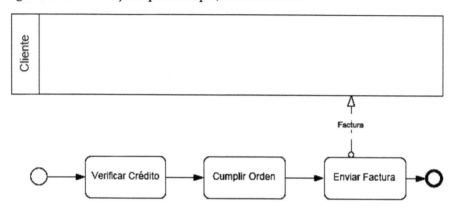

Figura 17-4. Modelo jerárquico simple, nivel hijo

```
<definitions targetNamespace="http://www.itp-commerce.com"
xmlns="http://www.omg.org/spec/BPMN/20100524/MODEL" xmlns:itp="http://www.itp-
commerce.com/BPMN2.0" xmlns:xsi="http://www.w3.org/2001/XMLSchema-instance"
xsi:schemaLocation="http://www.omg.org/spec/BPMN/20100524/MODEL schemas/BPMN20.xsd"
exporter="Process Modeler 5 for Microsoft Visio" exporterVersion="5.2742.13663 SR6" itp:name="My
Diagram" itp:version="1.0" itp:author="bruce" itp:creationDate="8/11/2011 5:27:45 PM"
itp:modificationDate="8/11/2011 5:38:23 PM" itp:createdWithVersion="5.2742.13663 SR6"
itp:conformanceSubClass="Full" id="_f008c590-be03-4ed9-8923-a3c80b07121c">
     <process id="_ab4160fa-a43a-40bb-8c7e-b26919f97deb" name="Main Process"
processType="None">
          <startEvent id="_75454980-4128-4083-95d7-0ef85b52ecba" name="Receive order">
               <messageEventDefinition/>
          </startEvent>
          <subProcess id="_31f4992c-a912-4828-b67b-3c430d841189" name="Process order"
itp:isCollapsed="true" itp:logicalSheetId="f5203bf0-5def-4d91-91ae-1e25ae5e4403">
               <startEvent id="_7883fbf8-a2c9-469f-8084-2bab5e877326"/>
               <task id="_88e44689-8fed-476a-b4bc-42e894c23fab" name="Check credit"/>
               <task id="_817bf4cf-4ede-407c-8624-da8dc56d78c4" name="Fulfill order"/>
               <task id="_bd2d2300-de55-4aa0-baf3-f43398a36666" name="Send invoice"/>
               <endEvent id="_da813ae8-7300-4d0c-8cb3-032a84f4d77f"/>
               <sequenceFlow id="_f544e6ce-dbfe-4e01-a942-581ea7a76d17" sourceRef="_bd2d2300-
de55-4aa0-baf3-f43398a36666" targetRef="_da813ae8-7300-4d0c-8cb3-032a84f4d77f"/>
```

```xml
        <sequenceFlow id="_5c3838c3-1fa1-45b2-a4c6-a0f66d592f3f" sourceRef="_7883fbf8-a2c9-469f-8084-2bab5e877326" targetRef="_88e44689-8fed-476a-b4bc-42e894c23fab"/>
        <sequenceFlow id="_6a7a06bb-bb53-4861-818c-8bb0f7a2a942" sourceRef="_88e44689-8fed-476a-b4bc-42e894c23fab" targetRef="_817bf4cf-4ede-407c-8624-da8dc56d78c4"/>
        <sequenceFlow id="_fecb259c-2083-4d9f-919b-bec391354605" sourceRef="_817bf4cf-4ede-407c-8624-da8dc56d78c4" targetRef="_bd2d2300-de55-4aa0-baf3-f43398a36666"/>
      </subProcess>
      <endEvent id="_5d9f3cba-4787-4420-b1b3-c7666f8a837d"/>
      <sequenceFlow id="_cf8bf2c6-c959-45f4-93e2-cdce3175850e" sourceRef="_75454980-4128-4083-95d7-0ef85b52ecba" targetRef="_31f4992c-a912-4828-b67b-3c430d841189"/>
      <sequenceFlow id="_8dadf786-45a3-4594-a56a-02375207afd8" sourceRef="_31f4992c-a912-4828-b67b-3c430d841189" targetRef="_5d9f3cba-4787-4420-b1b3-c7666f8a837d"/>
    </process>
    <collaboration id="_7fe9461f-f0b3-4beb-a664-b4034c8cf4da">
      <participant id="_357f89aa-eb8f-4014-9548-0928d47192a7" name="Customer"/>
      <participant id="p__ab4160fa-a43a-40bb-8c7e-b26919f97deb" name="Main Process" processRef="_ab4160fa-a43a-40bb-8c7e-b26919f97deb"/>
      <messageFlow id="_36ae2e66-cbfe-451a-9a7b-52539da0702b" name="Invoice" sourceRef="_bd2d2300-de55-4aa0-baf3-f43398a36666" targetRef="_357f89aa-eb8f-4014-9548-0928d47192a7"/>
      <messageFlow id="_daf3f8e0-f6f5-491a-b04f-aa54caf62a39" name="Invoice" sourceRef="_31f4992c-a912-4828-b67b-3c430d841189" targetRef="_357f89aa-eb8f-4014-9548-0928d47192a7"/>
    </collaboration>
    <bpmndi:BPMNDiagram name="My Diagram (1)" resolution="72" xmlns:bpmndi="http://www.omg.org/spec/BPMN/20100524/DI">
      <bpmndi:BPMNPlane id="_1">
        <bpmndi:BPMNShape id="_182647EF-1058-488D-9888-45945045C623" bpmnElement="_75454980-4128-4083-95d7-0ef85b52ecba">
          <dc:Bounds x="90.7086614173228" y="226.771653543307" width="17.007874015748" height="17.007874015748" xmlns:dc="http://www.omg.org/spec/DD/20100524/DC"/>
        </bpmndi:BPMNShape>
        <bpmndi:BPMNShape id="_126B2C02-E3E6-4E39-B9FF-2F33B3AA3004" bpmnElement="_31f4992c-a912-4828-b67b-3c430d841189" isExpanded="false">
          <dc:Bounds x="128.976377952756" y="214.015748031496" width="85.0393700787402" height="42.5196850393701" xmlns:dc="http://www.omg.org/spec/DD/20100524/DC"/>
        </bpmndi:BPMNShape>
        <bpmndi:BPMNShape id="_614D8B4E-41C4-4055-9234-0601C778626F" bpmnElement="_5d9f3cba-4787-4420-b1b3-c7666f8a837d">
          <dc:Bounds x="235.275590551181" y="226.771653543307" width="17.007874015748" height="17.007874015748" xmlns:dc="http://www.omg.org/spec/DD/20100524/DC"/>
        </bpmndi:BPMNShape>
        <bpmndi:BPMNEdge id="_153BA773-386A-417A-83CC-729D21CAEFB7" bpmnElement="_cf8bf2c6-c959-45f4-93e2-cdce3175850e" sourceElement="_75454980-4128-4083-95d7-0ef85b52ecba" targetElement="_31f4992c-a912-4828-b67b-3c430d841189">
          <di:waypoint x="107.716535433071" y="228.188976377953" xmlns:di="http://www.omg.org/spec/DD/20100524/DI"/>
          <di:waypoint x="128.976377952756" y="228.188976377953" xmlns:di="http://www.omg.org/spec/DD/20100524/DI"/>
```

```
            </bpmndi:BPMNEdge>
            <bpmndi:BPMNEdge id="_FE03106D-C683-446A-8098-62E1C78F6D92"
bpmnElement="_8dadf786-45a3-4594-a56a-02375207afd8" sourceElement="_31f4992c-a912-4828-b67b-
3c430d841189" targetElement="_5d9f3cba-4787-4420-b1b3-c7666f8a837d">
                <di:waypoint x="214.015748031496" y="228.188976377953"
xmlns:di="http://www.omg.org/spec/DD/20100524/DI"/>
                <di:waypoint x="235.275590551181" y="228.188976377953"
xmlns:di="http://www.omg.org/spec/DD/20100524/DI"/>
            </bpmndi:BPMNEdge>
            <bpmndi:BPMNEdge id="_F56D4F86-0E68-4850-8B01-4CBEB99E2EEF"
bpmnElement="_8081ac38-cf1f-4114-9efe-3892f7c3e2db" sourceElement="_357f89aa-eb8f-4014-9548-
0928d47192a7" targetElement="_75454980-4128-4083-95d7-0ef85b52ecba">
                <di:waypoint x="106.299200433446" y="175.748031496063"
xmlns:di="http://www.omg.org/spec/DD/20100524/DI"/>
                <di:waypoint x="106.299203136775" y="226.771653543307"
xmlns:di="http://www.omg.org/spec/DD/20100524/DI"/>
            </bpmndi:BPMNEdge>
            <bpmndi:BPMNShape id="_6686DC43-2536-4761-8626-75633D08A530"
bpmnElement="_357f89aa-eb8f-4014-9548-0928d47192a7" isHorizontal="false">
                <dc:Bounds x="85.2698558897484" y="99.2125984251969"
width="254.887635238527" height="76.5354330708661"
xmlns:dc="http://www.omg.org/spec/DD/20100524/DC"/>
            </bpmndi:BPMNShape>
            <bpmndi:BPMNEdge id="_6686B787-328D-4A2A-9591-3374E546F057"
bpmnElement="_daf3f8e0-f6f5-491a-b04f-aa54caf62a39" sourceElement="_31f4992c-a912-4828-b67b-
3c430d841189" targetElement="_357f89aa-eb8f-4014-9548-0928d47192a7">
                <di:waypoint x="178.582681220347" y="214.015748031496"
xmlns:di="http://www.omg.org/spec/DD/20100524/DI"/>
                <di:waypoint x="178.582673110361" y="175.748031496063"
xmlns:di="http://www.omg.org/spec/DD/20100524/DI"/>
            </bpmndi:BPMNEdge>
        </bpmndi:BPMNPlane>
    </bpmndi:BPMNDiagram>
    <bpmndi:BPMNDiagram name="Process order (1)" resolution="72"
xmlns:bpmndi="http://www.omg.org/spec/BPMN/20100524/DI">
        <bpmndi:BPMNPlane id="_2" bpmnElement="_31f4992c-a912-4828-b67b-3c430d841189">
            <bpmndi:BPMNShape id="_E655BE81-98FE-43CE-AFA3-D2B6979C9117"
bpmnElement="_7883fbf8-a2c9-469f-8084-2bab5e877326">
                <dc:Bounds x="99.2125984251969" y="252.283464566929" width="17.007874015748"
height="17.007874015748" xmlns:dc="http://www.omg.org/spec/DD/20100524/DC"/>
            </bpmndi:BPMNShape>
            <bpmndi:BPMNShape id="_A665A671-D32B-4D77-B38C-BD1D1E070FC9"
bpmnElement="_88e44689-8fed-476a-b4bc-42e894c23fab">
                <dc:Bounds x="155.905511811024" y="239.527559055118"
width="85.0393700787402" height="42.5196850393701"
xmlns:dc="http://www.omg.org/spec/DD/20100524/DC"/>
            </bpmndi:BPMNShape>
            <bpmndi:BPMNShape id="_DF74DAE6-A83A-47F4-82D8-A8C86FE70CEB"
bpmnElement="_817bf4cf-4ede-407c-8624-da8dc56d78c4">
                <dc:Bounds x="280.629921259843" y="239.527559055118"
```

```
width="85.0393700787402" height="42.5196850393701"
xmlns:dc="http://www.omg.org/spec/DD/20100524/DC"/>
            </bpmndi:BPMNShape>
            <bpmndi:BPMNShape id="_C070AC5F-8CBF-4554-B705-C4092157AA28"
bpmnElement="_bd2d2300-de55-4aa0-baf3-f43398a36666">
                <dc:Bounds x="405.354330708661" y="239.527559055118"
width="85.0393700787402" height="42.5196850393701"
xmlns:dc="http://www.omg.org/spec/DD/20100524/DC"/>
            </bpmndi:BPMNShape>
            <bpmndi:BPMNShape id="_F7B71203-FF20-4EE5-801E-62568945CDB8"
bpmnElement="_da813ae8-7300-4d0c-8cb3-032a84f4d77f">
                <dc:Bounds x="511.653543307087" y="252.283464566929" width="17.007874015748"
height="17.007874015748" xmlns:dc="http://www.omg.org/spec/DD/20100524/DC"/>
            </bpmndi:BPMNShape>
            <bpmndi:BPMNEdge id="_DFC3ABB5-AF6F-496B-841E-7D3875A10AED"
bpmnElement="_f544e6ce-dbfe-4e01-a942-581ea7a76d17" sourceElement="_bd2d2300-de55-4aa0-baf3-
f43398a36666" targetElement="_da813ae8-7300-4d0c-8cb3-032a84f4d77f">
                <di:waypoint x="490.393700787402" y="253.700787401575"
xmlns:di="http://www.omg.org/spec/DD/20100524/DI"/>
                <di:waypoint x="511.653543307087" y="253.700787401575"
xmlns:di="http://www.omg.org/spec/DD/20100524/DI"/>
            </bpmndi:BPMNEdge>
            <bpmndi:BPMNEdge id="_F2B6D016-13A9-42C6-9AF0-BF3F47D4CC7B"
bpmnElement="_5c3838c3-1fa1-45b2-a4c6-a0f66d592f3f" sourceElement="_7883fbf8-a2c9-469f-8084-
2bab5e877326" targetElement="_88e44689-8fed-476a-b4bc-42e894c23fab">
                <di:waypoint x="116.220472440945" y="253.700787401575"
xmlns:di="http://www.omg.org/spec/DD/20100524/DI"/>
                <di:waypoint x="155.905511811024" y="253.700787401575"
xmlns:di="http://www.omg.org/spec/DD/20100524/DI"/>
            </bpmndi:BPMNEdge>
            <bpmndi:BPMNEdge id="_9681136E-B7EF-4F53-8441-24D921FE0034"
bpmnElement="_6a7a06bb-bb53-4861-818c-8bb0f7a2a942" sourceElement="_88e44689-8fed-476a-b4bc-
42e894c23fab" targetElement="_817bf4cf-4ede-407c-8624-da8dc56d78c4">
                <di:waypoint x="240.944881889764" y="253.700787401575"
xmlns:di="http://www.omg.org/spec/DD/20100524/DI"/>
                <di:waypoint x="280.629921259843" y="253.700787401575"
xmlns:di="http://www.omg.org/spec/DD/20100524/DI"/>
            </bpmndi:BPMNEdge>
            <bpmndi:BPMNEdge id="_EECB2D7E-44D3-498A-9E7C-F0D65C792C27"
bpmnElement="_fecb259c-2083-4d9f-919b-bec391354605" sourceElement="_817bf4cf-4ede-407c-8624-
da8dc56d78c4" targetElement="_bd2d2300-de55-4aa0-baf3-f43398a36666">
                <di:waypoint x="365.669291338583" y="253.700787401575"
xmlns:di="http://www.omg.org/spec/DD/20100524/DI"/>
                <di:waypoint x="405.354330708661" y="253.700787401575"
xmlns:di="http://www.omg.org/spec/DD/20100524/DI"/>
            </bpmndi:BPMNEdge>
            <bpmndi:BPMNEdge id="_19E735E6-DAB6-470C-8502-7A4790DB47FA"
bpmnElement="_36ae2e66-cbfe-451a-9a7b-52539da0702b" sourceElement="_bd2d2300-de55-4aa0-baf3-
f43398a36666" targetElement="_357f89aa-eb8f-4014-9548-0928d47192a7">
                <di:waypoint x="426.614173904179" y="239.527559055118"
```

```
xmlns:di="http://www.omg.org/spec/DD/20100524/DI"/>
                    <di:waypoint x="426.614172552514" y="177.165354330709"
xmlns:di="http://www.omg.org/spec/DD/20100524/DI"/>
            </bpmndi:BPMNEdge>
            <bpmndi:BPMNShape id="_BFA2B743-E00A-46C7-BA20-8694F79E9742"
bpmnElement="_357f89aa-eb8f-4014-9548-0928d47192a7" isHorizontal="false">
                    <dc:Bounds x="107.947032057394" y="96.3779527559055" width="420.71438526544"
height="80.7874015748032" xmlns:dc="http://www.omg.org/spec/DD/20100524/DC"/>
            </bpmndi:BPMNShape>
        </bpmndi:BPMNPlane>
    </bpmndi:BPMNDiagram>
</definitions>
```

Figura 17-5. Serialización de modelo jerárquico simple, incluyendo BPMNDI

Aquí hemos hecho el XML un poco menos ampuloso al remover los atributos BPMNDI de propiedad de la herramienta y al consolidar las declaraciones del espacioparaelnombre en los elementos del BPMNDiagram. Nótese los siguientes puntos sobre la Figura 17-5:

- Hay dos elementos de *BPMNDiagram*, lo que significa dos páginas.

- Ambas páginas tienen *resolución* fijada a 72 pixels por pulgada. Para convertir las coordenadas de ubicación y tamaño a pulgadas, divida los valores de los pixels entre 72.

- El *BPMNPlane* con *id* igual a_1 es una *página al más alto nivel*, porque su *Elementobpmn* apunta hacia el elemento *colaboración*. El *BPMNPlane* con *id* igual a _2 es una *página a nivel hijo* porque su *bpmnElement* apunta a un elemento *subProcess*. Las herramientas deberían poblar el atributo *bpmnElement* para todos los elementos *BPMNPlane*

- Esa figura de *subProcess* está colapsada porque su valor *esExpandido* es *falso*. Todas las figuras que referencian los elementos de tipo subproceso deberían poblar *esExpandido*. Un elemento de tipo subproceso referenciado por una página (*BPMNPlane*) debería siempre estar colapsado. Cuando *esExpandido* es *verdadero*, ambos elementos semánticos a niveles padre e hijo, deberían mostrarse en la misma página.

- Hay dos elementos *participant* en el modelo semántico, pero sólo uno de ellos – *Cliente*– está referenciado por una figura de piscina en BPMNDI. No todos los elementos semánticos tienen una figura correspondiente en BPMNDI.

- Dos figuras, una en cada página, apuntan al mismo *participant*, el llamado *Cliente*, indicando las figuras de piscina. El *participant* no tiene *processRef*, así que es una piscina de caja negra. La herramienta que utilicé para crear la Figura 17-3 y Figura 17-4 me permitió indicar que ambas figuras de piscina del *Cliente* referencian el mismo elemento *participante*; no es que simplemente asumió éso debido a que sus *nombres* son iguales (aunque no sería una mala idea).

- Ambas figuras de piscina tienen *isHorizontal* fijado como verdadero. Las herramientas deberían fijar el valor de este atributo para figuras de piscina y carril.

CAPITULO 18

BPMN-I

El intercambio de modelos de proceso fue una meta explícita de BPMN 2.0, pero hasta este texto, todavía no se lo ha llevado a la práctica. Desafortunadamente, la serialización XML de acuerdo con todas las reglas del XSD de BPMN 2.0, del metamodelo y de la narrativa de la especificación, sigue permitiendo suficiente variación para hacer que la interoperación entre herramientas sea difícil. Incluso si limitamos el problema a intercambio de modelos que contienen sólo los elementos y atributos en la subclase Analítica –es decir, modelos no ejecutables Nivel 2, incluyendo sólo información visible en el diagrama– la especificación BPMN 2.0 no garantiza una única serialización. En la práctica, se necesitan convencionalismos y revisiones de validación adicionales para facilitar el intercambio de modelos.

Idealmente, dichas reglas detalladas para el intercambio de modelos debería ser parte de la especificación BPMN. Empero, hoy por hoy no se las tiene, y es improbable que sean añadidas prontamente debido a varias razones:

- Tomó más de tres años completar BPMN 2.0, y después de todo un año de la finalización, los vendedores de herramientas recién ahora están empezando a implementar el estándar final. Una nueva versión del estándar tomaría un par de años más, por lo bajo.

- La especificación actual ni siquiera incluye una lista consolidada de las reglas semánticas existentes, lo cual sería necesario antes de añadir nuevas revisiones de validación al estándar.

- El enfoque principal del comité técnico de BPMN en OMG ha sido puesto (y, creo, se mantiene) en la semántica de la ejecución, no los modelos no ejecutables de la subclase Analítica.

- El proceso de estándares OMG dirigido por consenso es muy poco probable que limite a las herramientas lo suficiente como para asegurar el intercambio de modelos BPMN. Sospecho que muchos vendedores de herramientas prefieren secretamente que el intercambio con otras herramientas *no* es algo fácil de hacer. Los verdaderos beneficiarios del intercambio de modelos son los *usuarios finales*, quienes tienen poca influencia sobre los estándares.

Por estas razones, me ocupo del tema yo mismo. Lo llamo la iniciativa *BPMN-I*, en analogía con WS-I, un esfuerzo exitoso desde las bases para fomentar la interoperabilidad de los servicios web al definir un *Perfil Básico*, limitaciones en implementaciones más allá de aquellas de los estándares oficiales de los servicios web. Mientras WS-I está preocupado por la interoperabilidad del tiempo de ejecución, BPMN-I se embarca en un problema mucho más sencillo: el intercambio de tiempo de diseño de modelos no ejecutables BPMN, utilizando únicamente los elementos y atributos en la subclase Analítica. Invito a los implementadores BPMN de todos los tipos a colaborarme en el esfuerzo[23].

El principio rector de BPMN-I es éste: *Cualquier modelo BPMN que se ajuste a la subclase Analítica debería tener una y sólo una serialización XML.* Esto requiere imponer limitaciones adicionales a la serialización más allá de aquellas de la especificación BPMN 2.0. Llamo a este conjunto de limitaciones el *Perfil BPMN-I*.

Una lección clave de mi experiencia en la capacitación BPMN es que el conseguir modeladores para que se ajusten a los convencionalismos de las mejores prácticas funciona mejor cuando esos convencionalismos pueden ser reducidos a *reglas que son validadas en una herramienta*. Simplemente publicar una lista de reglas no es tan efectivo como implementar esas reglas en una herramienta. He creado tal herramienta para el perfil BPMN-I utilizando XSLT 2.0 y la estoy poniendo a disposición para el uso de los implementadores[24]. La evolución de Método y Estilo, de "mejores prácticas" a reglas implementadas en la herramienta de modelado de *ITP Commerce*, ha hecho una gran diferencia en la calidad de los modelos de estudiantes en mi capacitación BPMN, y espero que la validación BPMN-I en una herramienta acelerará de forma similar la implementación de BPMN interoperable a cargo de vendedores de herramientas.

El Perfil BPMN-I es una obra en progreso. En última instancia, su éxito depende de la participación y adopción a cargo de implementadores como usted. Si tiene éxito, creo que va a ser incorporado eventualmente de alguna manera en una versión futura del estándar BPMN, al igual que Nivel 1 y Nivel 2 de Método y Estilo se volvieron en las subclases Descriptiva y Analítica en BPMN 2.0.

El Perfil BPMN-I es principalmente un conjunto de reglas que rigen la *exportación* del XML conforme a BPMN 2.0 de las herramientas. La serialización XML de un modelo BPMN 2.0 puede ser verificada según el Perfil BPMN-I utilizando mi herramienta de validación, la cual informa sobre violaciones específicas. *La violación de una regla de BPMN-I no significa que el modelo viole alguna regla de la especificación BPMN, sólo que puede que ella no sea interoperable con otras herramientas que claman estar conforme a BPMN-I.*

---

[23] Contacto bruce@brsilver.com.

[24] Para mayor información, visite www.bpmnstyle.com.

El propósito del Perfil BPMN-I es permitir a los modeladores determinar por adelantado la habilidad de la Herramienta B para importar y entender un modelo de BPMN creado por la Herramienta A. Una herramienta de BPMN puede aseverar la habilidad de *importar* XML conforme a BPMN-I, posiblemente con excepciones específicas. El perfil BPMN-I completo incluye todos los elementos y atributos de la subclase Analítica, *importación* de archivos BPMN externos y referencias QName remotas, modelado jerárquico, y BPMNDI. Sin embargo, no conozco ninguna herramienta BPMN hoy en día que lo haga todo y esté conforme a todas las limitaciones de serialización de BPMN-I.

Reglas de Serialización del Perfil BPMN-I

Las reglas de serialización de BPMN-I se aplican a la *exportación* de *XML de BPMN 2.0* de cualquier modelo en la subclase Analítica. Muchas de las reglas conciernen elementos y atributos poblados por la herramienta exportadora, independiente del diagrama creado por el modelador. Sin embargo, algunas reglas efectivamente limitan las acciones de los mismos modeladores, en el sentido de que ciertos diagramas que pueden ser dibujados en la herramienta no pueden ser serializados inequívocamente o de manera que sea interoperable con otras herramientas. *De este modo, BPMN-I implica que las herramientas deberían aplicar ciertas revisiones de validación previamente a exportar y advertir a los modeladores cuando el diagrama no puede ser serializado de acuerdo con el perfil BPMN-I.*

El término *modelo BPMN* es entendido para incluir múltiples *archivos BPMN* vinculados por uno o más elementos de *importación*. En ese caso, *uno* de los archivos BPMN es considerado el *archivo BPMN al más alto nivel* para el modelo. Mi herramienta de validación Perfil BPMN-I aplica una transformación XSLT 2.0 al archivo BPMN al más alto nivel para generar un informe de error.

En la lista de reglas a continuación, se identifican los atributos y elementos hijo utilizando la sintaxis XPATH, en la cual *A/B* significa *elemento hijo B de A*, y *A/@B* significa *atributo B de A*. Los números de reglas en corchetes corresponden a violaciones informadas por la herramienta.

Validación del Esquema

- [R0001] Como un prerrequisito, todos los archivos BPMN en el modelo deben ser válidos según el XSD de BPMN 2.0 final (*http://www.omg.org/spec/BPMN/20100501/BPMN20.xsd*). En adición a verificar la presencia en el archivo BPMN y orden correcto de documentos de elementos y atributos requeridos, la validación del esquema revisa la singularidad de todos los atributos de tipo *xsd:ID* y valida la presencia de elementos referenciados por atributos y elementos de tipo *xsd:IDREF*.

- [R0003] El modelo BPMN debe incluir por lo menos un elemento de *process* o *collaboration*.

definiciones

- [R0004] El *targetNamespace* (espacioParaElNombreObjetivo) de cualquier archivo BPMN en el modelo no puede ser el espacioparaelnombre BPMN 2.0.

- [R0005] *definitions/@exporter* deben estar poblados en cada archivo BPMN en el modelo. El valor debería ser el nombre de la herramienta que crea la serialización.

- [R0006] *definitions/@exportVersion* debe estar poblado en cada archivo BPMN en el modelo. El valor debería ser el número de versión detallado, equivalente a aquel encontrado en el diálogo Ayuda/Acerca de la herramienta exportadora.

importar

- [R0002] Un archivo BPMN referenciado por *import* (importar) debe estar disponible desde la *location* especificada.

Elementos y Atributos No Convencionales

- [R0007] Los elementos del modelo no definidos por el XSD BPMN 2.0 deben estar un espacioparaelnombre declarado que no sea ni el espacioparaelnombre BPMN 2.0 o el *targetNamespace* (espacioParaElNombreObjetivo) de cualquier archivo BPMN en el modelo.

- [R0008] Los elementos del modelo no definidos por el XSD de BPMN 2.0 deben estar encerrados en una etiqueta *extensionElements* (elementosDeExtensión).

- [R0009] Los atributos del modelo no definidos por el XSD de BPMN 2.0 deben estar en un espacioparaelnombre declarado que no sea el espacioparaelnombre de BPMN 2.0 o el *targetNamespace* (espacioParaElNombreObjetivo) de cualquier archivo BPMN en el modelo.

Referencias Remotas de Elementos

La validación del esquema asegura la presencia de referencias locales (IDREF), pero no asegura la presencia de elementos apuntados por las referencias remotas de BPMN 2.0 del tipo *xsd:QName* (xsd:QName). La validación de BPMN-I asegura la presencia de referencias remotas de QName, de acuerdo a las siguientes reglas:

- Si la referencia remota no contiene dos puntos, el *targetNamespace* (espacioParaElNombreObjetivo) de los elementos referenciadores y referenciados deben ser los mismos, y debe existir en el modelo un elemento con *id* que coincida con el valor remoto del hilo de referencia.

- Si la referencia remota contiene dos puntos, el espacioparaelnombre que corresponde al prefijo debe ser declarado en el contexto del elemento referenciador y debe coincidir con el *targetNamespace* (espacioParaElNombreObjetivo) del elemento referenciado. Adicionalmente, el hilo que sigue a los dos puntos debe coincidir con la *id* del elemento referenciado.

Los siguientes miembros de la subclase Analítica son referencias QName remotas sujetas a errores de "Elemento no encontrado" en la validación BPMN-I:

- *flowNode/@default* [*Nododeflujo* representa cualquier actividad, compuerta, o elemento de evento.]
- *callActivity/@calledElement*
- *boundaryEvent/@attachedToRef*
- *participant/@processRef*
- *messageFlow/@sourceRef*
- *messageFlow/@targetRef*
- *messageFlow/@messageRef*
- *bpmndi:BPMNPlane/@bpmnElement*
- *bpmndi:BPMNShape/@bpmnElement*
- *bpmndi:BordeBPMN/@bpmnElement*

Estructura de la Página

Cada *página* en el modelo gráfico está representada por un elemento de *BPMNDiagram* (BPMNDiagram) y su *BPMNPlane* (BPMNPlane) hijo. La *estructura de página* de un modelo BPMN está especificada por el atributo de *BPMNPlane* (BPMNPlane). Si un *BPMNPlane* (BPMNPlane) referencia un elemento de tipo subproceso, se trata de una *child-level page* (página a nivel hijo). De otra forma se trataría de una *top-level page* (página al más alto nivel).

Los *pares de los eventos vínculo* utilizados como *conectores fuera de página*, a pesar de que están permitidos por la especificación de BPMN 2.0, no están sustentados por BPMN-I.

- [R9001] Un *BPMNPlane* (BPMNPlane) debe contener por lo menos una *BPMNShape* (BPMNShape). Por ejemplo, una página Visio que contiene únicamente documentación explicatoria no debería ser exportada como un *BPMNDiagram* (BPMNDiagram) en el modelo gráfico de BPMN.

- [R9002] Un *BPMNDiagram* (BPMNDiagram) debe tener un *name* (nombre). Este atributo debería mantener el nombre o título de la página creada en la herramienta BPMN.

- [R9003] Un *BPMNDiagram* (BPMNDiagram) debe especificar una *resolution* (resolución), en pixels por pulgada.

- [R9004] Un *BPMNPlane* (BPMNPlane) debe tener una *id*. En el XSD ambos, *BPMNDiagram* (BPMNDiagram) y *BPMNPlane* (BPMNPlane) tienen atributos de *id*, pero en BPMN-I, *BPMNPlane/@id* es utilizado para identificar la página.

- [R9005] *BPMNPlane/@bpmnElement* debe apuntar hacia un elemento de *subProcess* (subProceso), *callActivity* (actividadLlamada), *process* (proceso), *collaboration* (colaboración). *transaction* (transacción) y *adHocSubProcess* están afuera de la subclase Analítica y no debería aparecer en modelos conforme al Perfil BPMN-I.

- [R9006] Si *BPMNPlane/@bpmnElement* referencia una *collaboration* (colaboración), la página puede contener *flowElements* (elementosDeFlujo) de más de un *process* (proceso); si referencia un *process* (proceso), la página puede contener *flowElements* (elementosDeFlujo) únicamente de ese *process* (proceso). En cualquier caso, este *BPMNPlane* significa una *página al más alto nivel*.

- [R9007] Si *BPMNPlane/@bpmnElement* referencia una *collaboration* (colaboración), los *flowElements* (elementosDeFlujo) de máximo un *process* en esa página pueden ser liberadas por una *pool shape* (figura de piscina).

- [R9008] Si *BPMNPlane/@bpmnElement* referencia un *subProcess* (subProceso) o *callActivity* (actividadLlamada), todos los *flowElements* (Elementosdeflujo) en esa página deben ser hijos del subProcess (subProceso) referenciado o *callActivity* (actividadLlamada). En este caso el *BPMNPlane* (BPMNPlane) significa una *página a nivel hijo*.

- [R9009] Si *BPMNPlane/@bpmnElement* referencia un *subProcess* (subProceso) o *callActivity* (actividadLlamada), la (*BPMNShape)* que referencia ese *subProcess* (subProceso) o *callActivity* (actividadLlamada) debe tener el atributo *isExpanded* (EsExpandido) igual a *falso*.

- [R9010] Todos los *flowElements* (Elementosdeflujo) en un nivel del proceso deben ser mostrados en la misma página. Los conectores pares de vínculo fuera de página no están sustentados por el Perfil BPMN-I.

- [R9011] *BPMNLabelStyle* (EstilodeEtiquetaBPMN), elemento hijo de *BPMNDiagram* BPMNDiagram, no está sustentado por BPMN-I y no debería estar incluido en ningún modelo conforme con el Perfil BPMN-I.

Participante y Piscina

Una *pool* (piscina) es, por definición, cualquier *BPMNShape* (BPMNShape) que apunte hacia un *participant* (participante) en un modelo semántico. La *etiqueta de la piscina* corresponde a *participant/@name*.

- [R3001] Un modelo no puede contener dos o más *participants* (participantes) en el mismo *targetNamespace* (espacioparaelNombreobjetivo) con el mismo *name* (nombre). Esto puede ocurrir cuando dos o más páginas en el modelo tienen piscinas con la misma etiqueta, pero la herramienta no reconoce que ellos referencian el mismo elemento semántico.

- [R3002] *participant/@processRef*, si está presente, debe apuntar hacia un elemento de *process* (proceso) en el modelo.

- [R3003] Un elemento *participant* (participante) es necesario para cada *process* (proceso) que envía o recibe un *messageFlow (flujoDeMensaje)*, si *flowElements* (elementosDeFlujo) del *process* (proceso) están o no encerrados en una piscina.

- [R9031] Si un *process* (proceso) de un *flowNode* (nodoDeFlujo) tiene una figura de piscina en la página, la figura del *flowNode* (nodoDeFlujo) debe estar encerrado adentro del límite de la piscina. En otras palabras, todos los *flowNodes* (nodosDeFlujo) en el *process* (proceso) deben estar dibujados adentro de la figura de piscina.

- [R9120] Una figura de piscina no puede superponerse a otra figura de piscina. En particular, una piscina no puede estar anidada adentro de otra piscina.

- [R9121] Una figura de piscina caja negra no puede contener o superponerse a ninguna figura de *flowNode* (nodoDeFlujo), debería estar completamente vacía. Una piscina caja negra es una *BPMNShape* (BPMNShape) cuyo *bpmnElement* (elementoBpmn) apunta hacia un *participant* (participante) que no tiene *@processRef*.

- [R9122] Una piscina caja negra no puede contener o superponerse a ninguna figura de *lane* (carril).

- [R9123] Todas las figuras de *flowNode* (nodoDeFlujo) contenidas en una piscina deben apuntar hacia *flowNodes* (nodosDeFlujo) que pertenecen al *process* (proceso) referenciado del *participant*. En otras palabras, una piscina del *process* no puede encerrar un *flowNode* (nodoDeFlujo) de otro *proceso*.

- [R9124] Una figura de piscina debe poblar el atributo Booleano *isHorizontal* (esHorizontal). Un valor de *verdadero* significa que la piscina extiende el ancho del diagrama con etiqueta en el borde izquierdo; un valor de *falso* significa que la piscina se extiende desde arriba hacia abajo con etiqueta en el borde superior.

collaboration

- [R0500] Una *collaboration* (colaboración) debe contener por lo menos un *participante*.

- [R0501] Los atributos de *collaboration* (colaboración) además de *id* y *name* (nombre) no están sustentados por BPMN-I y no deberían aparecer en modelos conforme al Perfil BPMN-I.

- [R0502] elementos hijo de *collaboration* (colaboración) además de *documentation* (documentación), *extensionElements* (elementosDeExtensión), *participant* (participante), *messageFlow* (flujoDeMensaje), *association* (asociación), *group* (grupo), y *textAnnotation* (anotaciónDeTexto) no están sustentados por BPMN-I y no deberían aparecer en modelos conformes al Perfil BPMN-I.

process

- [R1001] Un *process* (proceso) contiene por lo menos una actividad. Algunas herramientas siempre crean un "proceso principal" pero lo dejan vacío si el modelador encierra *flowElements* (elementosDeFlujo) en una piscina. Sería una violación para el Perfil BPMN-I.

- [R1002] Un *process* (proceso) debe tener un *name* (nombre). Nótese: No hay *BPMNShape/@Elementobpmn* que apunte hacia un *process* (proceso), así que *proceso/@nombre* puede ser invisible en el diagrama. Método y Estilo recomienda poblar *proceso/@nombre* con *participante/@nombre* (la etiqueta de piscina).

- [R1003] El *process name* (nombre del proceso) no debe ser lo mismo que el *name* (nombre) de ningún *subProcess* (subProceso) o *callActivity* (actividadLlamada) contenidos en el *proceso*.

- [R1004] *proceso/@Tipodeproceso* debe ser omitido o *None* (Básico).

- [R1005] *proceso/@esEjecutable* debe ser omitido o *falso*. El Perfil BPMN-I solamente se aplica a BPMN no ejecutable.

- [R1006] Un *process* (proceso) debe contener por lo menos un *startEvent* (Eventodeinicio).

- [R1007] Un *process* (proceso) debe contener por lo menos un *endEvent (eventoDeFin)*.

- [R1008] Dos elementos de *process* (proceso) en el mismo *targetNamespace* (espacioParaElNombreObjetivo) no debe tener el mismo *name* (nombre).

laneSet (setDeCarriles) y lane

- [R1102] Si un *laneSet (setDeCarriles)* es utilizado en un nivel de proceso, el set de nodos *laneset/lane/@flowNodeRef* debe incluir punteros hacia todos los elementos de *flowNode* (nodoDeFlujo) en ese nivel del proceso. En otras palabras, si un nivel de proceso utiliza carriles, todos sus *flowNodes* (nodosDeFlujo) deben estar referenciados por un *lane* (carril) u otro en el modelo semántico.

- [R1103] *lane/@flowNodeRef* debe apuntar hacia un *flowNode* (nodoDeFlujo), es decir, una actividad, compuerta, o evento. Los flujos de secuencia, objetos de datos y anotaciones de texto no son objetivos válidos de *flowNodeRef* (nodoDeFlujoRef).

- [R1101] Las figuras que representan a todos los *lanes* (carriles) en un *laneSet* (setDeCarriles) debe ser mostrado en la misma página.

- [R9130] Una *lane shape* (figura de carril) debería poblar el atributo Booleano *isHorizontal (esHorizontal)*.

- [R9131] Una *lane shape* (figura de carril) no debe extenderse más allá de la piscina que la encierra.

- [R9132] Una *lane shape* (figura de carril) debería extender la longitud completa de la piscina que la encierra. Esto es un requisito de la especificación BPMN, pero hay ambigüedad respecto a los valores *dc:Bounds* para la esquina superior izquierda de una figura de *lane* (carril); BPMN-I resuelve la ambigüedad. Para piscinas horizontales, BPMN-I requiere el valor *dc:Bounds/@x* de la figura de *lane* (carril) para ser lo mismo que aquella de la figura de piscina. Sin embargo, algunas herramientas BPMN ponen la esquina superior izquierda del carril a la derecha de la *pool label box* (caja de la etiqueta de la piscina). Sin embargo, BPMNDI no proporciona nada para especificar el tamaño de la caja de la etiqueta de la piscina. Para repetir, en BPMN-I el valor *dc:Límites/@x* de las figuras horizontales de carril y piscina deberían ser lo mismo.

flowNode (nodoDeFlujo)

La clase abstracta de *flowNode (nodoDeFlujo)* incluye elementos de actividad, compuerta y evento. Las siguientes reglas BPMN-I atañen a todos los *flowNodes* (nodosDeFlujo):

- [R1200] Sólo *flowNodes* (nodosDeFlujo) en la subclase Analítica están permitidos en los modelos conforme al Perfil BPMN-I. Ellos incluyen *task* (tarea), *userTask* (tareaDelUsuario), *serviceTask* (tareaDeServicio), *sendTask* (tareadeenvío), *receiveTask* (tareaDeRecibo), *callActivity* (actividadLlamada), *subProcess* (subProceso) *[@disparadoPorEvento=falso()]*, *exclusiveGateway* (compuertaExclusiva), *inclusiveGateway* (compuertaInclusiva), *eventBasedGateway* (compuertaBasadaEnEvento), *startEvent* (eventoDeInicio), *intermediateThrowEvent* (eventoIntermedioLanzador), *intermediateCatchEvent* (eventoIntermedioCapturador), *boundaryEvent* (eventoEnElLímite), y *endEvent* (eventoDeFin).

- [R1201] Cualquier *flowNode* (nodoDeFlujo) en la subclase Analítica que no sea *startEvent* (eventoDeInicio), *boundaryEvent* (eventoEnElLímite), evento de Vínculo capturador, o hijo de un *subProcess* (subProceso) "caja paralela" debería tener un flujo de secuencia entrante.

- [R1202] Cualquier *flowNode* (nodoDeFlujo) en la subclase Analítica que no sea *endEvent* (eventoDeFin), evento Vínculo lanzador, o hijo de un *subproceso* "caja paralela" debería tener flujo de secuencia saliente.

- [R1203] *flowNode/incoming* (nodoDeFlujo/entrante) y *flowNode/outgoing* (nodoDeFlujo/saliente) deberían ser omitidos de la serialización. Estos elementos no están en la subclase Analítica y son redundantes para *sequenceFlow/@sourceRef* y *sequenceFlow/@targetRef*.

- [R1204] Los únicos *flowNodes* (nodosDeFlujo) que pueden tener el atributo *default* son elementos de *activity* (actividad), más *exclusiveGateway* (compuertaExclusiva) y *inclusiveGateway* (compuertaInclusiva).

- [R1209] *flowNode/@default* debe apuntar hacia un *sequenceFlow* (*flujoDeSecuencia*) saliente desde el *flowNode* (nodoDeFlujo).

activity

- [R1300] Sólo los elementos de *activity* (actividad*)* en la subclase Analítica están permitidos en modelos conforme al perfil BPMN-I. Ellos incluyen *task* (tarea), *userTask* (tareaDelUsuario), *serviceTask* (tareaDeServicio), *sendTask* (tareaDeEnvío), *receiveTask* (tareaDeRecibo), *callActivity* (actividadLlamada), y *subProcess* (subProceso) *[@triggeredByEvent=falso()]*.

- [R1301] Una *activity* (actividad) debería tener un *name* (nombre), mostrado como la etiqueta de la figura de la actividad.

- [R1302] *activity/startQuantity* (actividad/inicioCantidad) y *activity/completionQuantity* (actividad/culminaciónCantidad) deberían ser omitidas en la serialización, lo que supone el valor predeterminado de 1 para ambos. Estos elementos no están en la subclase Analítica.

- [R1303] Las actividades de compensasión (*activity[@isForCompensation = verdadero()]*) no son parte de la subclase Analítica y no están permitidas por el Perfil BPMN-I.

- [R1330] *callActivity/@calledElement* debe apuntar o a un *process* (proceso) o a una *globalTask* (tarea global).

startEvent (Eventodeinicio)

- [R1500] Sólo los *startEvents (eventosDeIncio)* en la subclase Analítica están permitidos en modelos conforme al Perfil BPMN-I. Ellos incluyen aquellos ya sea sin hijo de *eventDefinition* (definiciónDeEvento) o elemento hijo *messageEventDefinition* (definiciónDeEventoMensaje), *timerEventDefinition* (definiciónDeEventoTemporizador), *signalEventDefinition* (definiciónDeEventoSeñal), o *conditionalEventDefinition* (definiciónDeEventoCondicional). Un *startEvent* (eventoDeInicio) puede tener más de uno de estos elementos hijo, pero no puede tener el atributo *@parallelMultiple = verdadero()*. En otras palabras, el *Multiple start event* (evento de inicio Múltiple) está permitido pero no así el *Parallel-Multiple start event* (evento de inicio Paralelo-Múltiple).

- [R1501] Un *startEvent* (eventoDeInicio) no puede tener flujo de secuencia entrante. La construcción heredada que permite a los eventos de inicio en el límite de un subproceso expandido está específicamente excluido por el Perfil BPMN-I.

- [R1502] Un *startEvent* (eventoDeInicio) no puede tener flujo de mensaje saliente.

- [R1503] Un *startEvent* (eventoDeInicio) con flujo de mensaje entrante debe tener *messageEventDefinition* (definiciónDeEventoMensaje) hijo.

- [R1505] Un *startEvent* (eventoDeInicio) en un *subProcess* -subProceso (no un *event subprocess* - subproceso de evento) debe tener disparador Básico, es decir, no debe tener elementos hijo *eventDefinition* (definiciónDeEvento).

- [R1506] El atributo *startEvent/@isInterrupting* no es parte de la subclase Analítica y debería ser omitido de los modelos conforme al Perfil BPMN-I. Sólo se utiliza en subprocesos de evento, los cuales no son parte de la subclase Analítica.

boundaryEvent (eventoEnElLímite)

- [R1600] Sólo *boundaryEvents* (eventosEnElLímite) en la subclase Analítica están permitidos en modelos conforme al perfil BPMN-I. Ellos incluyen sólo a aquellos con el elemento hijo *messageEventDefinition* (definiciónDeEventoMensaje), *definiciónDeEventoTemproizador* (timerEventDefinition), *errorEventDefinition* (definiciónDeEventoError), *escalationEventDefinition* (definiciónDeEventoEscalada), *conditionalEventDefinition* (definiciónDeEventoCondicional), o *signalEventDefinition* (definiciónDeEventoSeñal). Un *boundaryEvent* (eventoEnElLímite) debe tener por lo menos uno de estos elementos hijo, pero no puede tener atributo *@parallelMultiple = verdadero()*. En otras palabras, el *Multiple boundary event* (evento en el límite Múltiple) está permitido pero no el *Parallel-Multiple boundary event* (evento en el límite Paralelo-Múltiple).

- [R1619] El atributo *attachedToRef* (adjuntoARef) debe apuntar hacia una *activity* (actividad) en el mismo nivel del proceso.

- [R1620] Un *boundaryEvent* (eventoEnElLímite) debe tener exactamente un *sequenceFlow* (flujodeSecuencia) saliente.

- [R1622] Un *boundaryEvent* (eventoEnElLímite) no puede tener *sequenceFlow* (flujoDeSecuencia) entrante.

- [R1623] Un *boundaryEvent* (eventoEnElLímite) de Error en un *subProcess* (subProceso) requiere un *endEvent* (eventoDeFin) de Error en la expansión a nivel hijo, a menos que el *subProcess* (subProceso) no contenga elementos hijo.

- [R1624] Un *boundaryEvent* (eventoEnElLímite) de Error no puede ser de no interrupción, es decir, no puede tener *@cancelActivity=falso()*.

- [R1630] Un *boundaryEvent* (eventoEnElLímite) de Escalada en un *subProcess* (subProceso) requiere *intermediateThrowEvent* (eventoIntermedioLanzador) o *endEvent* (eventoDeFin) de Escalada que coincidan en la expansión a nivel hijo, a menos que el *subProcess* (subProceso) no contenga elementos hijo.

intermediateCatchEvent (eventoIntermedioCapturador) e *intermediateThrowEvent* (eventoIntermedioLanzador)

- [R1700] Sólo *intermediateThrowEvents* (eventosIntermediosLanzadores) en la subclase Analítica están permitidos en modelos conforme al Perfil BPMN-I. Ellos incluyen sólo a aquellos ya sea sin *eventDefinition* (definiciónDeEvento), o con elemento hijo *messageEventDefinition* (definiciónDeEventoMensaje), *signalEventDefinition* (definiciónDeEventoSeñal), *escalationEventDefinition* (definiciónDeEventoEscalada), o *linkEventDefinition* (definiciónDeEventoVínculo).

- [R1701] Sólo *intermediateCatchEvents* (eventosIntermediosCapturadores) en la subclase Analítica están permitidos en modelos conforme al Perfil BPMN-I. Ellos incluyen sólo a aquellos con el elemento hijo *messageEventDefinition* (definiciónDeEventoMensaje), *timerEventDefinition (definiciónDeEventoTemporizador)*, *signalEventDefinition* (definiciónDeEventoSeñal), *conditionalEventDefinition* (definiciónDeEventoCondicional), o *linkEventDefinition* (definiciónDeEventoVínculo).

- [R1744] Un *intermediateThrowEvent* (eventoIntermedioLanzador) no puede tener flujo de secuencia saliente.

- [R1745] El objetivo de un *intermediateThrowEvent* (eventoIntermedioLanzador) de Vínculo debe ser un *intermediateCatchEvent* (eventoIntermedioCapturador) de Vínculo en el mismo nivel del proceso. Debido a un defecto en el XSD de BPMN 2.0, el objetivo NO está identificado por *linkEventDefinition/target* (definiciónDeEventoDeVínculo/objetivo) hijo opcional, sino en cambio por el atributo *requerido linkEventDefinition/@name*. A pesar de que este atributo es del tipo *xsd:string* en el XSD, BPMN-I requiere su valor para ser un apuntador hacia la *id* del elemento objetivo *intermediateCatchEvent* (eventoIntermedioCapturador).

- [R1746] Un *intermediateCatchEvent* (eventoIntermedioCapturador) de vínculo no puede tener flujo de secuencia entrante.

- [R1747] La fuente de un *intermediateCatchEvent* Vínculo debe ser un *intermediateThrowEvent* en el mismo nivel del proceso. Debido a un defecto en el XSD de BPMN 2.0, la fuente NO está identificada por el *linkEventDefinition/source* hijo opcional, sino en cambio por el atributo requerido *linkEventDefinition/@name*. A pesar de que este atributo es tipo *xsd:string* en el XSD, BPMN-I requiere su valor para ser un apuntador hacia la *id* del elemento fuente *intermediateThrowEvent* (eventoIntermedioLanzador).

endEvent (eventoDeFin)

- [R1800] Sólo los *endEvents (eventosDeFin)* en la subclase Analítica están permitidos en modelos conformes al Perfil BPMN-I. Ellos incluyen sólo a aquellos con el elemento hijo *messageEventDefinition* (definiciónDeEventoMensaje), *terminateEventDefinition* (definiciónDeEventoTerminador), *errorEventDefinition* (definiciónDeEventoError), *signalEventDefinition* (definificónDeEventoSeñal), o *escalationEventDefinition* (definiciónDeEventoEscalada), o sin hijo en la clase *eventDefinition* (definiciónDeEvento). Un *endEvent* (eventoDeFin) puede tener más de uno de estos elementos hijo.

- [R1850] Un *endEvent* (eventoDeFin) no puede tener flujo de secuencia saliente.

- [R1851] Un *endEvent* (eventoDeFin) no puede tener flujo de mensaje entrante.

- [R1852] Un *endEvent* (eventoDeFin) con flujo de mensaje saliente debe tener *messageEventDefinition* (definicióndeEventomensaje) hijo.

Gateway (Compuerta)

- [R1900] Sólo los elementos de compuerta en la subclase Analítica están permitidos en modelos conformes al Perfil BPMN-I. Ellos incluyen *exclusiveGateway* (compuertaExclusiva), *inclusiveGateway* (compuertaInclusiva), *eventBasedGateway* (compuertaBasadaEnEvento), y *parallelGateway* (compuertaParalela) solamente.

- [R1901] El atributo *gatewayDirection* (direcciónDeCompuerta) no está en la subclase Analítica y deberían ser omitidos de la serialización.

- [R1902] El atributo *default* (predeterminado) en *exclusiveGateway* (compuertaExclusiva) o *inclusiveGateway* (compuertaInclusiva) debe apuntar hacia un flujo de secuencia saliente desde la compuerta.

- [R1903] En *eventBasedGateway* (compuertaBasadaEnEvento), el atributo *instantiate* (instanciar) no es parte de la subclase Analítica y no está permitido en modelos conformes al Perfil BPMN-I (el comportamiento predeterminado corresponde al valor *falso().)*

- [R1904] En *eventBasedGateway*, el atributo *eventGatewayType* no es parte de la subclase Analítica y no está permitido en los modelos conformes al Perfil BPMN-I (el comportamiento predeterminado corresponde al valor *Exclusivo*).

- [R1960] Una compuerta no puede tener flujo de mensaje entrante.

- [R1961] Una compuerta no puede tener flujo de mensaje saliente.

- [R1962] Una compuerta no puede tener un flujo de secuencia entrante y uno saliente.

- [R1965] Cada *gate* de una *eventBasedGateway* (compuertaBasadaEnEvento) debe ser ya sea un *intermediateCatchEvent* (eventoIntermedioCapturador) o una *receiveTask* (tareaDeRecibo).

sequenceFlow (flujoDeSecuencia)

- [R2000] *sequenceFlow/@sourceRef* debe apuntar hacia un *flowNode* (nodoDeFlujo) en el mismo nivel del proceso.

- [R2001] *sequenceFlow/@targetRef* debe apuntar hacia un *flowNode* (nodoDeFlujo) en el mismo nivel del proceso.

- [R2002] El atributo *isIntermediate* (esIntermedio) no es parte de la subclase Analítica y debería ser omitido de los modelos conformes al Perfil BPMN-I.

- [R2003] Los valores de *sourceRef* (fuenteRef) y *targetRef* (objetivoRef) no pueden ser lo mismo; un flujo de secuencia no puede conectar un *flowNode* (nodoDeFlujo) a sí mismo.

- [R2004] Si un *flowNode* (nodoDeFlujo) sólo tiene un *sequenceFlow* (flujoDeSecuencia), el *sequenceFlow* (flujoDeSecuencia) debe ser incondicional, es decir, no puede tener al elemento hijo *conditionExpression* (expresiónDeCondición).

- [R2005] Si *sequenceFlow/@sourceRef* apunta hacia una *parallelGateway* (compuertaParalela) o *eventBasedGateway* (compuertaBasadaEnEvento), el *sequenceFlow* (flujoDeSecuencia) debe ser incondicional, es decir, no puede tener elemento hijo *conditionExpression* (expresiónDeCondición).

- [R2006] Si *sequenceFlow* (flujoDeSecuencia) tiene *conditionExpression* (*expresiónDeCondición*) hijo, el *sequenceFlow* (flujoDeSecuencia) no puede ser referenciado por el atributo *default* (predeterminado) de una actividad o compuerta.

- [R2007] Si *sequenceFlow/@sourceRef* apunta hacia *exclusiveGateway* (compuertaExclusiva) o *inclusiveGateway* (compuertaInclusiva), debería tener al elemento hijo *conditionExpression* (expresiónDeCondición), a menos de que sea el flujo *default* (predeterminado) de la compuerta. En BPMN no ejecutable, *conditionExpression* (expresiónDeCondición) es usualmente un elemento vacío. La etiqueta del conector del *sequenceFlow* (flujoDeSecuencia) es el *sequenceFlow/@name*, no el contenido de *conditionExpression* (expresiónDeCondición).

messageFlow (flujoDeMensaje)

- [R3102] Los atributos *source* (fuente) y *target* (objetivo) de *messageFlow* (*flujoDeMensaje)* no pueden apuntar hacia elementos en el mismo *proceso*.

- [R3103] *messageFlow/@source* debe apuntar hacia una *activity* (actividad), *intermediateThrowEvent* (eventoIntermedioLanzador) con hijo *messageEventDefinition* (definicióndeEventoMensaje), *endEvent* (eventoDeFin) con hijo *messageEventDefinition* (definicióndeEventoMensaje), o una piscina de caja negra (*participant [not(@processRef)]*).

- [R3104] *messageFlow/@target* debe apuntar hacia una *activity* (actividad), *intermediateCatchEvent* (eventoIntermedioCapturador) con hijo *messageEventDefinition* (definicióndeEventomensaje), *boundaryEvent* (*eventoEnElLímite*) con hijo *messageEventDefinitione*, *start/Event* con hijo *messageEventDefinition*, o una piscina de caja negra (*participant [not(@processRef)]*).

- [R3105] *messageFlow/@messageRef*, si estuviera presente, debe apuntar hacia un elemento *message* (mensaje) en el modelo.

textAnnotation and association (anotaciónDeTexto y asociación)

Una *textAnnotation* (anotaciónDeTexto) es un *artifact* (artefacto). En la serialización es un hijo de un elemento o de *collaboration* (colaboración) o de *process* (proceso). Una *textAnnotation* está usualmente vinculada a un *flowElement* (elementoDeFlujo) vía un conector de *association* (asociación), pero la especificación no lo requiere. Si la *association* está presente, el nodo en el otro cabo determina el elemento padre. Si *textAnnotation* está "flotando" sin *association*, el atributo *bpmnElement* (elementoBpmn) de la página (*BPMNPlane*) en el cual aparece apunta hacia el elemento padre de la *textAnnotation*. Si *bpmnElement* apunta hacia un elemento de tipo subproceso, el *process* al cual ese elemento pertenece es el padre de *textAnnotation*.

- [R4001] Si una *textAnnotation* está vinculada a un *flowElement* vía *association*, el padre de la *textAnnotation* debe ser el *proceso* al cual el *flowElement* pertenece.

- [R4002] Si una *textAnnotation* está vinculada al *participant* o *messageFlow* vía *association*, el padre de la *textAnnotation* debe ser la *collaboration* a la cual el *participan* o *messageFlow* pertenecen.

- [R4003] Si una *textAnnotation* no está conectada a una *associatio* y está dibujada en la *página al más alto nivel*, el padre de la *textAnnotation* debe ser el *process* o *collaboration* referenciada por *bpmndi:BPMNPlane/@bpmnElement*.

- [R4004] Si una *textAnnotation* no está conectada a una *association* y está dibujada en una *página a nivel hijo*, el padre de la *textAnnotation* debe ser el padre del *process* del elemento de tipo subproceso referenciado por *bpmndi:BPMNPlane/@bpmnElement*.

- [R4005] Una *association* que se conecta a una *TextAnnotation* debe ser no diferencial, es decir, atributo *associationDirection* debe ser u omitida o *Básico*.

Group (grupo)

Como *TextAnnotation*, *group* es un artefacto que pertenece o a *process* o a *collaboration*.

- [R4500] Si un *group* (grupo) está dibujado en una *página al más alto nivel*, su padre es el elemento *process (proceso)* o *collaboration* (colaboración) referenciado por *bpmndi:BPMNPlane/Elementobpmn*.

- [R4501] Si un grupo está dibujado en una *child-level page (página a nivel hijo)*, su padre es el *process (proceso)* que contiene al elemento de tipo subproceso referenciado por *BPMNPlane/@Elementobpmn*.

- [R4502] El atributo *ValordecategoríaRef* no está sustentado por BPMN-I y no debería aparecer en ningún modelo conforme al Perfil BPMN-I.

Flujo de Datos

- [R5001] Un elemento *dataObject* (objetoDeDatos) está permitido por el Perfil BPMN-I sólo si existe una figura de objeto de datos apuntando hacia él en el modelo gráfico.

- [R5002] Sólo los atributos *dataObject* (objetoDeDatos) en la subclase Analítica están permitidos en modelos conforme al Perfil BPMN-I. Ellos incluyen *id* y *name*.

- [R5003] Un elemento *dataStore* (almacenamientoDeDatos) está permitido por el Perfil BPMN-I sólo si existe una figura de almacenamiento de datos apuntando hacia él en el modelo gráfico.

- [R5004] Sólo los atributos de *dataStoreReference* (almacenamientoDeDatosReferencia) en la subclase Analítica están permitidos en modelos conforme al Perfil BPMN-I. Ellos incluyen *id*, *name* (nombre), y *dataStoreReference* (almacenamientoDeDatosReferencia).

- [R5005] *dataStoreReference/@dataStoreRef* debe apuntar hacia un elemento *dataStore* (almacenamientoDeDatos).

- [R5006] Un *dataObject* (objetoDeDatos) o *dataStoreReference* (almacenamientoDeDatosReferencia) debe ser la *sourceRef* de una *dataInputAssociation* o el *targetRef* de una *dataOutputAssociation*, o ambos. No pueden estar "no adjuntos".

- [R5007] La *sourceRef* de una *dataInputAssociation* sólo puede ser un *dataObject* o *dataStoreReference*.

- [R5008] El *targetRef* de una *dataInputAssociation* sólo puede ser un *dataInput*.

- [R5009] La *sourceRef* de una *dataOutputAssociation* sólo puede ser una *dataOutput*.

- [R5010] El *targetRef* de una *dataOutputAssociation* sólo puede ser un *dataObject* o *DataStoreReference*.

BPMNShape

- [R9030] Una *BPMNShape* (BPMNShape) debe tener al atributo *bpmnElement* que apunta hacia un elemento semántico en el modelo.

- [R9101] Una *BPMNShape (BPMNShape)* debe tener una *id*.

- [R9102] Una *BPMNShape (BPMNShape)* no puede referenciar un *process*. Una figura de piscina debe referenciar un *participant*.

- [R9103] Una *BPMNShape (BPMNShape)* que referencia un *subProcess* o *callActivity* debe poblar al atributo *isExpanded* (esExpandido). Ninguna otra figura puede tener este atributo.

- [R9104] Una *BPMNShape (BPMNShape)* que referencia un *participant* (piscina) o *lane* (carril) debe poblar al atributo *isHorizontal* (esHorizontal). Ninguna otra figura puede tener este atributo.

- [R9105] *BPMNShape)/@isMarkerVisible* se aplica sólo a *exclusiveGateway* (compuertaExclusiva). Ninguna otra figura puede tener este atributo.

- [R9106] *BPMNShape/@isMessageVisible* se aplica sólo a *message* (mensaje). Ninguna otra figura puede tener este atributo.

- [R9107] Los valores *BPMNShape/dc:Bounds/@x* y *dc:Bounds/@y* no pueden ser negativos.

- [R9108] Los valores *BPMNShape/dc:Bounds/@height* y *dc:Límites/@width* no pueden ser negativos.

- [R9109] El hijo *bpmndi:BPMNLabel* de *BPMNShape* no está sustentado por BPMN-I y no debería aparecer en ningún modelo conforme con el Perfil BPMN-I.

BPMNEdge (BordeBPMN)

BPMNEdge (bordeBPMN) es la representación gráfica de los elementos flujo de secuencia, flujo de mensaje, asociación y asociación de datos. Los elementos hijo *di:waypoint* (*di:puntointermedio*) son una lista ordenada de coordenadas que representan la fuente del conector, puntos de inflexión y ubicación del objetivo.

- [R9050] Un *BPMNEdge* debe tener al atributo *bpmnElement* (elementoBpmn) que apunta hacia un elemento semántico conector en el modelo.

- [R9051] Un *BPMNEdge* debe tener una *id*.

- [R9052] Los atributos *sourceElement* (elementoFuente), *targetElement* (elementoObjetivo) y *messageVisibleKind* (claseVisibleDeMensaje) de *BPMNEdge* (*bordeBPMN*) y el elemento hijo *BPMNLabel* (etiquetaBPMN) no están sustentados por BPMN-I y no deberían aparecer en ningún modelo conforme con el perfil BPMN-I.

- [R9053] El primer *di:waypoint* (di:puntointermedio) de *BPMNEdge* (*bordeBPMN*) debería apoyarse sobre o dentro del recuadro de la *BPMNShape* (*BPMNShape*) para el elemento referenciado por *sourceRef* (*fuenteRef*) del conector semántico.

- [R9054] El ultimo *di:waypoint* (di:puntointermedio) de un *BPMNEdge* (*bordeBPMN*) debería apoyarse sobre o dentro del recuadro de la *BPMNShape* (*BPMNShape*) para el elemento referenciado por el *targetRef* del conector semántico.

CAPITULO 19

¿Qué es BPMN Ejecutable?

Hasta este punto en este libro, nos hemos enfocado en *BPMN no ejecutable*, en el cual el diagrama de procesos describe la lógica del proceso de una manera humanamente entendible. El énfasis principal está en el diagrama, la representación visual de la lógica del proceso. La serialización XML sirve principalmente para el propósito de intercambio de modelos entre herramientas, al igual que para hacer que la semántica sea más precisa. Sin embargo, la mayor parte del esfuerzo en desarrollar la especificación BPMN 2.0 involucró elementos relacionados con *procesos ejecutables*. En un proceso ejecutable, un motor de software automatiza el flujo de la ejecución del modelo desde la instanciación del proceso hasta su culminación. Ello requiere detalles adicionales a ser especificados para cada elemento BPMN, incluyendo:

- Variables del proceso
- Insumo de tarea y datos de salida, y sus trazados hacia variables
- Formas y flujos de pantalla de interface de tareas del usuario
- Lógica de asignación de realizadores de tareas
- Expresiones condicionales
- Definiciones de evento
- Mensajes

Estos detalles son invisibles en el diagrama, pero BPMN 2.0 proporciona elementos XML para especificarlos.

Las *BPM Suites* de *BPMN 1.x-based* han estado disponibles a través de numerosos vendedores durante varios años. Ellos sustentan la ejecución de la lógica del proceso definida en BPMN, pero *no* son aquellos a los que nos referimos aquí con BPMN ejecutable. La razón es que a pesar de que la lógica del proceso en esas herramientas puede seguir la semántica y reglas de BPMN, los detalles relacionados con la ejecución citados arriba están especificados por cada herramienta en una manera propia. La estandarización de estos detalles relacionados con la ejecución era un objetivo explícito de BPMN 2.0.

Eso no significa, sin embargo, que BPMN 2.0 sea un *lenguaje de ejecución de proceso* como BPEL, en el cual el lenguaje puede ser ejecutado directamente en el motor del proceso. Algunos vendedores pueden implementar un motor así, pero yo espero que BPMN 2.0 ejecutable sirva principalmente como un *formato de intercambio*. Internamente, cada herramienta tiene su modelo de objeto suyo propio, pero va a ser capaz de *exportar* detalles relacionados con la ejecución utilizando XML BPMN 2.0, e idealmente *importarlos* también. Así, en el contexto de este libro, el término "BPMN ejecutable" se refiere a la habilidad de una herramienta para especificar y exportar detalles relacionados con la ejecución, tal como aquellos citados arriba, consistente con el metamodelo y esquema BPMN 2.0.

Subclase Ejecutable Común

En adición a las subclases Analítica y Descriptiva para BPMN no ejecutable, la especificación BPMN 2.0 enumera los elementos y atributos sustentados para BPMN ejecutable básico, llamada *subclase Ejecutable Común*. En términos de las figuras y símbolos incluidos, Ejecutable Común está cerca a la subclase Descriptiva, pero incluye elementos hijo y atributos adicionales para especificar los detalles ejecutables. La subclase Ejecutable Común requiere sustento de Esquema XML como el lenguaje de definición del tipo, XSDL como el lenguaje de definición para las interfaces del servicio, y XPath como el lenguaje para referenciar elementos de datos.

Elemento	Attributes
sequenceFlow	id, name, sourceRef, targetRef, conditionExpression, default
exclusiveGateway	id, name, gatewayDirection, default
parallelGateway	id, name, gatewayDirection
eventBasedGateway	Id, name, gatewayDirection, eventGatewayType
userTask	id, name, rendering, implementation, resource, ioSpecification, dataInputAssociation, dataOutputAssociation, loopCharacteristics, boundaryEventRefs
serviceTask	id, name, implementation, operationRef, ioSpecification, dataInputAssociation, dataOutputAssociation, loopCharacteristics, boundaryEventRefs
subProcess	id, name, flowElement, loopCharacteristics, boundaryEventRefs
callActivity	id, name, calledElement, ioSpecification, dataInputAssociation, dataOutputAssociation, loopCharacteristics, boundaryEventRefs
dataObject	id, name, isCollection, itemSubjectRef
textAnnotation	id, text
dataAssociation	id, name, sourceRef, targetRef, assignment
startEvent (None)	id, name
endEvent (None)	id, name
Message startEvent	id, name, messageEventDefinition (ref or contained), dataOutput, dataOutputAssociation
Message endEvent	id, name, messageEventDefinition (ref or contained), dataInput, dataInputAssociation
Terminate endEvent	id, name, terminateEventDefinition
Message intermediateCatchEvent	id, name, messageEventDefinition, dataOutput, dataOutputAssociation
Message intermediateThrowEvent	id, name, messageEventDefinition, dataInput, dataInputAssociation
Timer intermediateCatchEvent	id, name, timerEventDefinition
Error boundaryEvent	id, name, attachedToRef, errorEventDefinition, dataOutput, dataOutputAssociation

Figura 19-1. Subclase de Conformidad del Modelado de Procesos Ejecutable Común

La subclase Común Ejecutable incluye también los siguientes elementos de sustento:

Elemento	Atributos
standardLoopCharacteristics	id, loopCondition
multiInstanceLoopCharacteristics	id, isSequential, loopDataInput, inputDataItem
rendering	
resource	id, name
resourceRole	id, resourceRef, resourceAssignmentExpression
ioSpecification	id, dataInput, dataOutput
dataInput	id, name, isCollection, itemSubjectRef
dataOutput	id, name, isCollection, itemSubjectRef
itemDefinition	id, structure (complexType) or import
operation	id, name, inMessageRef, outMessageRef, errorRef
message	id, name, structureRef
error	id, structureRef
assignment	id, from, to (complexType)

messageEventDefinition	id, messageRef, operationRef
terminateEventDefinition	Id
timerEventDefinition	id, timeDate

Figura 19-2. Subclase Ejecutable Común, elementos de sustento

Nótese que varios elementos básicos de la subclase Descriptiva no están en Ejecutable Común, incluyendo *pool, lane, messageFlow,* y *dataStore*. Esto es consistente con el hecho de que hoy en día pocos *Suites BPM* sustentan diagramas de colaboración en sus herramientas BPMN. Asimismo, el único *boundaryEvent* sustentado por Ejecutable Común es *Error*, y presumiblemente en una sola tarea, ya que *eventoDeFin* de Error no está incluido en la subclase. Creo que *timeDuration*, hijo de *timerEventDefinition* fue omitido involuntariamente y debería ser añadido a la subclase. Aún así, está claro que la subclase Común Ejecutable sustenta sólo el mínimo estricto del manejo de excepciones. Sin embargo, provee todos los elementos necesarios para especificar un proceso ejecutable básico. Veremos cómo hacerlo en los siguientes pocos capítulos.

CHAPTER 20

Variables y Trazado de Datos

La serialización del flujo de datos en modelos no ejecutables fue discutida en el Capítulo 16. Aquellos modelos, sin embargo, carecían de cualquier definición formal de elementos, expresiones y trazado de datos. Los datos de proceso están en el corazón de BPMN ejecutable. En este capítulo veremos cómo tales detalles están definidos en BPMN 2.0.

A continuación está una breve mirada:

1. Los elementos de datos del proceso referencian sus propias definiciones al apuntar hacia un elemento de *itemDefinition*, el cual por su lado apunta hacia un elemento o tipo complejo definido *externamente* al documento BPMN e *importado* por él. La subclase Ejecutable Común requiere sustento para importar XSD y archivos WSDL. También está permitido para definir tiposdedatos *internamente* hacia el documento BPMN como tipos complejos XSD, y referenciarlos por QName desde el atributo *structureRef* de *itemDefinition*.

2. Los *objetos de datos* representan las *variables* del proceso manejadas por el motor del proceso. Un objeto de datos es accesible sólo dentro del nivel del proceso en el cual es definido y sus niveles hijos del proceso. Su tiempo de vida está limitado al tiempo activo del proceso o subproceso en el cual está definido. Cuando ese proceso o subproceso están completos, el objeto de datos ya no es accesible.

3. *dataInputs* y *dataOutputs* de la actividad, parámetros de interface definidos por el elemento de la actividad *ioSpecification*, son trazados hacia objetos de datos por las *asociaciones de datos.* Los detalles del trazado están especificadas al interior de BPMN utilizando *assignment* o *transformation*. También es posible utilizar *tareas Script* para implementar el trazado complejo de datos.

4. *Eventos* con *itemDefinition* asociada, incluyendo Mensaje, Señal, Error, y Escalada, también pueden tener asociaciones de datos que almacenen o pueblen los datos del evento.

Eventos capturadores sólo tienen *dataOutputAssociation*, y los eventos lanzadores sólo tienen *dataInputAssociation*.

Ahora demos una mirada más profunda.

itemDefinition (definiciónDeItem)

En BPMN no ejecutable, los datos del proceso están descritos simplemente por el *name* de un elemento de *dataObject* o *dataStore*. En BPMN ejecutable, o incluso en BPMN utilizado para describir los requisitos del negocio para la implementación, se necesita una descripción de datos más detallada, y BPMN 2.0 sustenta éso a través del elemento *itemDefinition*. Todos los elementos conscientes del ítem tienen un atributo *itemSubjectRef* (*asuntoDelItemRef*) que apunta hacia una *itemDefinition*. *itemDefinition* es un elemento raíz y puede ser referenciado por cualquier elemento consciente del ítem en el modelo.

Nótese que el *name* del elemento de datos es un atributo del elemento consciente del ítem, no de la *itemDefinition*.

BPMN no provee su propio lenguaje de definición de datos. Se asume que las estructuras de datos están definidas externamente, utilizando lenguajes de definición de datos y herramientas estándar, e *importadas* al modelo BPMN. El *typeLanguage (lenguajeTipo)* del elemento raíz *definitions* especifica el lenguaje tipo predeterminado para todas las *itemDefinition*, si se omiten, se asume el lenguaje tipo XSD.

Aquí la especificación nuevamente confunde asuntos con un defecto. El metamodelo (Figura 8.25 y Tabla 8.47 en la especificación) le da a *itemDefinition* un atributo adicional, *import*, un puntero hacia un elemento raíz *import* en el modelo. Sin embargo, este atributo no está presente en el XSD, y así no se lo debe utilizar en la serialización. En realidad no se lo necesita ya que el nombre importado del elemento del esquema debe ser único en su espacioparaelnombre.

Los atributos de *definiciónDeItem* incluyen:

- *id*, el objetivo de *asuntoItemRef* de un elemento consciente del ítem.

- *isCollection*, un Booleano (con valor predeterminado *falso*) que indica una colección de elementos de datos. Un *objetoDeDatos* que referencia una *definiciónDeItem* debe tener el mismo valor de *esColección*.

- *itemKind*, un valor enumerado (*información* o *físico*, *información* como predeterminado) indicando datos o un ítem físico.

- *structureRef*, un puntero QName hacia la estructura de datos, el cual debe ser un sólo elemento o tipo complejo en *typeLanguage* especificado. Si XSD (el predeterminado) es el *typeLanguage*, *structureRef* típicamente apunta hacia un elemento o tipo complejo en un archivo XSD importado. Aquí el tipo de QName es utilizado como un QName *real* –un espacioparaelnombre-un nombre calificado de elemento- no un valor *id* prefijado.

Message

El elemento raíz *message* es también un elemento consciente del ítem. *messageRef* es un atributo de *messageFlow, messageEventDefinition, sendTask,* y *receiveTask,* y apunta hacia un elemento *message.*

Para sustentar la figura Mensaje en el diagrama, la subclase Analítica sólo incluye los atributos mensaje *id* y *name.* En BPMN ejecutable, el atributo *mensaje* adicional *ítemRef* es un puntero *id* prefijado hacia un *itemDefinition* detallando la estructura del mensaje. En ese caso, la *structureRef* de la *itemDefinition* suele referenciar un elemento en un archivo WSDL importado.

Importando Definiciones de Estructura

Ya hemos visto cómo el elemento raíz *import* es utilizado para importar archivos BPMN al modelo. En BPMN hecho para la ejecución o requisitos detallados de negocios, *importar* también es utilizado para referenciar estructuras de mensaje y datos definidos en archivos WSDL y XSD externos. Otro tipo de lenguajes están permitidos por BPMN 2.0, pero la especificación dice que la importación WSDL y XSD son requeridos para la conformidad.

Cuando se importan archivos XSD, el atributo *importType* de *import* debe ser configurado a *http://www.w3.org/TR/wsdl20/*. El atributo *location* especifica el URL o rutadearchivo del archivo importado, y el atributo *namespace* especifica el target namespaceo del archivo importado.

Ejemplo: Flujo de Datos con Definiciones Importadas de Ítems

Para ilustrar el uso de *itemDefinition* e *import*, volvemos a un ejemplo simple de flujo de datos, mostrado en la Figura 20-1.

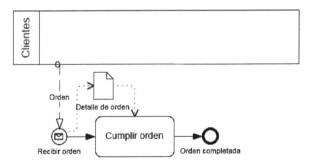

Figura 20-1. **Flujo de datos simple con definiciones importadas de ítems**

La serialización se muestra abajo:

```
<definitions targetNamespace="http://www.itp-commerce.com"
xmlns="http://www.omg.org/spec/BPMN/20100524/MODEL" xmlns:itp="http://www.itp-
commerce.com/BPMN2.0" xmlns:order="http://www.example.org/Order" xmlns:tns="http://www.itp-
commerce.com" xmlns:xsi="http://www.w3.org/2001/XMLSchema-instance" exporter="Process Modeler 5 for
```

```xml
Microsoft Visio" exporterVersion="5.2742.13663 SR6" id="_a26428bb-9287-4346-b659-1d89f5d41217"
xsi:schemaLocation="http://www.omg.org/spec/BPMN/20100524/MODEL schemas\BPMN20.xsd">
    <import importType="http://www.w3.org/2001/XMLSchema" location="Order.xsd"
namespace="http://www.example.org/Order"/>
    <import importType="http://www.w3.org/TR/wsdl20/" location="OrderProcess.wsdl"
namespace="http://www.example.org/Order"/>
    <itemDefinition id="item001" structureRef="order:OrderDetails"/>
    <itemDefinition id="item002" structureRef="order:OrderMsg"/>
    <message id="msg001" name="Order" itemRef="tns:item002"/>
    <collaboration id="_2ac611c8-fd55-46eb-8af3-1b3e8229a297">
        <participant id="_d4c94914-9ee4-402d-86d2-427956d26872" name="Customer"/>
        <participant id="p_5c311ebc-4ae3-41aa-a2f5-a7802720c773" name="Order Process"
processRef="_5c311ebc-4ae3-41aa-a2f5-a7802720c773"/>
        <messageFlow id="_1a70e302-c697-42fe-b612-d4d286891621" name="Order" sourceRef="_d4c94914-
9ee4-402d-86d2-427956d26872" targetRef="_a5ff783f-b313-46f4-997c-6a5f3bee18e0"
messageRef="tns:msg001"/>
    </collaboration>
    <process id="_5c311ebc-4ae3-41aa-a2f5-a7802720c773" name="Order Process" processType="None">
        <startEvent id="_c529a130-7805-4b9e-90b7-8d923e4813ca" name="Receive order">
            <dataOutput id="do_c529a130-7805-4b9e-90b7-8d923e4813ca" itemSubjectRef="tns:item001"/>
            <dataOutputAssociation id="_5f837dfc-d686-4e1c-bb9e-67123e59cadf">
                <sourceRef>do_c529a130-7805-4b9e-90b7-8d923e4813ca</sourceRef>
                <targetRef>_37bff1e7-a72c-434a-81b9-2873d11b8845</targetRef>
            </dataOutputAssociation>
            <messageEventDefinition messageRef="tns:msg001"/>
        </startEvent>
        <task id="_f2509706-84ef-4f59-8fdb-5f25b3102686" name="Fulfill Order">
            <ioSpecification>
                <dataInput id="di_f2509706-84ef-4f59-8fdb-5f25b3102686" itemSubjectRef="tns:item001"/>
                <inputSet>
                    <dataInputRefs>di_f2509706-84ef-4f59-8fdb-5f25b3102686</dataInputRefs>
                </inputSet>
                <outputSet/>
            </ioSpecification>
            <dataInputAssociation id="_985c2eb0-3265-4f13-a295-e29778b1c973">
                <sourceRef>_37bff1e7-a72c-434a-81b9-2873d11b8845</sourceRef>
                <targetRef>di_f2509706-84ef-4f59-8fdb-5f25b3102686</targetRef>
            </dataInputAssociation>
        </task>
        <endEvent id="_846d6306-9380-4e56-aee7-532d1ef96fc5" name="Order complete"/>
        <dataObject id="_37bff1e7-a72c-434a-81b9-2873d11b8845" name="Order details"
itemSubjectRef="tns:item001"/>
        <sequenceFlow id="_88c3ac5d-877d-465e-9669-c7f6b2443105" sourceRef="_c529a130-7805-4b9e-
90b7-8d923e4813ca" targetRef="_f2509706-84ef-4f59-8fdb-5f25b3102686"/>
        <sequenceFlow id="_689e46f9-5213-49fd-8050-4649e6368cf1" sourceRef="_f2509706-84ef-4f59-8fdb-
5f25b3102686" targetRef="_846d6306-9380-4e56-aee7-532d1ef96fc5"/>
    </process>
</definitions>
```

Figura 20-2. Serialización de flujo simple de datos con definiciones importadas de ítem

Nótese lo siguiente acerca de la serialización en la Figura 20-2:

- Hay dos elementos de *import*, uno para el archivo del esquema *Order.xsd* y el otro para un archivo de XSDL *OrderMsg.wsdl*. En este caso están en el mismo espacioparaelnombre, a pesar de que es muy común utilizar espaciosparaelnombre para archivos XSD y WSDL relacionados.

- El espacioparaelnombre para los archivos importados está declarado en *definitions*, y tiene asignado el prefijo *orden*.

- También declarado en las *definitions* está el prefijo *tns*, que representa al archivo BPMN *targetNamespace*. Debido a que aquí es el mismo que el espacioparaelnombre (sin prefijo) predeterminado, no se lo necesita en absoluto, pero ya que los valores *id* de *itemDefinition* y *message* no son globalmente únicos en esta serialización, las referencias de QName hacia ellos pueden ser hechas inequívocamente con el prefijo de espacioparaelnombre.

En este ejemplo simple, el evento de inicio *dataOutput*, el *dataObject* y el *dataInput* de tarea, todos referencian el mismo elemento *OrderDetails* en *Order.xsd*. En el caso general, ellos no necesitan ser idénticos, ya que una asociación de datos puede realizar un trazado entre ellos.

Propiedades y Atributos de la Instancia

Se puede tener acceso a los valores de objetos de datos, insumos de datos y salidas de datos para usos en los trazados de datos y expresiones de condición. Adicionalmente, BPMN define dos elementos de datos más para este propósito, *property* y *instance attribute*.

- Una *property* es un elemento de datos de un proceso, actividad, o evento, definido por el usuario. No tiene representación gráfica en el modelo. Por ejemplo, un indicador clave de desempeño podría ser definido como una *property*.

- La especificación define varios *instance attributes* de un proceso, actividad o evento, representando valores que varían según la instancia en el tiempo de ejecución. Los actualmente asignados *realizador* de tarea, *prioridad* de tarea y actual *conteo de bucles* de una actividad de bucle, son ejemplo de atributos de la instancia.

Trazado de Datos

Si un flujo de datos es visualizado en el diagrama o no, el *trazado de datos* es crítico para todos los aspectos de BPMN ejecutable. Los *dataInput* y *dataOutput* de algunas tareas en el modelo de proceso pueden ser predeterminados por la implementación, mientras que otras pueden ser definidas por el usuario. En cualquier caso, los datos deben ser trazados entre las variables del proceso (*dataObjects*), *propiedades*, o *atributos de la instancia* y los *dataInputs* y *dataOutputs*. EL trazado puede ser expresado en el XML de BPMN 2.0 de varias formas, como se describe a continuación.

Trazado de Identidad

El *trazado de identidad* significa la fuente y objetivo de una referencia de asociación de datos la misma estructura de datos. En ese caso, sólo la *sourceRef* y *targetRef* están especificados en el XML.

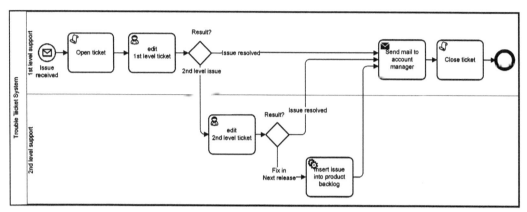

Figura 20-3. Proceso de Gestión de Incidentes. Fuente: OMG

Por ejemplo, el ejemplo de *Gestión de Incidentes* de la página web de OMG[25] (Figura 20-3) muestra un trazado de identidad desde el *objetoDeDatos* que representa el objeto del negocio *ItemDelTicket* hacia un *InsumoDeDatos* de una *tareaDeServicio* llamado *insertar el problema entre los pendientes del producto:*

---

[25] http://www.omg.org/cgi-bin/doc?dtc/10-06-02.pdf

```
    …
    <dataObject id="TicketDataObject" itemSubjectRef="tns:TicketItem" />
    …
    <serviceTask name="Insert issue into product backlog"
        operationRef="tns:addTicketOperation" id="_1-325">
        <ioSpecification>
            <dataInput itemSubjectRef="tns:TicketItem" id="TicketDataInputOf_1-325" />
            <inputSet>
                <dataInputRefs>TicketDataInputOf_1-325</dataInputRefs>
            </inputSet>
            <outputSet />
        </ioSpecification>
        <dataInputAssociation>
            <sourceRef>TicketDataObject</sourceRef>
            <targetRef>TicketDataInputOf_1-325</targetRef>
        </dataInputAssociation>
    </serviceTask>
        …
<itemDefinition id="TicketItem" isCollection="false" itemKind="Information"
    structureRef="com.camunda.examples.incidentmanagement.TroubleTicket" />
        …
```

Figura 20-4. Ejemplo de trazado de identidad. Fuente: OMG

El trazado de identidad está indicado por una *dataInputAssociation* sin un elemento hijo de *assignment*. Con el trazado de identidad, los elementos *sourceRef* y *targetRef* deben tener el mismo tipodedatos. Acá claramente lo tienen, ya que ambos, *dataInput* y *dataOutput* tienen *itemSubjectRef* apuntando hacia la misma *itemDefinition*. Los detalles del tipodedatos *itemDefinition* no están provistos en este ejemplo de OMG. Idealmente, el atributo *structureRef* debería apuntar hacia un elemento o tipo complejo en un archivo XSD importado.

Asignación desde/Hacia Trazado

Si los elementos de datos de fuente y objetivo no son idénticos, los elementos *assignment/from* y *assignment/to* de una asociación de datos definen el trazado. Los elementos *assignment/from* y *assignment/to* son *expresiones* en el *expressionLanguage* especificados en la raíz de *definitions*, a menos que se los pase por alto por el atributo de *lenguaje* del mismo elemento *from* o *to*. En el fragmento abajo, también extraído del ejemplo de *Gestión de Incidente* de OMG, el lenguaje de expresión es el Lenguaje de Expresión Universal de Java (UEL- *Universal Expression Language*). La subclase Común Ejecutable de BPMN 2.0 requiere sustento para XPath 1.0 como el lenguaje de expresión, pero herramientas basadas en Java puede que encuentren UEL más fácil de implementar.

```
<dataObject id="TicketDataObject" itemSubjectRef="tns:TicketItem" />
  ...
<sendTask name="Send mail to account manager" messageRef="tns:AnswerMessage"
  operationRef="tns:sendMailToIssueReporterOperation" id="_1-150">
  <ioSpecification>
    <dataInput itemSubjectRef="tns:AnswerItem" id="AnswerDataInputOfSendTask" />
    <inputSet>
      <dataInputRefs>AnswerDataInputOfSendTask</dataInputRefs>
    </inputSet>
    <outputSet />
  </ioSpecification>
  <dataInputAssociation>
    <sourceRef>TicketDataObject</sourceRef>
    <targetRef>AnswerDataInputOfSendTask</targetRef>
    <assignment>
      <from>${getDataObject("TicketDataObject").reporter}</from>
      <to>${getDataInput("AnswerDataInputOfSendTask").recipient}</to>
    </assignment>
    <assignment>
      <from>
        A ticket has been created for your issue, which is now in
        status ${getDataObject("TicketDataObject").status}.
      </from>
      <to>${getDataInput("AnswerDataInputOfSendTask").body}</to>
    </assignment>
  </dataInputAssociation>
</sendTask>
```

Figura 20-5. Ejemplo de trazado utilizando asignación/de y asignación/a en UEL. Fuente: OMG

Aquí elementos específicos, el objeto de datos *ItemDelTicket* son trazados hacia elementos del *dataInputs* de la *sendTask* llamada *Enviar correo a gerente de la cuenta.* Específicamente, el elemento *informador* del *ItemDelTicket* es trazado hacia el elemento *destinatario* de la tarea *insumoDeDatos*, y una serie de texto que contiene el elemento *estado* del *ItemDelTicket* es trazado hacia el elemento del *cuerpo* del *dataInputs*. Nótese aquí que las expresiones *de* y *a* no referencian el *dataObjects* o *dataInputs* directamente, sino utilizan *funciones de acceso getDataObject* y *getDataInputs*. BPMN 2.0 los define como *funciones de extensión* para expresiones XPath que acceden a elementos de objetos de datos, insumos y salidas de datos, propiedades y atributos de instancia. En el ejemplo de arriba, UEL hace uso de las mismas funciones, a pesar de que no sean necesarias. En XPath, el trazado se vería así:

```
<dataInputAssociation>
  <sourceRef>TicketDataObject</sourceRef>
  <targetRef>AnswerDataInputOfSendTask</targetRef>
  <assignment>
    <from>getDataObject("TicketDataObject")/tns:reporter</from>
    <to>getDataInput("AnswerDataInputOfSendTask")/tns:recipient</to>
  </assignment>
  <assignment>
    <from>
      concat("A ticket has been created for your issue, which is now in
      status", getDataObject("TicketDataObject")/tns:status)
    </from>
    <to>getDataInput("AnswerDataInputOfSendTask")/tns:body</to>
  </assignment>
</dataInputAssociation>
</sendTask>
```

Figura 20-6. Ejemplo de trazado utilizando asignación/de y asignación/para en XPATH

Trazado de Transformación

Assignment/from y *assignment/to* trazan elementos de datos uno a la vez. Alternativamente, un solo elemento de *transformación* puede ser utilizado para trazar el elemento de asociación de datos *sourceRef* al elemento *objectRef*. Desafortunadamente, *transformation* está definida en la especificación como la única expresión de tipo *tFormalExpression*. No está claro si, digamos, una transformación XSLT 2.0 podría ser utilizada aquí. XSLT no es realmente un lenguaje de expresión, y no hay forma para que *transformación* referencie un archivo XSLT externo. Los contenidos del XSLT podrían ser copiados en el elemento *transformation* como una sección CDATA.

Trazado de Tarea Script

Una forma más práctica de implementar un trazado de datos más complejo en BPMN es utilizar una *scriptTask (tareaScript)*. Una *scriptTask* es un código, alojado en el BPMN, que es ejecutado en el motor del proceso (éso lo distingue de una *serviceTask*, en el cual el motor del proceso invoca alguna función provista por algún otro sistema). Un script es un set de enunciados, un programa, no sólo una simple expresión. Los lenguajes script sustentados van a variar de un motor del proceso al siguiente. Ellos pueden incluir Javascript o Groovy. La subclase Común Ejecutable de BPMN 2.0 no requiere sustento para ningún lenguaje script en particular.

scriptTask tiene un atributo *scriptFormat* que especifica el lenguaje de script como una serie de tipo MIME, como *text/x-groovy* (Groovy) o *application/x-javascript* (Javascript). Un elemento hijo *script* contiene el texto de *script*, el cual puede estar encerrado en una sección CDATOS para evitar el análisis sintáctico del *script*. El fragmento abajo del ejemplo de *Gestión de Incidente* OMG ilustra el poblamiento de una *dataOutput* desde un *script* Groovy.

```
<scriptTask name="Open ticket" scriptFormat="text/x-groovy" id="_1-26">
    <ioSpecification>
      <dataInput itemSubjectRef="tns:IssueItem"
        id="IssueDataInputOfScriptTask" />
      <dataOutput itemSubjectRef="tns:TicketItem" id="TicketDataOutputOfScriptTask"/>
      <inputSet>
        <dataInputRefs>IssueDataInputOfScriptTask</dataInputRefs>
      </inputSet>
      <outputSet>
        <dataOutputRefs>TicketDataOutputOfScriptTask</dataOutputRefs>
      </outputSet>
    </ioSpecification>
    <dataInputAssociation>
      <sourceRef>IssueDataInputOfProcess</sourceRef>
      <targetRef>IssueDataInputOfScriptTask</targetRef>
    </dataInputAssociation>
    <dataOutputAssociation>
      <sourceRef>TicketDataOutputOfScriptTask</sourceRef>
      <targetRef>TicketDataObject</targetRef>
    </dataOutputAssociation>
    <script><![CDATA[
      issueReport = getDataInput("IssueDataInputOfScriptTask")

      ticket = new TroubleTicket()
      ticket.setDate = new Date()
      ticket.setState = "Open"
      ticket.setReporter = issueReport.getAuthor()
      ticket.setDesctiption = issueReport.getText()

      setDataOutput("TicketDataOutputOfScriptTask", ticket)
    ]]></script>
</scriptTask>
```

Figura 20-7. Ejemplo de trazado de datos utilizando Groovy script. Fuente: OMG

CAPITULO 21

Servicios, Mensajes y Eventos

Servicios

Excepto por los scripts alojados en el mismo XML, BPMN 2.0 asume que una tarea automatizada es un *servicio* invocado por el proceso. El metamodelo 2.0 define los elementos básicos de un servicio. A diferencia de BPEL, BPMN no requiere una implementación de servicio web, pero sí asume que el servicio tiene una *interface* con *operaciones* enumeradas invocadas por *mensajes*.

interface

Una *interface* de servicio es un elemento raíz en el XML de BPMN, que contiene *name* y uno o más elementos de la *operation*. El elemento de *interface* también tiene un atributo opcional *implementaciónRef* que apunta hacia un artefacto concreto de implementación que representa la interface, como un WSDL *portType*.

Un *participant* en una colaboración puede referenciar un número de elementos de *interface* y *endPoint*. La definición real de la dirección del servicio está fuera del ámbito de aplicación de BPMN 2.0. El *endPoint* puede ser especificado, vía *WS-Addressing* o su equivalente, utilizando *extensionElements*.

Operation (operación)

Una operación define los elementos *mensaje* utilizados para la solicitud, respuesta y errores. Cada *operación* debe tener un *nombre*, único en su espacioparaelnombre, y exactamente un *inMessageRef*, un puntero hacia el mensaje (insumo) de solicitud. Si la *operation* devuelve una respuesta, también especifica un *outMessageRef* al igual que cero o más elementos *errorRef*. *errorRef* no apunta hacia un *mensaje* sino hacia un elemento *error* de raíz. Puede también proporcionar una *implementationRef* que apunta hacia un artefacto de implementación concreto que representa la operación, tal como una *operation WSDL*.

Mensajes

Cada *message (mensaje)* utilizado en un proceso ejecutable debería estar declarado en un elemento raíz del modelo. El elemento *mensaje* proporciona un *name* y un *itemRef* que apunta, según el prefijo *id*, hacia una *itemDefinition*. La *itemDefinition* a su vez tiene una *structureRef* que apunta, según el *name*, hacia una definición de estructura de datos tal como un elemento o tipo complejo en un XSD o WSDL importados.

BPMN sustenta un rango de implementaciones de mensaje, pero generalmente asume que el mensaje está compuesto por un *encabezado*, utilizado para el direccionamiento de puntodefin, calidad de servicio y seguridad, y una *carga útil* que retiene el contenido del mensaje. Los *dataInput* y *dataOutputs* de eventos Mensaje BPMN y tareas Enviar o Recibir, hacen el trazado solamente hacia la *cargaútil* del mensaje, no al encabezado.

La especificación BPMN describe un mecanismo *CorrelationKey* para unir un mensaje con una instancia particular del proceso en tiempo de ejecución, pero su uso está restringido a *Modelos de conversación*, una forma especial de colaboración orientada hacia interacciones B2B. Nunca he visto a las Conversaciones utilizadas en la práctica, y no están cubiertas en este libro, pero la necesidad de identificar la instancia objetivo del proceso de un mensaje entrante es universal en procesos ejecutables, incluso en BPM Suites que no sustentan colaboración o flujos de mensajes para nada. Para ese tan común caso de uso, cada BPM Suite debe proporcionar su propia implementación de correlación a través de un valor ID de la instancia alojada en la carga útil del mensaje. Una forma estándar de implementar la correlación del mensaje sin Conversaciones parecería ser una gran omisión en la especificación BPMN 2.0.

Tareas Automatizadas

serviceTask (tareaServicio)

Una *serviceTask* es una tarea que invoca automáticamente una *operación* de servicio. Su atributo de *implementation* especifica la tecnología utilizada para enviar el mensaje de invocación y recibir la respuesta. Si se omite, el valor predeterminado *##WebService (##ServicioWeb)* está implícito. Alternativamente, la *implementation* puede contener una URI especificando otra tecnología de mensajería, o *##unspecified (##noespecificado)* para dejar la implementación abierta. El atributo opcional *operationRef* (necesario para la implementación del servicio web) apunta según QName hacia una *operation* en una *interface* de servicio.

Una *serviceTask* tiene un solo *insumoDeDatos* con *itemDefinition* equivalente a aquel del *mensaje* definido por el *inMessageRef* referenciado de la *operation*. Similarmente, si el servicio devuelve una salida, la *serviceTask* tiene una sola *dataOutput* con *itemDefinition* equivalente a aquella del *message* definido por el *outMessageRef* de la *operation*. En ejecución, el motor del proceso copia el *dataInput* de tarea, a la carga útil de *message* de insumo, y copia la carga útil de *message* de salida devuelto a la *dataOutput* de tarea.

De nuevo, el ejemplo de *Gestión de Incidentes* de OMG proporciona una ilustración simple.

```
<process isExecutable="true" id="WFP-1-1">
  ...
  <dataObject id="TicketDataObject" itemSubjectRef="tns:TicketItem" />
  ...
  <serviceTask name="Insert issue into product backlog"
    operationRef="tns:addTicketOperation" id="_1-325">
    <ioSpecification>
      <dataInput itemSubjectRef="tns:TicketItem" id="TicketDataInputOf_1-325" />
      <inputSet>
        <dataInputRefs>TicketDataInputOf_1-325</dataInputRefs>
      </inputSet>
      <outputSet />
    </ioSpecification>
    <dataInputAssociation>
      <sourceRef>TicketDataObject</sourceRef>
      <targetRef>TicketDataInputOf_1-325</targetRef>
    </dataInputAssociation>
  </serviceTask>
  ...
</process>
<interface name="Product Backlog Interface"
  implementationRef="java:com.camunda.examples.incidentmanagement.ProductBacklog">
  <operation name="addTicketOperation" implementationRef="addTicket"
    id="addTicketOperation">
    <inMessageRef>tns:AddTicketMessage</inMessageRef>
  </operation>
</interface>
...
<message id="AddTicketMessage" name="addTicket Message" itemRef="tns:TicketItem" />
...
<itemDefinition id="TicketItem" isCollection="false" itemKind="Information"
  structureRef="com.camunda.examples.incidentmanagement.TroubleTicket" />
```

Figura 21-1. Definición de tarea de servicio en BPMN 2.0. Fuente: OMG

La *serviceTask* llamada *Insertar problema en pendientes del producto* tiene un solo *dataInput* que
referencia el *TicketItem* de *itemDefinition*. Su *operationRef* apunta hacia una *operation* llamada
addTicketOperation. Esa *operation* tiene el *message* de insumo *addTicketMessage* (nótese que el
ejemplo apunta hacia el *mensaje* según *id* de prefijo en vez de según un *nombre* único). Ambos,
los datos de *message*, identificados por el *itemRef*, y la tarea *dataInput*, apuntan hacia el mismo
elemento de *TicketItem*.

sendTask (tareaEnviar)

sendTask funciona casi igual que *serviceTask*, excepto en que no hay, por definición, ningún
message de respuesta. Una *operation sendTask* puede, sin embargo, devolver *errorRefs*. Los
atributos opcionales *implementation* y *operationRef* están especificados exactamente como en
serviceTask. El atributo opcional *messageRef* apunta hacia el *message* según el *id* de prefijo. Si

una *operation* está especificada exactamente como en *serviceTask*. El atributo opcional *messageRef* apunta hacia el *message* según el *id* prefijado. Si se especifica una *operation*, el tipo de datos de *message* debe coincidir con aquel del *dataInput* de la tarea.

receiveTask tareaRecibir

Una *receiveTask* espera a un *mensaje* identificado por el atributo *messageRef*. También puede referenciar una *operation*, indicando que el *message* es una respuesta a un servicio asincrónico invocado previamente. En ese caso, el tipo de datos de la carga útil de *mensaje* debe coincidir con aquel de la *dataOutput* de la tarea. El atributo Booleano opcional *instantiate* está permitido sólo si la *receiveTask* no tiene flujo de secuencia entrante, haciendo de él un nodo de inicio implícito del proceso. Un valor de *verdadero* significa instanciación del proceso cuando se recibe el mensaje. Método y Estilo recomienda el uso de *Message startEvent* para representar este comportamiento en vez de *instantiate* en *receiveTask*.

businessRuleTask (tareaReglaDeNegocios)

Una *businessRuleTask* tiene la intención de invocar una decisión automatizada de un motor de reglas de negocios. En ese sentido, suena a un caso de uso especial de una *serviceTask*. Sin embargo, a diferencia de *serviceTask*, *businessRuleTask* no especifica una *operation*, así que su uso en la prácitca efectivamente requiere *extensionElements* propios.

Eventos

Message Events (Eventos Mensaje)

Un *evento Mensaje* es cualquier evento, ya sea lanzador o capturador, con un una *messageEventDefinition*. El elemento *messageEventDefinition* tiene atributos opcionales *messageRef* y *operationRef* que funcionan exactamente igual como en *sendTask* y *receiveTask*. *eventMessageDefinition* es usualmente especificada como un hijo de un elemento específico de evento Mensaje, pero BPMN permite que una sola *eventMessageDefinition* sea reutilizada al especificarla como un elemento raíz y que luego sea apuntado desde *eventDefinitionRef* hijo de elementos múltiples de evento mensaje.

Signal Events (Eventos Señal)

Un *evento Señal* es cualquier evento, lanzador y capturador, con una *signalEventDefinition*. Como con eventos mensaje, la *signalEventDefinition* puede estar especificada para cada evento Señal o por referencia hacia un elemento raíz reutilizable. Sin embargo, la *signalEventDefinition* sólo proporciona un puntero *signalRef* hacia un elemento raíz *signal*, el cual tiene atributos *id*, *name* (nombre), y *structureRef* (estructuraRef) apuntando hacia una *itemDefinition* según el *id* de prefijo. Similar a mensaje, un evento capturador Señal copia la carga útil disparadora a *dataOutput* del evento, implicando que *dataOutput* debe ser del mismo tipodedatos, y un evento lanzador Señal copia el *dataInput* a la carga útil de la señal lanzada.

Error y Escalation Events (Eventos Error y Escalada)

Los eventos Error y Escalada funcionan de la misma forma. Una *errorEventDefinition* o *escalationEventDefinition* proporciona meramente un puntero hacia un elemento raíz *error* o *escalation* que proporciona atributos *id, name* (nombre), *errorCode* (códigoDeError) o *escalationCode* (códigoDeEscalada) y *structureRef* (estructuraRef). *structureRef* es un QName que apunta hacia una *itemDefinition* según *id* (creo que es un defecto (*bug*) en el XSD, ya que *itemDefinition* también tiene al atributo *structureRef* que apunta hacia un elemento importado o tipo complejo según *name*, no *id*. El puntero según *id* hacia *itemDefinition* debería llamarse *itemRef* o *itemSubjectRef*…no *structureRef*).

errorCode y *escalationCode* son cadenas simples utilizadas para coincidir con pares lanzador-capturador. Los eventos lanzadores deben proporcionarlos, pero es opcional para eventos en el límite (esto en realidad es un poco extraño, ya que *errorCode* pertenece a un elemento *error* reutilizable, no a un evento específico). Un *boundaryEvent* Error capturará cualquier señal *error* con *errorCode* lanzado desde un evento a nivel hijo, y similarmente para Escalada. Si se omite *errorCode*, el *boundaryEvent* capturará cualquier *error* lanzado desde el nivel hijo.

La *itemDefinition* referenciada, si existe, especifica la estructura de la carga útil de *error* o *escalation*. Similar a eventos Mensaje y Señal, con la ejecución, el *dataInput* de un evento Error lanzador se copia a la carga útil *error*, que luego es propagado a la *dataOutput* del *boundaryEvent* Error. Una vez más, el tipo de datos de la *itemDefinition error* debe coincidir con el del *dataInput* o *dataOutput* del evento Error. Escalada funciona igual.

Timer Events (Eventos Temporizador)

Los eventos temporizador no transmiten o reciben datos, así que no tienen *dataInput* o *dataOutput*. La *timerEventDefinition* especifica el plazo final aunque uno de tres elementos hijo, todos del tipo *tExpression: timeDate, timeDuration,* o *timeCycle*.

La expresión *timeDate*, que en la mayoría de los casos es una cadena literal, debe decidir para un valor consistente con los formatos de hora y fecha ISO-8601. Esto engloba un rango bastante amplio de formatos; para interoperabilidad, recomiendo el uso de los tipos de *date, time,* y *dateTime* de *XSD*, que son consistentes con ISO-8601.

La expresión *timeDuration* debe decidir para un valor consistente con los formatos de intervalo de tiempo de ISO-8601, que toman la forma P[n]Y[n]M[n]D[n]TH[n]M[n]S o P[n]W. Aquí [n] es reemplazado por un número indicando la cantidad de las unidades especificadas por la letra precedente; si el valor es cero, la letra [n] puede ser omitida. P siempre comienza la expresión; Y, M, y D significan *years* (años), meses y días; T inicia la parte de tiempo de la expresión; H, M, S significan horas, minutos, segundos; y W significa *weeks* (semanas). Entonces, por ejemplo P4M significa 4 meses y PT4M significa 4 minutos.

La expresión *timeCycle* está reservada para *intervalos repetitivos*, tal como en un *startEvent* Temporizador o *boundaryEvent*. Temporizador sin interrupción (en BPMN 1.2, *duraciones* utilizaba un atributo llamado *timeCycle*, así que esto podría ser una fuente de confusión en BPMN 2.0). El valor de expresión *timeCycle* debe ser consistente con ISO-8601 para intervalos repetitivos. De nuevo, ISO-8601 permite muchas opciones para esto, todas comenzando con R[n]/, donde [n] indica el número de repeticiones (si se omite, desamarrados), y continuando o con horaFecha de inicio y de fin separado por /, o inicio más duración separado por /, o duración más fin separado por /, o sólo duración.

Así, un *startEvent* Temporizador que ocurre el 11 de septiembre, 2011, Hora del Pacífico, y cada 7 días después de todo esto tendría *cicloTiempo* que evaluar hacia

R/2011-09-07T14:00:00-07:00/P7D

CAPITULO 22

Tareas Humanas

En un proceso ejecutable, una *userTask* significa una tarea humana gestionada por el motor del proceso. Una *manualTask* representa alguna actividad humana que no está gestionada por el motor del proceso. Aquí nos enfocaremos en la especificación de una *userTask* y su *resource* asociado.

userTask (tareaUsuario)

El atributo de *implementation* de una *userTask* puede ser *##WebService* (*##ServicioWeb*), *##unspecified* (*##no especificado*), o una URI indicando otra tecnología o protocolo de coordinación. Por ejemplo, un valor de *http://docs.oasis-open.org/ns/bpel4people/ws-humantask/protocol/200803* representa WS-HumanTask como la implementación.

El elemento hijo opcional *rendering* proporciona un enganche para especificar, a través de *extensionElements* propios de la herramienta, detalles de la interface del usuario de tarea. El insumo y salida de datos de una *userTask* está especificada en el elemento *ioSpecification*, como con cualquier otro tipo de actividad.

Dos *atributos de instancia* de *userTask* son accesibles para su uso en expresiones a través de la función *getInstanceAttribute*:

- *actualOwner*, una cadena que únicamente identifica a un solo usuario que ha pedido o está realizando la tarea.

- *taskPriority*, un integral utilizado para clasificar las instancias de *userTask* en una lista.

Asignación del Realizador

BPMN permite al modelador especificar cualquier cantidad de elementos raíz *resource* que puedan ser referenciados por una actividad, ya sea humana o automatizada, como desempeñar algún *resourceRole*. Cada *resource* representa una lista estática de usuarios que pertenecen a un cierto rol o unidad organizacional. El cómo es que el universo de todos los usuarios se asigna a cada *recurso* está fuera del ámbito de aplicación de BPMN. En el metamodelo, *resourceRole* es una clase abstracta. Su única subclase definida es *performer*, que a su vez tiene a la subclase *humanPerformer*, que nuevamente tiene a su vez a la subclase *potentialOwner*. Cada subclase representa una especialización particular de la clase padre, y la especificación invita a los implementadores a definir sus propias subclases. Sin embargo, el único elemento que en realidad está detallado en la especificación es *potentialOwner*, lo que significa un conjunto de individuos permitidos como realizadores de una *userTask* particular. Cuando un miembro de ese conjunto pide o realiza la tarea, se identifica como el *actualOwner* de la tarea, una propiedad de la instancia.

Hay dos formas alternativas de especificar la asignación de la tarea a *potentialOwner*: con *consulta parametrizada*, o con *asignación de expresión*. La asignación por expresión es más conveniente cuando cada *resource* está definido como un rol, grupo o capacidad muy específico(a), y el *potentialOwner* de una *userTask* son varios. Por otro lado, si cada *resource* representa un amplio grupo de usuarios que se diferencian en rol, unidad organizacional o capacidad específico(a), la asignación por consulta parametrizada le permite a la asignación de tarea un subconjunto del *resource*.

Asignación de Tarea por Consulta Parametrizado

La consulta parametrizada assume que cada miembro de un *resource* expone un conjunto de *parámetros*. El elemento raíz *resource* debe tener un *name* y puede contener una lista de elementos hijo *resourceParameter* utilizada con consultas parametrizadas. Cada *resourceParameter* tiene atributos *id*, *name*, *type*, y el Booleano *isRequired*. Aquí *type* es o un tipo simple, o un puntero hacia una *itemDefinition*, identificando el tipo de datos del parámetro.

Con la selección por consulta parametrizada, *potentialOwner* debe contener *resourceRef* hijo que apunta hacia un elemento *resource* que contiene *recourceParameters*, más cualquier cantidad de elementos hijo *resourceParameterBinding*, cada una como expresión formal de *resourceParameters*. Si no se proporcionan *resourceParameterBindings*, *todos* los miembros del *resource* se vuelven miembros de *potentialOwner*.

El siguiente escenario de consulta parametrizada es una extensión del ejemplo de la Gestión de Incidentes de OMG:

```
...
<resource id="FirstLevelSupportResource" name="1st Level Support" />
    <resourceParameter id="product" isRequired="true" name="Product"
    type="xsd:string"/>
    <resourceParameter id="region" isRequired="true" name="Region" type="xsd:string"/>
</resource>

...
<process isExecutable="true" id="WFP-1-1">
    ...
    <userTask name="edit 1st level ticket" id="_1-77">
      <ioSpecification>
        <dataInput itemSubjectRef="tns:TicketItem" id="TicketDataInputOf_1-77" />
```

```
                <dataOutput itemSubjectRef="tns:TicketItem" id="TicketDataOutputOf_1-77" />
                <inputSet>
                  <dataInputRefs>TicketDataInputOf_1-77</dataInputRefs>
                </inputSet>
                <outputSet>
                  <dataOutputRefs>TicketDataOutputOf_1-77</dataOutputRefs>
                </outputSet>
              </ioSpecification>
              <dataInputAssociation>
                <sourceRef>TicketDataObject</sourceRef>
                <targetRef>TicketDataInputOf_1-77</targetRef>
              </dataInputAssociation>
              <dataOutputAssociation>
                <sourceRef>TicketDataOutputOf_1-77</sourceRef>
                <targetRef>TicketDataObject</targetRef>
              </dataOutputAssociation>
              <potentialOwner>
                <resourceRef>tns:FirstLevelSupportResource</resourceRef>
                <resourceParameterBinding parameterRef="tns:product">
                   getDataInput("TicketDataInputOf_1-77")/product
                </resourceParameterBinding>
                <resourceParameterBinding parameterRef="tns:region">
                   getDataInput("TicketDataInputOf_1-77")/region
                </resourceParameterBinding>
              </potentialOwner>
            </userTask>
              ...
          </process>
```

Figura 22-1. Asignación de tarea humana por consulta parametrizada. Fuente: OMG

La *userTask* 'editar ticket de 1er nivel' tiene *potentialOwner/resourceRef* que apunta según *id* hacia el *FirstLevelSupportResource del recurso*, una lista de todos los recursos de apoyo de primer nivel. Ese *resource* tiene dos parámetros requeridos, *product* y *region*, lo que significa que cada miembro de esta lista debe tener un valor del *producto* y un valor de *región*. Aquí se quiere que *potentialOwner* de esta *userTask* en particular sean sólo especialistas en el *producto* referenciado en el *TicketItem* y en la *región* del solicitante. Los elementos *resourceParameterBinding* seleccionan miembros del *resource* que satisfacen ambas condiciones de la consulta, que son expresiones *XPath* del *dataInput* de *TicketItem*.

Asignación de Tarea por Expresión

Alternativamente, *potentialOwner* puede reemplazar a *resourceRef* y *resourceParameterBinding* con hijo *resourceAssignmentExpression*. Este elemento contiene al elemento hijo *expresión*, una expresión formal que evalúa hacia uno o más *recursos*, por ejemplo, al ponerlos juntos de forma optativa "O".

CAPITULO 23

Alineando Diseño Ejecutable con BPMN Método y Estilo

Cuando comencé a escribir este libro, estaba esperando describir una metodología que comience desde un modelo Nivel 2 no ejecutable creado utilizando principios de Método y Estilo y que lleven a un modelo del todo ejecutable BPMN 2.0, e ilustre esa metodología utilizando herramientas reales. Idealmente, el modelo Nivel 2, conforme al perfil BPMN-I, puedan ser *exportados* desde un Modelador de Procesos tipo herramienta para Visio de *ITP Commerce* e *importado* hacia una *ProcessMaker* tipo BPMN, donde los detalles relacionados con la ejecución serían añadidos.

Desafortunadamente, las herramientas no están del todo listas para hacerlo todavía. Creo que estamos a menos de un año de ello, pero todavía podemos hablar sobre lo que significaría alinear el diseño de proceso ejecutable con BPMN Método y Estilo, y qué incluiría tal metodología.

Recuerde que BPMN Método y Estilo es sobre exponer la lógica del proceso claramente en el diagrama utilizando nada más que figuras y etiquetas, mientras que BPMN ejecutable es todo sobre definir y trazar datos de proceso. Alinear diseño ejecutable con Método y Estilo implica una conexión específica entre figuras y etiquetas en el diagram y las variables, mensajes, insumos de datos, salida de datos, y trazados en el modelo ejecutable. Una "metodología" incluiría procedimientos de un libro de cocina para crear aquellos elementos basados en figuras y etiquetas específicas en el diagrama no ejecutable. Pero en realidad, quiero que la herramienta ejecutable de diseño lo haga *automáticamente* en importar. Así que considere este capítulo mi "orientación" – con más precisión, "lista de deseos"– para arquitectos de herramientas de diseño de procesos ejecutables.

Variables de Estado Final

La noción de *estados finales* en un proceso o subproceso es central para Método y Estilo. Los estados finales de un subproceso están usualmente conectados a condiciones de ramificación en una compuerta que sigue al subproceso. La validación de la regla de estilo asegura que los estados finales están adecuadamente etiquetados en el diagrama y que el etiquetado de la compuerta es consistente con esto. En un modelo ejecutable, esas mismas condiciones son implementadas como *expresiones* de variables del proceso (*dataObjects*), utilizando XPATH, UEL, Groovy, o algún otro lenguaje de expresión.

El modelo ejecutable entonces requiere una *variable de estado final* para cada subproceso con multiples estados finales, con valores en cadena enumerados que coinciden con las etiquetas de los eventos finales. En el XML, éso significa crear un *dataObject* en el nivel padre del proceso, el que incluye a los elementos *subProceso* y *compuertaExclusiva*. Cada evento de fin define una *dataOutput* que contiene al valor de cadena de su etiqueta, y una *dataOutputAssociation* trazando ese valor hacia la variable de estado final.

¿Y qué pasa con una *tarea* seguida por una compuerta (o flujo de secuencia condicional)? Se podría hacer algo similar aquí también. Algunas herramientas, como Oracle BPMN11g, ya requieren estados finales enumerados de una *userTask*, seleccionada por el realizador de la tarea a través de la interfaz del usuario de la tarea, y luego probado por la compuerta. Me gustaría cualquier tarea seguida por una compuerta exclusiva o inclusiva para definir una variable de estado final (*dataObjects*) con valores enumerados consistentes con las etiquetas *gate* en la compuerta. Para *userTask* o *scriptTask*, donde el diseñador del proceso define la implementación de la tarea, la *dataOutput* de la tarea típicamente apuntaría hacia la misma *itemDefinition* que el *dataObject*, haciendo que el trazado de la *dataOutputAssociation* sea simple. Para una *serviceTask*, con una *interfaz* predefinida, el diseñador del proceso necesitaría definir un trazado de la *dataOutput* para la variable de estado final en la *dataOutputAssociation*.

Condiciones de Compuerta

Con variables de estado final, las condiciones en la mayoría de las salidas de compuertas pueden ser generadas automáticamente en el diseño ejecutable. Para una compuerta exclusiva etiquetada como una pregunta con gates *sí* o *no*, la *conditionExpression* para el camino *sí*, toma la forma:

```
<conditionExpression>
        getDataObject('[endStateVarId]') = "[gatewayLabel without '?']"
</conditionExpression>
```

Mensajes

Flujos de mensaje también juegan un rol importante en Método y Estilo. Incluso si la herramienta de diseño ejecutable no muestra flujos de mensaje, los elementos *mensaje* que representan son importantes en el modelo. La mayoría de los flujos de mensaje en un diagrama Nivel 2 conectan una actividad de proceso o evento Mensaje con una piscina caja negra. Los modeladores pueden adjuntar una figura Mensaje al flujo de mensaje, pero en el libro recomiendo etiquetar el flujo de mensaje directamente. Aquí asumiremos que el flujo de mensaje tiene una etiqueta pero sin figura Mensaje adjunta. La validación de regla de estilo asegura que todos los nodos del proceso que envían o reciben mensajes tienen flujos de mensaje adjuntos y que todos los flujos de mensaje están adecuadamente etiquetados.

En el BPMN ejecutable, necesitamos un elemento *mensaje* para cada flujo de mensaje, a menos que tenga el mismo *nombre* (etiqueta) como otro flujo de mensaje en el modelo. El *nombre* del *mensaje* debería coincidir con la etiqueta del flujo de mensaje. Asumiremos que dos flujos de mensaje con la misma etiqueta representan el mismo *mensaje*. Por ejemplo, Método y Estilo dice que un flujo de mensaje adjunto a un subproceso colapsado en el diagram a nivel padre debería ser replicado en el diagram a nivel hijo con una etiqueta que coincide. En este caso, ambos elementos *messageFlow* en el XML tendrá *messageRef* apuntando al mismo *message*. También, el *messageRef* de un evento o tarea conectados al flujo de mensaje debería apuntar al mismo *message*. La herramienta de diseño ejecutable debería generar cada elemento de *message* requerido y todos los punteros de *messageRef* hacia sí automáticamente con importar.

Errores

En Método y Estilo permitimos a los eventos Error que perduren para cualquier tipo de excepción generada internamente, ya sea una excepción de negocios o una excepción técnica. Puede que algunos BPMSs reserven eventos Error para excepciones técnicas y requieran compuertas para manejar excepciones de negocios. Aquí asumimos que la herramienta de modelado no ejecutable y herramienta de diseño ejecutable siguen el mismo convencionalismo.

En BPMN ejecutable, una *errorEventDefinition* apunta hacia un elemento *error* reutilizable que contiene una cadena de *errorCode*. Si la infraestructura proporciona más detalles acerca del error, una *structureRef* está disponible para definir la estructura de la información del error. Alineando Método y Estilo con diseño ejecutable significa que al importar, la herramienta de diseño ejecutable debería automáticamente crear un element *error* con valor *errorCode* que coincida con la etiqueta del evento Error en el diagram y apunte hacia él desde *errorEventDefinition* (Si el BPMS sustenta una lista pre definida de valores *errorCode* posibles, se le podría pedir al usuario que seleccione la major para cada evento Error).

Eventos Señal y Escalada, si están sustentados, podrían ser manejados de manera similar.

Obviamente, no existen BPM Suites que trabajen así hoy en día, pero creo que un futuro BPMS que genere estos elementos automáticamente (no sólo en el XML sino en el modelo de objeto originario también) sería bienvenido por muchos modeladores BPMN que buscan convertir sus modelos Nivel 2 de Método y Estilo rápida y fácilmente para procesos ejecutables. Todavía hay mucho trabajo para hacerlo en el entorno de diseño ejecutable – diseñando las interfaces del usuario de tarea, implementaciones de servicio y trazados de parámetros, y monitoreo de desempeño – pero si el BPMS puede ahorrar tiempo al generar automáticamente elementos que el diagrama BPMN implícitamente requiere, debería hacerlo.

Epílogo

El propósito del BPMN Método y Estilo es el de apoyar el gran esfuerzo organizacional de la Gestión de Procesos de Negocio (BPM). La Gestión de Procesos de Negocio es tanto una disciplina como un enfoque relacionado con la gestión de operaciones, centrado en mejorar el desempeño corporativo mediante la mejora de los procesos de negocio de una empresa. El BPM es también una categoría de software empresarial (el entorno de Gestión de Procesos de Negocio o BPMS) utilizado por las empresas para diseñar y automatizar sus procesos de negocio. El marco de implementación que exploramos en este Epílogo es para la implementación del Software BPM.

BPM ha sido durante mucho tiempo una solución que representa una gran promesa para las empresas. Sin embargo, también ha sido criticado por no cumplir con esa promesa. BPM es, sin duda, no tan bien comprendido como otros softwares empresariales tales como CRM o ERP; ni el mercado de BPM es tan grande como el mercado de los otros. La razón es simple. CRM y ERP son más fáciles de explicar y atacan los problemas que son más estándares dentro de las empresas. BPM es diferente. BPM no se centra en un problema determinado de procesos; en cambio la declaración de BPM es que puede automatizar los procesos que son totalmente únicos para una empresa determinada. En ese sentido muchas empresas creen que el software BPM puede hacer esos procesos únicos más eficientes y darles una ventaja competitiva más importante en el mercado.

BPM no es solamente un software diseñado para automatizar los procesos personalizados muy difíciles de definir, sino que también elimina las dificultades asociadas con el diseño de soluciones automatizadas. En lugar de utilizar un software de código que sólo TI o recursos técnicos puede leer y escribir, el software BPM utiliza un lenguaje gráfico que los usuarios de las empresas y los principales interesados pueden entender también. De hecho, el estándar BPMN estandariza el lenguaje gráfico para asegurar que los procesos que se desarrollan en una empresa pueden ser universalmente entendidos e interpretados de la misma manera, tanto por otros sistemas de software como por otras personas. Esto simplemente añade mayor protección a la inversión que las compañías hacen en el activo de sus procesos "únicos".

Por más de una década ProcessMaker ha estado trabajando con compañías alrededor del mundo implementando el *ProcessMaker® Business Process Management & Workflow Software*

Suite. Durante nuestros compromisos directos e indirectos con clientes y socios, hemos desarrollado una metodología de implementación muy exitosa diseñada para disminuir el riesgo del proceso de implementación, acortando el tiempo total de implementación y maximizando el retorno sobre la inversión para los interesados de las empresas. Ya sea la compañía grande o pequeña o el proceso simple o complejo, hemos encontrado que los secretos para hacer una implementación exitosa siguen siendo las mismas. Creemos que nuestro método de implementación disciplinado traerá un valor real a la implementación de los proyectos actuales y futuros de la compañía.

En virtud del enfoque personalizado que se requiere cuando se implementa el software BPM, el riesgo de una implementación es más parecido al riesgo de desarrollar un software personalizado que al riesgo de la implementación de un sistema ERP o CRM prediseñado. No hay ninguna duda de que BPMN 2.0 está jugando un rol importante para reducir los riesgos de implementación haciendo que los procesos sean más fáciles de compartir y mucho más claros de interpretar. A pesar de estas ayudas, BPMN es bastante limitada en que solo ayuda a diagramar procesos.

No importa cual CRM uno escoja de las muchas docenas existentes, el proceso de implementar el software es esencialmente el mismo. El proceso consiste en comenzar con un contacto, el cual se convierte en una cuenta, luego en una oportunidad, y finalmente que se convierta en una venta. Si una persona de ventas que trabaja para un proveedor de CRM o de una empresa que ha implementado un CRM renuncia a tal empresa para ir a un competidor, se necesita muy poco reaprendizaje para obtener productividad en este nuevo ambiente. Los sistemas ERP son similares. La receta para los sistemas ERP es básicamente la misma a través de las herramientas e industrias.

BPM, sin embargo, es un poco diferente. Los procesos empresariales de compañía a compañía y de nicho de negocio a nicho de negocio pueden ser completamente diferentes. Es mucho más difícil implementar BPM de una manera standard ya que cada compañía tiende a querer implementar "su proceso único.[26]"

Entonces ¿Cómo puede uno minimizar los riesgos y aumentar la probabilidad de éxito al implementar el software BPM? Si el modelo de proceso empresarial no es estándar, ¿Cómo puede uno estandarizar la manera en la que se implementa?

Aunque los procesos que están siendo modelados pueden ser muy diferentes, es posible estandarizar el enfoque del proyecto de implementación de los procesos. De hecho, es probable que sea más importante el uso de una metodología estándar en la implementación de BPM que en la implementación de otros tipos de software empresarial. La metodología necesita ser lo suficientemente específica para ser útil pero lo suficientemente flexible para ser

---

[26] Inclusive dentro de la misma compañía muchas veces vemos la misma tendencia. Tenemos un cliente *Fortune* 500 con más de 450 procesos en producción utilizados por sus 75,000 empleados. Ellos encontraron que tenían 80 versiones del mismo proceso implementado en su misma herramienta de BPM entre sus diferentes regiones antes de migrar a ProcessMaker y estandarizar ese proceso en particular.

aplicable a cualquier proyecto de software BPM. La metodología necesita guiar al implementador a través de una serie de pasos que asegurará el éxito del Proyecto. En la siguiente parte de éste epílogo, introduciré la metodología de 5-pasos de ProcessMaker (ProcessMaker 5 Step Methodology) para una implementación exitosa de software BPM e.

5 Pasos para para una implementación exitosa de BPM

I. Escoge un Lugar Para Comenzar y Provoca un Impacto

Es fácil emocionarse pensando cómo el software BPM puede beneficiar a su compañía u organización. La primera decisión que se debe tomar en cuenta es donde empezar. Si bien tiene esperanza de implementar docenas o quizás cientos de procesos, su organización necesita escoger un lugar para comenzar. Entonces: ¿Cómo escoger uno?

Para algunos de ustedes, esta pregunta parecerá obvia. Quizás su organización cree que necesita implementar un proceso en particular ya que es el proceso crítico de su negocio. En este caso lo más probable es que ya conoce los indicadores actuales del proceso y los indicadores del *estado deseado*.

Como ejemplo, nuestro equipo de ProcessMaker trabajó con una compañía de recolección y cobro en la industria médica que está enfocada en obtener reembolsos del sistema *Medicaid* del Gobierno de Estados Unidos para clínicas alrededor del país. Este cliente en particular sabía exactamente que cada día no reembolsado de cuidado costaba $180 por paciente. Nuestro cliente tenía un promedio de casi 90 días de recolección por paciente, o $16,200 por paciente. Su objetivo era el de acortar este tiempo en un 60% automatizando y mejorando la eficiencia del proceso. El éxito de esto significaría un ahorro de cerca de $10,800 por paciente. Nosotros tuvimos, de hecho, éxito en este proyecto, ya que cuando se multiplica a través del número de pacientes que eran procesados, su estimado de ahorro ahora es de más de $3 millones al año.

En este caso el problema era obvio, y no había duda alguna del proceso con el que se debe empezar. Este cliente tenía una forma singular y fácil de identificar el proceso principal que se deseaba automatizar. Éste proceso es el enfoque principal de su negocio. Usamos el termino *Monolito* para describir a este tipo de clientes. Este tipo de empresas no tiene dificultad para elegir el proceso que se desea automatizar, ni conseguir apoyo interno para el proyecto, ni para especificar los indicadores de rendimiento que definen el éxito del mismo. En este caso la decisión más difícil al inicio del proyecto usualmente es entorno a que si un sistema BPMS comercial es la tecnología adecuada para usar o si la empresa debe desarrollar su propio software para automatizar su proceso.

Para el segundo tipo de cliente la pregunta es un poco más difícil. Llamamos a este tipo de clientes las *Plataformas*. Al contrario de los *Monolitos,* las *Plataformas* tienden a tener muchos procesos que automatizar. Este tipo de organizaciones tienden a llegar de una manera más gradual a la conclusión de que es lo que requiere un Software BPM y sin identificar con claridad sus procesos como lo hacen los *Monolitos.* En muchos casos estas empresas tienen algunos procesos en papel, otras lo hacen a través de una incómoda combinación entre Excel y correo electrónico, y en algunos casos ya están automatizados con un software personalizado y casero. Los procesos generalmente están distribuidos a través de la organización y los problemas se perciben en diferentes departamentos y con diferentes grados de urgencia. Como resultado de la gran distribución y gradaciones del dolor organizacional, a menudo es necesario que sean interpretados e identificados por alguien que es capaz de entender los problemas de forma colectiva. Usualmente es el encargado del departamento de sistemas o algún otro jefe de nivel ejecutivo, o consultor externo que inicialmente identificará estos problemas colectivos y la necesidad de una solución. El siguiente paso generalmente es facultar a un analista de negocios para que encuentre una solución o directamente arrancar un grupo o área de BPM para iniciar con la solución de estos problemas colectivos.

En estas *Plataformas* el argumento para solucionar el problema es mucho más difícil de justificar. Se necesita recolectar información y algunas necesidades que puedan ser medibles y poner todo los problemas juntos para poder hacer un análisis coherente del retorno de la inversión (ROI) para la compañía con respecto a porqué estos problemas colectivos deben ser resueltos al unísono. El cálculo exacto del valor de la solución de problemas a menudo puede ser esquivo, y mucho de estos tienden a diluirse cuando un departamento que intenta solucionarlo no es el departamento específico que tiene el problema en sí.

Aunque hay diferencias significativas entre los *Monolitos* y las *Plataformas*, también existen similitudes. Ambos necesitan identificar el punto de inicio, las *Plataformas* necesitan identificar el proceso que se debe automatizar entre los muchos que se tiene. Eventualmente cuando un equipo de la *Plataforma* ha incrementado sus habilidades en su sistema BPM elegido, pueden empezar a automatizar múltiples procesos a la vez. O en el caso de que la organización sirva a varias compañías o grupos dentro de una sola organización (*Shared Services Organization o SSO*), el grupo de servicios compartidos deberá aspirar eventualmente a distribuir la herramienta a diferentes líderes de las unidades de negocios. Sin embargo, antes de que esto se realice, el primer proceso debe ser implementado y la organización debe aprenderlo en cierto nivel.

Los *Monolitos* tienen un camino más claro para automatizar el primer proceso. Sin embargo ellos encaran algunos retos al momento de decidir dónde empezar el proceso de automatización. Un proceso complejo no puede y no debe ser abordado de una sola vez. Es una mejor idea tomar un enfoque ágil e iterativo para implementar y automatizar hasta el más simple proceso. Así que si su organización está decidiendo qué proceso automatizar o qué parte de un proceso complejo automatizar primero, se debe analizar por dónde empezar.

En ProcessMaker, para analizar el punto de partida de los proyectos de sistemas BPM hemos desarrollado la metodología llamada *EIR*. *EIR* es un acrónimo que significa lo siguiente:

1. Éxito
2. Impacto
3. Repetitividad

Éxito

La primera pregunta que su organización debería preguntarse a sí misma es: "¿Puede tener éxito la automatización de este proceso?" Puede ser que usted tenga un problema que vale la pena solucionar, pero si el éxito no es probable, el intento de automatizar el primer proceso asegurará que todo el proyecto BPM fracase. Existe un número de razones por que un proceso sea difícil de resolver. Sin embargo estas razones por lo general se reducen a una falta de recursos técnicos, tiempo o apoyo político.

Una falta de recursos técnicos puede significar que hace falta experiencia dentro de su equipo. También puede significar que falten puntos de integración, o puede ser una combinación de ambos. Nuestro equipo tuvo un cliente tiempo atrás que necesitaba una integración con un sistema de manejo de documentos antiguo el cual estaba basado en tecnología .NET. Para que la integración tenga lugar, el cliente tenía que crear una interfaz de servicios web para su tecnología antigua. El cliente no tenía los recursos necesarios para poder realizar la integración y era necesario contratar personal capacitado para tal tarea lo cual incrementaba el riesgo, tiempo y costo. Así, en la medida que el riesgo y el tiempo incrementan el apoyo político tiende a decrecer.

Dada una cantidad de tiempo ilimitada la mayor parte de los problemas técnicos pueden ser superados; sin embargo nuestra regla de oro es que un proceso inicial no debe tomar más de tres a cuatro meses para ser implementado. Existen situaciones en las que se puede romper esta regla, pero por lo general hemos visto que es importante tener por lo menos el primer proceso implementado en un tiempo de tres a cuatro meses. Caso contrario, el riesgo tiende a incrementar drásticamente y la posibilidad de contar con el apoyo político reduce considerablemente. También me gustaría añadir que el mundo se ha acostumbrado a un espacio de software de consumo y como resultado hasta en el mundo corporativo el umbral de tolerancia para extensas instalaciones y empinadas curvas de aprendizaje se está disminuyendo.

El apoyo político es el recurso final; usted necesitará considerar quien está en contra o a quien perjudica el éxito o fracaso del proceso del proyecto. La implementación de Sistemas BPM o la automatización de procesos representan un cambio organizacional. Como resultado de ello se aplican todas las reglas normales de la gestión del cambio y las políticas de la organización. La gestión del cambio requiere cuidadoso manejo de las expectativas, un minucioso plan de comunicaciones, y un mapeo interno de las partes afectadas. Cada parte involucrada debe tomar en cuenta en el plan de comunicación y el establecimiento de expectativas. Es fácil olvidar los aspectos de las políticas de gestión del cambio cuando se implementa un proceso. Sin embargo, generalmente esta es una de las más importantes consideraciones. ¿Quién es el patrocinador del proyecto y qué tipo de relación tiene con el entorno dentro de la organización? Se debe tomar todo esto en cuenta al momento de decidir cómo ayudar a posicionar el proyecto internamente y por dónde empezar el proyecto. También se debe considerar quien podría estar secretamente o activamente tratando de sabotear el proyecto. ¿Cómo se puede cambiar su motivación y asegurarse de que se convertirán en partidarios del cambio?

Impacto

Entonces, ahora hemos encontrado un proceso que creemos que podemos automatizar exitosamente. Ahora debemos preguntar, "¿le interesará a alguien si tenemos éxito?" ¿Afecta este proceso lo suficiente a la organización para ser importante? ¿Está alineada con una iniciativa estratégica de importancia en la organización?

Hay un delicado balance entre encontrar un proceso inicial que es al mismo tiempo alcanzable y que tendrá un impacto positivo significativo en la organización. El fracaso por irrelevancia es casi tan malo como el fracaso por una implementación sin éxito. Ambos tipos de fracaso harán que el capital social se evapore y que el proyecto se cierre.

Cuanto tratamos de determinar el impacto, también recomendamos diseñar el borrador del proceso y cada proceso considerando como afectan a los Objetivos Claves del Negocio (*KBOs-Key Business Objectives*). Este es un ejercicio importante. Si tiene alguna dificultad identificando la alineación con por lo menos un KBO, esto debería alertarle a que el impacto de la automatización de ese proyecto será bajo. La alineación con KBOs también le ayudará a manejar la tarea de asegurar que usted tiene el patrocinio adecuado y que está alineado a las políticas. Estos últimos dos están estrechamente vinculados.

Repetitividad

Finalmente, queremos hacer la pregunta, "¿Es este proceso algo que será repetible?" En otras palabras, si ha identificado numerosos procesos para automatizar, ¿Tiene su punto de partida lo suficientemente en común con los otros proyectos para que sean útiles para sus próximos proyectos? ¿Estará creando elementos esenciales que podrá reutilizar? Repetitividad significa que usted obtendrá un impulso para otros procesos en adelante. Esto es muy importante. Sus participantes internos y externos esperarán que sus esfuerzos de desarrollo de procesos comiencen a acelerarse después de los primeros procesos y que la curva de aprendizaje disminuya a medida que avanza. Algunos beneficios se obtendrán sin ningún plan o esfuerzo adicional. Por ejemplo, cuando implementa su primer proceso necesitará considerar cosas como instalación e implementación de la autenticación y modelo de seguridad (probablemente involucra Active Directory o algún tipo de LDAP). Para el siguiente proceso, esta integración estará ya completada. La mayoría de las integraciones, de hecho, deben ser reutilizables. Si la mayoría de los procesos de la compañía involucra una conexión a SAP u Oracle, una vez que se crea la conexión para el primer proceso, el mismo ya estará listo para los siguientes procesos.

II. Proyectar como luce el éxito y manejar las expectativas

Una vez que el problema y la solución correspondiente a ser implementados ya han sido identificados, es vital proyectar como lucirá el éxito una vez que el proceso esté automatizado. Si no definimos como lucirá el éxito entonces es casi imposible manejar las expectativas. En ProcessMaker nos gusta recordar a nuestros equipos de servicios profesionales la importancia de establecer las expectativas con el siguiente ejemplo. Si le dice a alguien que le va a dar un auto nuevo, una persona tal vez esperará un *Mercedes Benz Sedan*

S-Class nuevo, mientras que otra persona esperará recibir un *Hyundai Accent* usado. Si entonces le da a la persona un *Volkswagen Jetta* nuevo, la persona que esperaba el *Mercedes-Benz* estará decepcionada, mientras que la persona que esperaba el *Hyundai* estará encantada. En ambos casos habrá entregado el mismo auto, pero recibirá dos reacciones muy diferentes.

Es importante obtener la mayor información posible en la definición del éxito. Esto significa que necesitamos definir como lucirá todo, una vez que el proceso esté automatizado incluyendo lo siguiente:

1. ¿Cuál es el proceso exacto a ser implementado?
2. ¿Qué reportes serán necesarios para controlar el proceso?
3. ¿Qué hardware, software, y periféricos serán incluidos en el proceso?
4. ¿Qué integraciones serán incluidas en el proceso?
5. ¿Qué mejoras estamos esperando?
    a. Volumen
    b. Tiempo
    c. Tasa de Errores
    d. Tasa de Satisfacción
6. ¿Cuánto tiempo tomará automatizar el proceso y cuantas interacciones serán necesarias para finalizar?

Todas estas preguntas deben ser muy específicas. Es importante no hablar acerca de cómo lucirá el éxito en términos vagos. El éxito necesita estar basado en objetivos muy claros y específicos.

En ProcessMaker definimos algunos de estos puntos en un Documento Marco de Proyecto *(Project Charter Document)* inicial, mientras que el resto se describe detalladamente en la Declaración de Trabajo *(Statement of Work – SOW)*. El documento de definición del proyecto es donde realmente se detalla las expectativas y limitaciones del trabajo que se va a realizar. El documento de definición del proyecto es el primer documento que se desarrolla conjuntamente con el cliente. Este documento se firma por ambos, tanto nuestro equipo como el equipo del cliente. Siempre insistimos en que todos nuestros participantes lean y firmen este documento.

En el documento de definición del proyecto también recomendamos realizar los primeros esfuerzos para encontrar las áreas en las que el proceso puede ser mejorado. La mejora del proceso es bastante diferente que la automatización del proyecto. Sin embargo, cuando se implementa el proceso, es importante realizar ambos. Usualmente existen oportunidades significativas para obtener las mejoras. Enfocando en alguna de las áreas a mejorar más importantes puede generar grandes ganancias y como resultado el proceso final automatizado tiene un mayor chance de ser bien recibido por el cliente.

Todos los proyectos de implementación de procesos deben tener muy en mente los Indicadores Claves de Rendimiento *(Key Performance Indicators – KPIs)*. Usted necesita entender que es lo que se desea medir antes de comenzar el proyecto. Un Proyecto BPM es todo acerca de la obtención de resultados que son mejores que el statu quo. Entonces, es esencial que usted sepa que es lo que está tratando de mejorar y como realmente va a medirlo.

III. Crear los Equipos

Es importante que el cliente entienda desde un principio que el proyecto no puede ni podrá ser exitoso sin la participación de su equipo. Es más esta participación generalmente no viene de una sola persona, más bien el cliente necesita involucrar varios personas de la organización desde un principio. Po lo menos el equipo del cliente debe involucrar los siguientes roles:

1. *Patrocinador Ejecutivo* – Esta persona debe ser un ejecutivo de la organización (deseable un nivel C) cuyos principales objetivos de negocio estén específicamente alineados con los del proyecto. Esta persona tendrá que apoyar totalmente al proyecto, tener el control del presupuesto del proyecto y debe ser capaz de tomar decisiones finales.

2. *Dueño del Proceso* – Este será el rol más activo del proyecto. La persona que ocupe este puesto será responsable de entender el proceso por completo y hacer el seguimiento de otros recursos a medida que sean necesarios para poder contestar las preguntas y resolver los problemas a medida que se presenten.

3. *Encargado de TI* – A pesar de lo que algunos proveedores BPM puedan hacer pensar al cliente, cualquier implementación de BPM necesita el componente técnico. Primero y ante todo, procesos importantes por lo general interactúan con otros sistemas por lo tanto se presenta la necesidades que un integrante de TI participe en el proyecto y sea capaz de dirigir las interconexiones a esos sistemas.

4. *Usuario Final* – Por supuesto, necesitamos la participación del usuario final. No queremos adivinar sus necesidades y requerimientos. Debemos garantizar que durante el proyecto estamos verificando sus verdaderos deseos y necesidades y luego probando nuestras hipótesis. Vamos a necesitar varias iteraciones de contacto con los usuarios finales.

IV. Diseño del Proceso

Una vez que los participantes tanto en el lado del cliente como del lado del proveedor se han definido, y el alcance del proyecto y procesos para ser implementado fueron acordados, entonces el siguiente paso es comenzar a implementar el primer proceso en el entorno BPM. Aunque el entorno de BPM varía con respecto a las tecnologías que utilizan y la forma en que cada software en particular se utiliza, todos siguen el mismo proceso general cuando implementan procesos (o apps como otros los llaman) en BPM. Los componentes del proceso que se necesitan incluir son los siguientes:

1. **Diagrama de Proceso de Negocio:** No he conocido a nadie a quien no le fascine la idea de arrastrar y soltar íconos en una página web y ver como su proceso de negocio se materializa frente a sus ojos. La funcionalidad de arrastrar y soltar es notoriamente fácil de utilizar. Sin embargo, algunos entornos BPM ofrecen una experiencia de diseño inicial aún más simplificada que tiende a parecerse más un constructor de lista

donde se instruye a los usuarios a empezar a construir su proceso simplemente ordenando las tareas principales de los procesos en un formato de lista. Esto puede resultar útil porque a pesar de que arrastrar y soltar es una manera fácil de crear un proceso, muchos usuarios encuentran que aunque ellos piensan que están listos para empezar a crear su proceso, de hecho, ellos aún no lo tienen del todo claro. En este caso, agregar todo el conjunto de iconos del proceso puede hacer las cosas más confusas.

2. **Modelo de Datos**: ¿Que datos necesita capturar tu proceso? Esta es la siguiente pregunta que debe hacerse cuando se comienza a modelar en el Software BPM. En este caso necesitamos pensar como lucirán nuestros formularios, que datos adicionales puede que se necesite capturar de otros sistemas, y que documentos se incluirán o crearán durante el proceso.

3. **Interconexiones**: Cuando estamos creando el modelo de datos para el Sistema, lo más probable es encontrar que alguno de los datos se alojan en otros sistemas. O quizás se dé cuenta que su proceso debe poder exportar ciertos datos que se desea alojar en otro sistema. Esto es a menudo la parte más técnica del proceso de diseño. Estas conexiones a otros sistemas eventualmente requerirán que usted decida con su equipo TI como acceder a los otros sistemas. ¿Será a través de un servicio web REST o SOAP? ¿Va a conectarse directamente a una base de datos o sistema? ¿Tal vez va a conectar a un sistema MDM (*Master Data Management*) para interactuar con otros sistemas de la empresa? ¿Tal vez hay un ESB (Enterprise Service Bus) de por medio? ¿Va a importar o exportar una hoja de cálculo Excel? O quizás se le enviará los datos que necesita desde un correo electrónico para rellenar un formulario en su proceso. Todas estas son maneras muy comunes para que un proceso interactúe con sistemas externos con el fin de aprovechar los datos ya existentes y que se necesitan en el proceso. Si usted es el analista de negocios que diseña el proceso, se espera que por lo menos sepa con que otros sistemas necesita comunicarse como parte del esfuerzo de la automatización del proceso. Sin Embargo, cuando llega el momento de crear los servicios web que llaman al otro sistema, lo más probable es que necesite los otros recursos en su equipo para hacerlo.

4. **Elementos Adicionales**: Además del proceso, los datos, y servicios web (u otras conexiones), su diseño probablemente requiera otros elementos. Estos elementos serán mensajes, alertas, y documentos. Los mensajes y alertas pueden ser tan simples como un email, mensaje twitter, mensaje Slack, u otro tipo de mensajes que pueden ser generados en el proceso. Las alertas pueden ser de carácter similar. Los documentos de salida serán cualquier tipo de documento imprimible que pueda necesitar.

5. **Interfaces** – La mayoría de los entornos de BPM tienen un portal estándar para que los usuarios lo utilicen para acceder a las tareas y los datos asignados. Sin embargo, muchos proyectos BPM requieren interfaces muy personalizadas. ¿Cómo esperan sus clientes interactuar con el Sistema? ¿Utilizarán ellos un entorno Web o interfaces

móviles? O necesitan estas interfaces integradas en otro software como el software de email del cliente (Outlook o Gmail) o su CMS favorito (Drupal, Liferay, u otro), o ¿Necesita ser parte de una infraestructura Kiosko? Estas son probablemente las preguntas más difíciles. Esta parte del diseño de BPM comienza a verse y sentirse más como el diseño de sistemas tradicionales en lugar de la simpleza con la que se espera encarar el desarrollo de un BPM.

6.   **Reportes y Dashboards**: Es muy importante pensar en el tipo de dashboards y reportes que sus participantes esperan usar ANTES de comenzar el proyecto. Como lo mencioné previamente, se necesita entender como luce el éxito cuando arranca un proyecto BPM. Esa decisión está directamente unida a la determinación de que reportes y dashboards necesitará. Un proyecto exitoso de BPM necesita medir el impacto que está teniendo. Caso contrario, el apoyo al proyecto puede desaparecer como se mencionó con anterioridad. Los dashboards no demostrarán si el proyecto fue un éxito o no, pero van a proporcionar una guía diaria sobre el desempeño del proceso. El proveedor de BPM sin duda tendrá reportes predefinidos y dashboards. Sin embargo, recomiendo que debe pensar en las necesidades de sus reportes y dashboard antes de considerar la oferta del proveedor. Esta es una parte sumamente importante en el diseño de su proceso, saber que está centrando sus esfuerzos en un proceso correcto y las partes correctas del proceso.

7.   **Funcionalidad del Cliente** – Tal como las interfaces del cliente que se mencionaron anteriormente, los proyectos más grandes de BPM incluirán requerimientos adicionales de programación personalizada del cliente. A pesar de lo que los vendedores de BPM le digan, estos requerimientos precisarán programación que no puede hacer un analista de negocios manipulando los interfaces normales del producto BPM. Es simplemente la naturaleza de la bestia. Esté preparado para ello. Asegúrese de saber lo que generalmente encaja en el software BPM y analiza qué otras partes del sistema del cliente usted requiere para su proyecto que va a caer afuera de la funcionalidad normal del software.

En ProcessMaker comenzamos con un Documento Marco del Proyecto para definir el enfoque básico del proyecto con los interesados. Este documento tiende a ser un documento de una página y nos gusta tenerlo terminado dentro de los primeros días de trabajo. El resto de los requerimientos va dentro de la Declaración de Trabajo (SOW). Ambos documentos necesitan estar aprobados por todos los interesados. Este es el inicio de la responsabilidad del proyecto. Usted necesita asegurarse que todas las expectativas están en línea. Si hay cosas que no fueron interpretadas correctamente, serán clarificadas en este documento si (y sólo sí) todos los interesados leen y firman estos documentos. Como resultado, estos documentos serán iterativos. Generalmente tomará algunas iteraciones hasta llegar a una versión final con la que todos estén contentos.

Por supuesto, cada uno de los elementos antes mencionados requerirá un tiempo estimado. Nunca conocí un interesado que no pregunte, "¿Y cuándo estará todo listo?". En otras palabras, usted no podrá librarse de hacer estimaciones de tiempo. Usted puede y debe afinar sus cálculos. Sin embargo, preferimos realizar nuestras implementaciones utilizando una metodología ágil basada en la metodología Scrum. En este caso, cada iteración es la base para la próxima y las garantías se dan sólo en base a la iteración anterior en términos de cuánto tiempo tomarán las cosas.

V. *Implementación Ágil*

Ok. Así que ahora todo está diseñado. Usted tiene su modelo para el éxito. Permítame sólo enfatizar, USTED NECESITA UN MODELO. No debe simplemente saltar los pasos de arriba y empezar a implementar. Usted no está solo si está tentado a hacerlo. Los entornos BPM parecen muy simples, y en la mayor parte lo son. Sin embargo, el diseño de procesos y la implementación de proyectos no son simples. Los interesados tendrán una y otra opinión e ideas. Si usted no se compromete con todo esto, automatizará un proceso con el que el interesado no estará de acuerdo y después no lo usará.

Sin embargo, una vez que usted tenga en mano su modelo, estará listo para comenzar el trabajo. En ProcessMaker, generalmente trabajamos con equipos de cuatro a seis miembros por proyecto. Entendemos que esto nos da la mezcla exacta de agilidad, redundancia y continuidad.

A pesar de sus mejores esfuerzos para elaborar un proyecto original perfecto, es muy difícil asegurar que todos los participantes estarán en perfecta sincronía. Esta es otra razón por la que es muy difícil estimar un proyecto grande con perfecta precisión. Es también por lo que la mayoría acordará en que es mejor desarrollar utilizando metodologías ágiles. En ProcessMaker los ciclos de trabajo se basan en iteraciones de dos semanas. En cada iteración nuestra meta es producir versiones reiteradas del producto final donde sea posible. Estas iteraciones de dos semanas dan, tanto a nuestro equipo como al del cliente, la oportunidad para reaccionar y contribuir a lo que se está haciendo. Resulta más fácil detectar cuál de las ideas iniciales fueron erróneas o necesitan ser cambiadas. De esta manera, el cliente logra estar más cerca del proceso, lo que hace más difícil que las interpretaciones de los interesados y el diseñador/desarrollador discrepen demasiado. Existe la tendencia a que estas interpretaciones discrepen y coincidan una y otra vez. El proceso de desarrollo ágil augura menos en términos de metas globales y el producto final en conjunto, pero puede dar una mayor capacidad para permanecer en sincronía con los interesados. Los problemas son detectados más rápidamente y el control de calidad se realiza en repeticiones más pequeñas. Todo es más fácil corregir y ponerlo en curso nuevamente. Es importante que los resultados intermedios de cada iteración sean validados, no solo por los interesados sino también por los usuarios finales del sistema. Estos usuarios son los más cercanos a la realidad de lo que se espera. Usted no se puede dar el lujo de excluirlos de los ciclos del desarrollo.

Aunque todos los esfuerzos del desarrollo son progresivos, en algún punto el usuario final necesita pronunciarse y salir a producción con el sistema. A través de los años, hemos aprendido que es importante no buscar la perfección a fin de salir en vivo con el proceso. Si el diseño se realizó correctamente, podría no haberse tomado en cuenta todos los aspectos del proceso en la primera iteración. Esto significa que tomando el proceso desde la prueba hasta la producción debería realizarse progresivamente. Esto es especialmente propio de procesos que son más complicados y/o involucran gran cantidad de usuarios. La razón para esto es muy simple. Algunos aspectos del proceso simplemente no se pueden predecir hasta que el proceso esté en producción. Una vez que el proceso esté en uso, el diseñador e interesado pueden observar comportamientos inesperados y en base a ello decidirán que esas partes del proceso necesitan ser cambiadas. Por este motivo, no se debe esperar que el proceso este perfecto antes de entrar en producción. A veces, el proceso inicial puede ser incluso un piloto que sea usado solo para validar ciertos tipos de comportamientos. Después de este punto, es más fácil ajustar el proceso para producción.

En resumen, usando una metodología ágil con un lanzamiento progresivo en la producción trae consigo varias ventajas importantes:

1. Reduce riesgos porque los problemas pueden ser corregidos antes de haber invertido mucho tiempo y pueden ser cambiados más rápidamente.

2. La experiencia del usuario puede ser considerada para ayudar a encontrar mejores soluciones para usuarios que ingresan tarde al proceso.

3. Se podrá entrenar a los usuarios finales de manera modular y luego utilizar estos primeros usuarios como entrenadores o gente de apoyo a medida que el proceso involucre a más y más personas en la organización.

4. Se podrá manejar más fácilmente la aversión natural al cambio que existe en cada organización. Aun cuando sea técnicamente posible cambiar el proceso completo de una sola vez, a menudo es una mejor idea hacerlo más gradualmente, simplemente para reducir la tendencia de los usuarios a rechazar esos cambios.

Conclusión

Hay un viejo dicho que dice que los proyectos nunca fracasan por un software malo; los proyectos fracasan por una mala comunicación del proyecto. Esto es absolutamente cierto. Irónicamente, las compañías usualmente gastan la mayor parte de su tiempo evaluando las características del producto cuando están decidiendo cuál BPM comprar. Esta es una trampa común. Evaluar los equipos de proyecto y analizar la capacidad entre las compañías para un nuevo proyecto es más difícil que empezar a hacer una lista de características y comparación de precios cuando se escoge un producto. Por supuesto que este análisis es necesario. Pero creemos que si las compañías gastaran más tiempo analizando y organizando los equipos de implementación, comprendiendo su estrategia y filosofía de implementación, y asegurando una buena capacidad; los riesgos de la implementación se reducirían ostensiblemente. Aun si el proveedor de BPM y el socio de implementación fueran compañías diferentes, las mismas verdades se mantienen. Preocupa cuál producto escoger, pero ponga igual o mayor atención al analizar quien hará la implementación y cómo planea hacerlo.

Brian Reale

Index

Acerca del Autor

Bruce Silver es director en Bruce Silver Asociados, proveedor de servicios de consultoría y capacitación en el area de Gestión de Procesos de Negocios. Es el fundador y director en BPMessentials, el proveedor líder de capacitación y certificación BPMN. Sus contribuciones únicas a BPMN incluyen el enfoque Método y Estilo y el Perfil BPMN-I para intercambio de modelos. Su página web *Business Process Watch* (www.brsilver.com) es bien conocida por informes y comentarios acerca de los últimos desarrollos en estándares, herramientas y productos BPM. Fue miembro del equipo técnico que desarrollo la especificación BPMN 2.0 en OMG y contribuyó a la sección BPMN del examen de certificación OCEB BPM de OMG.

Previamente a fundar Bruce Silver Asociacos en 1994, era Vicepresidente a cargo del manejo de flujo de trabajo y documentos en la firma de análisis *BIS Strategic Decisions,* que se convirtió en Giga (ahora parte de *Forrester Research*). Tiene títulos de Licenciado y Doctorado en Física de Princeton y MIT, y cuatro Patentes estadounidenses en imaginería electronica.

Para contactar al autor, vía correo electrónico bruce@brsilver.com.

Acerca del Traductor

Brian Reale es el Co-Fundador de ProcessMaker Inc., una compañía dedicada al desarrollo y venta de soluciones de BPM y Workflow líder en el mercado. Brian tiene más de 15 años de experiencia dirigiendo empresas de tecnología. Antes de fundar ProcessMaker, Brian fue el fundador y Director Ejecutivo de Unete Telecomunicaciones Ltda., una compañía de VoIP y Datos en Sudamérica que Brian vendió en el 2000. Actualmente, Brian también es mentor del Founder Institute y fundador de BPM Americas, un insituto dedicado a la enseñanza de BPM y BPMN incluyendo la metodología de Bruce Silver.

Brian Reale es un presentador y panelista frecuente en temas relacionados a Start-ups, VoIP y BPM alrededor del mundo. Es graduado magna cum laude de Duke University en 1993 y fue el ganador de una beca Fulbright scholarship de lingüística en Ecuador en 1994. Mr. Reale vive con su adorable esposa y tres hijos.

Puede tomar contacto con Brian vía correo electrónico: brian@processmaker.com

www.ingramcontent.com/pod-product-compliance
Lightning Source LLC
Chambersburg PA
CBHW080354060326
40689CB00019B/4009